STUNDENBILDER für die SEKUNDARSTUFE

GESCHICHTE

GERD STUCKERT (Hrsg.)

Band III

Beginn der Neuzeit bis Ende 18. Jahrhundert

Überarbeitung der
erweiterten und verbesserten Neuauflage
KARL-HANS GRÜNAUER

umweltfreundlich
auf chlorfreiem Papier

ISBN 3-89291-312-9

STUNDENBILDER für die SEKUNDARSTUFE

GESCHICHTE

GERD STUCKERT (Hrsg.)

Band I

Altsteinzeit bis Römisches Reich

STUNDENSKIZZEN ARBEITSBLÄTTER

TAFELBILDER FOLIENVORLAGEN

STUNDENBILDER für die SEKUNDARSTUFE

GESCHICHTE

GERD STUCKERT (Hrsg.)

Band II

Mittelalter

STUNDENSKIZZEN ARBEITSBLÄTTER

TAFELBILDER FOLIENVORLAGEN

Inhaltsverzeichnis Seite

VORWORT

Die bewährten Reihen

STUNDENBILDER für die PRIMARSTUFE

STUNDENBILDER für die SEKUNDARSTUFE I

UNTERRICHTSPRAXIS

aus dem pb-verlag unterstützen Lehrer bei der täglichen Unterrichtsvorbereitung. Die einzelnen Unterrichtseinheiten *zum Lernstoff der jeweiligen Jahrgangsstufe bestehen meistens aus:*

- *einem* Organisationsblatt *mit Hinweisen auf Lernziele, Arbeitsmittel, Literatur, Tafelbild usw.*
- *einer* Skizze *des* Unterrichtsverlaufs.
- *einem* Arbeitsblatt, *das dem Unterrichtsverlauf entspricht und als* Merkeintrag *benutzt werden kann.*
- *Teilweise werden auch* Arbeitsblätter allein *mit* Lösungsvorschlägen *angeboten, um den Lernstoff der jeweiligen Jahrgangsstufe vollständiger abzudecken.*

Die Stundenbilder bzw. Lehrskizzen und Arbeitsblätter sollen als Anregung aufgefaßt werden. Auch die am Anfang des Skriptums gegebenen MODELLE zum Aufbau einer Stunde haben methodischen *Hinweischarakter. Es wurde bewußt in dem Skriptum nicht an einem bestimmten Schema festgehalten, da starre methodische Verfahren das Lehren gängeln und spezifische Lernsituationen zu wenig berücksichtigen.*

Besondere Hilfen für Ihren Schulalltag:

- *UNTERRICHTSBEISPIELE und ARBEITSBLÄTTER sind* unabhängig *von den eingeführten Büchern oder Arbeitsheften einsetzbar.*
- *Die Lehrhilfen sind so angeordnet, daß sie* einzeln abgeheftet *werden können. Deshalb wurden einige Rückseiten* bewußt freigelassen!
- *Lehrern werden* ausgefüllte *ARBEITSBLÄTTER (Lösungsvorschläge), fertige TAFELBILDER und FOLIENVORLAGEN angeboten.*

Mit diesen Unterrichtsmaterialien können Lehrer rationell und zeitsparend arbeiten, ohne ihren persönlichen Stil einschränken zu müssen. Eine »gelungene Stunde« wird am sichersten erreicht durch Übertragung der angeführten Beispiele auf die eigene Unterrichtspraxis.

Wir wünschen Ihnen dazu viel Erfolg!

Ihr

pb verlag

Inhaltsverzeichnis

1. Zur Strukturierung der Geschichtsstunde:

Auch der Geschichtsunterricht hat wie jeder Unterricht - als geplantes Lernen - eine vorüberlegte und zielgerichtete Verlaufsform, die durch eine methodische und sachliche Gliederung (Stufung; Strukturierung) weitgehend bestimmt wird. Diese soll, ganz gleich welche vom Lehrer gewählt wird, dem Schüler das Erreichen der vom Lehrer ausersehenen und fixierten Lernziele optimal ermöglichen.
Es muß sich jedoch jeder Lehrende darüber im klaren sein, daß jede Unterrichtsstufung keine starre und gängelnde Formalstufung ist, der aus methodischen Schönheitsgründen Genüge geleistet werden muß, sondern im geplanten Stundenverlauf eine sowohl vom Lernziel als auch von der Effektivität der Unterrichtsbemühung her begründete didaktische Funktion erfüllt.

1. Stufe HINFÜHRUNG; Vorbereitung; Einstimmung; Einstieg; Problemstellung Initiation; Anknüpfung usw.

- Anknüpfung an ein Gegenwartsereignis, an ein historisches Zeugnis, an einen Gedenktag
- Ausgang von politischen, sozialen oder wirtschaftlichen Verhältnissen der Gegenwart
- Anschluß an das Ergebnis der letzten Stunde

Zielangabe
- Tafelanschrift
- Problempräzisierung, Formulierung von Fragestellungen

2. Stufe ERARBEITUNG: Darbietung; Darstellung; Entwicklung; Problemlösung; Begegnung; Vergegenwärtigung usw.

- Anschauliche und lebendige Darstellung durch den Lehrer
- Teilzielerarbeitung nach verschiedenen methodischen Möglichkeiten
- Wechsel der Schülertätigkeit
- Verstehendes Nacherleben der Schüler (Vergegenwärtigung; Identifikation!)
- Lehrererzählung, -schilderung
- Einsatz von Arbeitsmitteln: Schulfunk, Hörspiel, Schallplatte, Film, Schulfernsehen, Bild, Dia, Wandbild, Wandkarte, Geschichtsatlas, Schulbuch, Quellentext, Ganzschrift, Lesebogen, vervielfältigter Lesetext, graphische Darstellung, Modellbetrachtung, Museumsbesuch usw.

Zusammenfassung(en): mündlich, schriftlich, zeichnerisch

3. Stufe BESINNUNG: Vertiefung; Wertung; Problemauswertung; vertiefende Zusammenschau usw.

- Denkendes Durchdringen des im Unterricht Erlebten
- Rationale, emotionale und ethische Wertung der Fakten
- Durchleuchten von geschichtlichen Personen: Erkennen ihres Wesens
- Erkennen des Wesentlichen einer Ereigniskette, eines Ablaufs oder einer Handlung
- Erfassen von geschichtlichen Strömungen; Bedeutung für die Gemeinschaft, Gesellschaft
- Bezug zur Gegenwart und zur Heimat
- Erarbeiten von Merkpunkten usw.

Beurteilen, deuten, vergleichen, werten, zusammenschauen, ordnen, systematisieren

4. Stufe ANWENDUNG: Übung; Bewältigung; Sicherung; Einordnen usw.

- Niederschrift nach Stichworten, nach dem Tafelbild oder aus dem Gedächtnis
- Ausfüllen eines Lückentextes
- Anfertigen eines Hefteintrages, eines Geschichtsfrieses (Jahreszahlen)
- Erstellen von Merktexten mit eigener sprachlicher Formulierung
- Anfertigen von Tabellen, Statistiken, Schaubildern oder Karten
- Eigene schriftliche Stellungnahme zum Gelernten

2. Die Lehrererzählung im Geschichtsunterricht:

In keinem anderen Sachfach kommt der Lehrererzählung bzw. -schilderung eine so große Bedeutung zu wie in Geschichte.

H. EBELING meint zur Lehrererzählung:
"In ihre bewußte Ausgestaltung sollte der Lehrer einen großen Teil seiner Vorbereitung stecken. Sie sollte lebendig sein, anschaulich, voller konkreter Einzelheiten, dynamisch gestaltet, künstlerisch durchkomponiert, bewußt eingefügt in den Gesamtrahmen des geschichtlichen Unterrichts."

H. GLÖCKEL möchte folgende Merkmale in der Lehrererzählung verwirklicht sehen:

1. "Die Erzählung stellt das Handeln und Erleben von Einzelpersonen bzw. überschaubaren Personengruppen in den Mittelpunkt."
2. "Die Erzählung ist anschaulich, d.h. sie nennt viele konkrete Details. Sie sind es, neben der individuellen Person, die den Gegenstand näherrücken.
3. "Der gute Erzähler häuft nicht Details, er weiß um die Kunst des Weglassens, durch die das Wesentliche um so plastischer hervortritt. Er strafft an der einen Stelle und verweilt an der anderen, vermeidet Füllsel und Mätzchen und hebt Wichtiges dadurch um so konturschärfer hervor."
4. "Die gute Erzählung ist sprachlich sauber durchgearbeitet. Sie bedient sich nicht der Schreib-, sondern der Redesprache und zeichnet sich durch einfachen Satzbau, ungekünstelten Ausdruck, wörtliche Rede und Gegenrede, konkrete Begriffe aus."
5. "Vor allem ist die Erzählung wahr; denn sie ist Geschichte, nicht Dichtung."

Nach E. SCHMIDT weist die gute Geschichtserzählung diese sechs "Strukturelemente" auf:

1. Dramatisieren:

   "Wir setzen die Geschichte gleichsam in Szene, verwandeln alles in Handlungen, dialogisieren, lassen die Gegenkräfte erscheinen ..."

2. Personifizieren:

   "Schüler verstehen geschichtliche Vorgänge leichter, wenn handelnde Personen den Gang der Ereignisse beleben ..."

3. Lokalisieren:

   "... den Schauplatz des historischen Geschehens geographisch aufzuhellen, denn Klima, Lage, der ganze Umwelthintergrund, sie sind bestimmende Faktoren."

4. Kostümieren:

   "Äußere Erscheinung, Größe und Gestalt, Farbe und Gesichtsbildung einer historischen Persönlichkeit, die Kleidung der Stände, Besonderheiten der Mode, sie fesseln unsere ... Schüler."

5. Motivieren:

   "... wird das motivierende Warum seinen großen Anteil erhalten, weil nun kausales Denken erwacht ..."

6. Vereinfachen:

   "... im Sinne des Stilisierens vereinfachen, komplizierte Sachverhalte auf einer Mittellinie zusammenführen, ständig auswählen, das Unbedeutende beiseite schieben ..."

LEHRBEREICH Geschichte

THEMA Johannes Gutenberg - der Erfinder des Buchdrucks

LERNZIELE

Die Schüler

- lernen die technische Neuerung des Buchdrucks kennen.
- gewinnen Einsicht in die Bedeutung der Erfindung.
- sind fähig, die Bedeutung in Relation zur heutigen Zeit zu beurteilen.
- erfahren das Schicksal Gutenbergs.
- erkennen, daß der menschliche Geist neue Bahnen beschritt.
- können Informationen aus einem Film entnehmen.

ARBEITSMITTEL/MEDIEN/LITERATUR

TAFELBILD/FOLIE ≙ Lösung AB

Johannes Gutenberg - der Erfinder des Buchdruckes

Zeit		Technik der Herstellung	Auflage	Preis
um 1400	Buch	handgeschrieben	1 Band	50 Gulden
um 1500	Buch	gedruckt	300 Bände	10 Gulden

Lebensdaten

Bedeutung

- Bücher werden billiger!
- Wissen kann schnell verbreitet werden!
- Viele Menschen können Bücher kaufen und lesen!
- Bücher machen Fortschritte auf allen Gebieten möglich!

- Lettern aus Holz und Metall
- Gießen
- Papier
- Druckerschwärze

Mittelalter — 1500 (= Wende) — Neuzeit

Merke:
Die Erfindung des Buchdruckes ist ein Wendepunkt, der uns am Ende des Mittelalters die Neuzeit ankündigt.

HINWEISE/NOTIZEN

Unterrichtsstufe Zielangabe TZ und (TZ) Zusf.	METHODE Lehr / Lernakte	Medieneinsatz	LERNINHALTE (STOFF) Tafelanschrift (bzw. Folie)	ZEIT
I. PROBLEMSTELLUNG				
	Impuls		Vor etwa 450 Jahren bot ein König einem Mönch für ein Buch 3 ha Land ...	
	UG		- Hoher Preis - Wertvolles Buch	
	Impuls		Heute bezahlt man keinen solchen Preis ...	
	UG		- Damals Handarbeit ... - Seltenheit	
	Impuls		Daß die Bücher heute billiger sind, das verdanken wir vor allem einem Mann ...	
Zielangabe:		TA	Johannes Gutenberg - der Erfinder des Buchdruckes	
II. VERGEGENWÄRTIGUNG			Wir wollen in einem Film diese Erfindung nacherleben.	
	AA (vorbereitet) GA	TA	a) Leben Gutenbergs (Schicksal) b) Technische Einzelheiten der Erfindung c) Schwierigkeiten, mit denen Gutenberg fertig werden mußte.	
	GA	AB	d) Die Buchherstellung im 15. Jh. am Beispiel der Bibel.	
III. BESINNUNG und AUFARBEITUNG		Film		
	UG Gruppenberichte		- Lettern aus Holz, Metall - Gießen - Papier - Druckerschwärze usw.	
	Impuls Gruppenberichte		- arm, trotz genialer Erfindung; Leben in Elend	
IV. WERTUNG				
	Impuls		Diese Erfindung war eine der bedeutendsten in der Geschichte der Menschheit ...	
	UG		- Bücher immer billiger - Wissen kann gleichzeitig vielen Menschen mitgeteilt werden. - es kommt auf allen Gebieten zu großen Fortschritten durch Verbreitung in Schrift und Bild.	
	Hefteintrag	AB/TA		
VI. AUSKLANG			Merkzahl: 1500: Wende zur Neuzeit.	

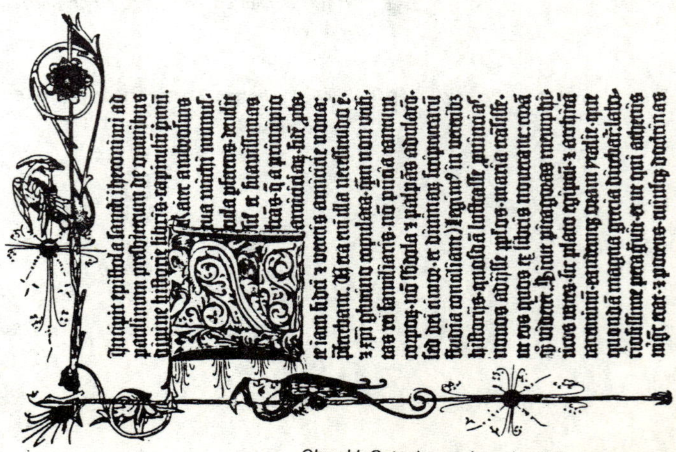

Obwohl Gutenberg eine ziemlich grobe Weinpresse benützte, um seine Bibel zu drucken, entstand ein erstaunlich schönes Werk. Gutenberg konnte auf seinem Druckstock am Tag 300 Seiten drucken.

Wir vergleichen die Herstellung eines Buches zwischen 1400 und 1500.
Trage diese Begriffe ein:

1 Band, gedruckt, 10 Gulden, 300 Bände, 50 Gulden, handgeschrieben.

Zeit		Technik der Herstellung	Auflage	Preis
um 1400	Buch			
um 1500	Buch			

Und das brauchte man für die neue Erfindung:

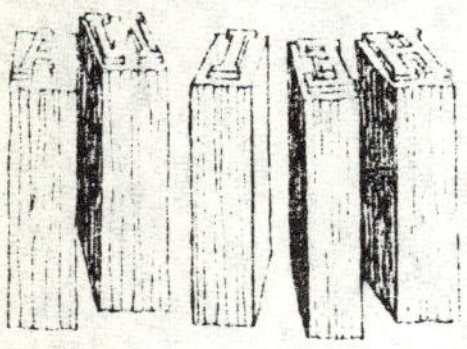

____

____

____

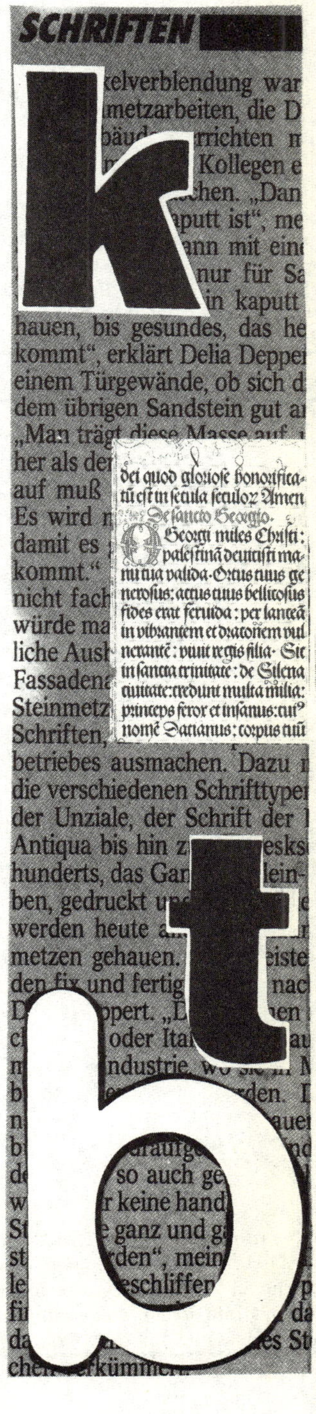

Die Erfindung des Buchdrucks durch **Johannes Gutenberg** hatte entscheidende Folgen:

○ ______________________________

○ ______________________________

____

○ ______________________________

____

○ ______________________________

____

Merke:

Die Erfindung des Buchdruckes ist ein ______________ ______________, der uns am Ende des ______________ ______________ die ______________ ankündigt.

Die Buchherstellung im 15. Jahrhundert am Beispiel der Bibel

DIE BIBEL

um 1400

1 Exemplar in einem Jahr von einem Schreiber auf Pergament handgeschrieben kostete 60 Gulden.

1455

In 140 Exemplaren auf Pergament gedruckt (für ein Exemplar brauchte ein Drucker 25 Tage) kostete eine Bibel noch 35 Gulden.

1500

Bei 300 auf Papier gedruckten Exemplaren (für ein Exemplar brauchte ein Drucker 15 - 20 Tage) kostete ein Exemplar nur noch 5 Gulden.

Fragen: (Gruppenarbeit)

1. Welche Auswirkungen hatte das unterschiedliche Herstellungsverfahren auf Herstellungszeit und Preis der Bücher ?

___

___

___

2. Welcher Zusammenhang besteht zwischen dem Preis der Bücher und ihrer Verbreitung ?

___

___

___

Als GUTENBERG 1468 starb, zählte man in Europa sieben Druckereien. Zu Beginn des 16.Jahrhunderts wurden in über 1000 Werkstätten an 260 verschiedenen Orten Bücher gedruckt. Schätzungsweise wurden bis zu dieser Zeit 27 000 Titel in insgesamt 10 Millionen Exemplaren gedruckt.

Kupferstich von HANS MERIAN, der eine Druckerei im 16. Jhdt. zeigt. Im Vordergrund zwei Stöße bedruckter Bogen, daneben unbedrucktes Papier. Dahinter Drucker bei der Arbeit an den Pressen. Der Drucker ganz rechts schwärzt den Letternsatz mit zwei Ballen ein. Im Hintergrund stehen die Setzer an den Kästen, in denen sich die Lettern befinden. Die Manuskripte für ihre Arbeit sind an Ständern befestigt.

Die Buchherstellung im 15. Jahrhundert am Beispiel der Bibel

DIE BIBEL

um 1400

1 Exemplar in einem Jahr von einem Schreiber auf Pergament handgeschrieben kostete 60 Gulden.

1455

In 140 Exemplaren auf Pergament gedruckt (für ein Exemplar brauchte ein Drucker 25 Tage) kostete eine Bibel noch 35 Gulden.

1500

Bei 300 auf Papier gedruckten Exemplaren (für ein Exemplar brauchte ein Drucker 15 - 20 Tage) kostete ein Exemplar nur noch 5 Gulden.

Fragen: (Gruppenarbeit)

1. Welche Auswirkungen hatte das unterschiedliche Herstellungsverfahren auf Herstellungszeit und Preis der Bücher ?

- Es können in kürzerer Zeit mehr Bücher hergestellt werden.

- Bücher werden billiger

2. Welcher Zusammenhang besteht zwischen dem Preis der Bücher und ihrer Verbreitung ?

Wissen kann schneller verbreitet werden.

***Viele** Menschen können jetzt Bücher kaufen und lesen.*

Als GUTENBERG 1468 starb, zählte man in Europa sieben Druckereien. Zu Beginn des 16.Jahrhunderts wurden in über 1000 Werkstätten an 260 verschiedenen Orten Bücher gedruckt. Schätzungsweise wurden bis zu dieser Zeit 27 000 Titel in insgesamt 10 Millionen Exemplaren gedruckt.

Kupferstich von HANS MERIAN, der eine Druckerei im 16. Jhdt. zeigt. Im Vordergrund zwei Stöße bedruckter Bogen, daneben unbedrucktes Papier. Dahinter Drucker bei der Arbeit an den Pressen. Der Drucker ganz rechts schwärzt den Letternsatz mit zwei Ballen ein. Im Hintergrund stehen die Setzer an den Kästen, in denen sich die Lettern befinden. Die Manuskripte für ihre Arbeit sind an Ständern befestigt.

Thema:
CHRISTOPH KOLUMBUS entdeckt 1492 die Neue Welt

GROBZIEL:

Überblick über europäische Entdeckungs- und Eroberungsfahrten im 16. Jahrhundert.

FEINZIELE:

- Schwierigkeiten und Probleme der Fahrt aufzählen,
- Leistung des KOLUMBUS entsprechend würdigen
- Auswirkungen der Entdeckungsfahrt darstellen
- Vorgehen des KOLUMBUS bei der Besitzergreifung des Landes darlegen
- Informationsentnahme aus einer Text- und einer Bildquelle.

VORARBEIT:

- Suche nach einem Seeweg nach Indien um Afrika
- Vorbereitende Information zur Person des KOLUMBUS

WEITERARBEIT: (Vorschläge)

- Eintrag des Tafelbildes in die Sachmappe
- Bearbeiten eines Merkblattes
- Kurze Niederschrift über die Probleme und Schwierigkeiten, mit denen KOLUMBUS zu kämpfen hatte, bzw. über die Eindrücke in der Neuen Welt
- evtl. Kurzreferat

TAFELBILD

Entdeckungsfahrt des CHRISTOPH KOLUMBUS

- 1492:
- Probleme und Schwierigkeiten auf der Fahrt
  - Stürme und Unwetter
  - Krankheiten und Seuchen an Bord
  - Meuternde Matrosen
- 12. Oktober 1492: Landung auf San Salvador
- Nimmt das Land für Spanien in Besitz
- KOLUMBUS glaubt, in Indien zu sein ("Indianer")
- Begeisterung bei der Rückkehr

CHRISTOPH KOLUMBUS

- Aus Genua (Italien)
- Findet kein Gehör für seine Ideen
- Überzeugt von der Kugelgestalt der Erde
- Spanische Königin ISABELLA gibt ihm drei Schiffe

- WIKINGER aber viel früher in Nordamerika

- Folgen:
  - Wettlauf nach Amerika
  - Vormachtstellung Spaniens
  - Verlagerung des Handels nach Westen

Unterrichtsstufe Zielangabe TZ und (TZ) Zusf.	METHODE Lehr / Lernakte	Medieneinsatz	LERNINHALTE (STOFF) Tafelanschrift (bzw. Folie)	ZEIT
I. ANKNÜPFUNG		Episkop	Bild von KOLUMBUS	
	Aussprache		Einbringen des Vorwissens: Herkunft des KOLUMBUS	
		TA	Schwierigkeiten bei der Durchsetzung seiner Pläne Andere Entdeckungsfahrten der damaligen Zeit.	
Zielangabe:			Die Fahrt des KOLUMBUS	
		TA	L: Mit der Fahrt des KOLUMBUS wollen wir uns heute näher beschäftigen. Notiere einige Fragen auf, was dich dabei besonders interessiert!	
		TA	SS: Alleinarbeit Vorlesen einiger Fragen, wesentliche Schwerpunkte an der Seitentafel festhalten.	
II. VERGEGENWÄRTIGUNG				
	L-Erzählung	vgl. Text 1		
	Teil-Wdhlg.	Karte TA	Lokalisieren	
	GA arbeitsteilig/arbeitsgleich		KOLUMBUS nimmt das Land in Besitz Vgl. Texte auf AB	
	Aussprache		- Beschreibung des Landes und der Menschen - Besitzergreifung, rechtliche Absicherung	
	Teil-Wdhlg.	Epi	Bild: KOLUMBUS geht an Land	
	L-Erzählung		Heimkehr des KOLUMBUS Am 14. März 1493 landet KOLUMBUS wieder in Palos. Die Kunde von seiner Heimkehr hatte sich in rasender Eile verbreitet, die Menschen warteten in ungeheurer Aufregung. Sein Weg glich dem Triumphzug eines siegreichen Feldherrn. KOLUMBUS trägt auf seinem Hut drei riesige Federn. Die Menge bestaunt nackte Eingeborene mit prächtigem Federschmuck. Die Eingeborenen sehen in der spanischen Königin, der weißen Frau, eine Gottheit und verehren sie ehrfurchtsvoll. KOLUMBUS hat auch Schätze mitgebracht: Gold, Silber, Edelsteine, Früchte, Tiere, Pflanzen.	
	Teil-Wdhlg.	TA		
III. BESINNUNGSPAUSE			L: Du kannst dich kurz mit dem Partner über das Gehörte unterhalten. Vielleicht tauchen noch Fragen auf!	
IV. BESINNUNG			Warum waren die Seefahrten damals viel gefährlicher als heute? KOLUMBUS glaubt, in Indien zu sein und nennt die Eingeborenen "Indianer". Die Inselgruppe, wo er landete, heißt bis heute "Westindische Inseln". Warum konnte er sich so täuschen? Es ist aber falsch, KOLUMBUS als den Entdecker Amerikas zu bezeichnen. - Wikinger - Eskimos über die Beringstraße Die Entdeckungsfahrt des KOLUMBUS hatte einige wichtige Folgen! - Wettlauf nach Amerika - Verlagerung des Handels nach Westen - Bedeutung der italienischen Hafenstädte (z.B. Venedig) sinkt - Vormachtstellung Spaniens	
V. SICHERUNG				
	Gesamtzusammenfassung	AB		

T e x t 1:

Nach langem Ringen erhält KOLUMBUS von der spanischen Königin ISABELLA endlich drei Schiffe: Pinta, Nina, Santa Maria. Nach eingehenden Vorbereitungen verließ KOLUMBUS am 3. August 1492 den spanischen Hafen Palos. Seine Mannschaft bestand hauptsächlich aus Zuchthäuslern und Tagedieben. Die Fahrt wurde zu einem Abenteuer mit höchst ungewissem Ausgang. Rauhes Wasser und Stürme beschädigten die Schiffe, in der Nähe der Insel Teneriffa erlebten die Seefahrer einen Vulkanausbruch, dann wochenlang kein Land, nur Himmel und Wasser. Hinzu kamen Krankheiten an Bord, vor allem Skorbut. Bei dieser Krankheit, die auf Vitaminmangel zurückzuführen ist, fallen die Zähne aus. Als die Matrosen wegen der langen Fahrt meuterten und KOLUMBUS zur sofortigen Umkehr zwingen wollten, fälschte KOLUMBUS die Einträge ins Logbuch, um sie über die wahre Entfernung zu täuschen.

Endlich im Morgengrauen des 12. Oktober 1492 der Ruf vom Mann im Ausguck: "Land in Sicht!" Alles jubelte, alles freute sich. Bei Tagesanbruch landete KOLUMBUS an der Küste. Aus Dankbarkeit nannte er die Insel "San Salvador", d.h. "Heiliger Erlöser".

1. Gruppe:

Aus dem Tagebuch des KOLUMBUS:

"Der Duft der Blumen und Bäume ist über alle Beschreibung köstlich. Die Landschaft ist reich an Gewässern und allerhand Früchten. Die ganze Nacht hört man den Gesang der Vögel und das Zirpen der Grillen. Die Luft ist lau und balsamisch, weder heiß noch kalt. Hier möchte ich ewig leben."

Auftrag: Schreibe in Stichpunkten heraus, wie KOLUMBUS das Land erlebt!

____

____

2. Gruppe:

"Um zwei Uhr morgens kam das Land in Sicht, von dem wir etwa 8 Seemeilen entfernt waren. Wir holten alle Segel ein ... Dann lagen wir bei und warteten bis zum Anbruch des Tages, der ein Freitag war, an welchem wir zu einer Insel gelangten, die in der Eingeborenensprache "Guanahani" hieß.

Dort erblickten wir allsogleich nackte Eingeborene. Ich begab mich, begleitet von ALONSO PINZON und dessen Bruder VICENTE YANEZ, dem Kapitän der "NINA", an Bord eines mit Waffen versehenen Bootes an Land. Dort entfaltete ich die königliche Flagge ... Unseren Blicken bot sich eine Landschaft dar, die mit grünleuchtenden Bäumen bepflanzt und reich an Gewässern und allerhand Früchten war.

Ich rief die beiden Kapitäne und auch all die andern, die an Land gegangen waren, ferner RODRIGO D'ESCOBEDO, den Notar der ARMADA, und RODRIGO SANCHEZ von Segovia zu mir und sagte ihnen, durch ihre persönliche Gegenwart als Augenzeugen davon Kenntnis zu nehmen, daß ich im Namen des Königs und der Königin, meiner Herren, von der genannten Insel Besitz ergreife, und die rechtlichen Unterlagen zu schaffen, wie es sich aus den Urkunden ergibt, die dort schriftlich niedergelegt wurden."

Auftrag: Notiere auf, was KOLUMBUS unternimmt, um das Land zum Besitz Spaniens zu erklären!

____

____

Der Seeweg nach Indien

Wegen der Eroberung Konstantinopels durch die Türken im Jahre 1453 und ihr weiteres Vordringen nach Südosteuropa, war für die europäischen Kaufleute der Handelsweg nach dem Orient gesperrt. Deshalb suchte man nach neuen Seewegen nach Indien und zu den Gewürzländern.

1445 glückte einer portugiesischen Mannschaft der Vorstoß bis zum Senegal. Das reiche und fruchtbare Land, das sie dort vorfanden, nannten sie "Kap Verde" (= grünes Kap).

1485 erreichte eine Expedition, an der auch der Nürnberger MARTIN BEHAIM teilnahm, die Kongomündung. BEHAIM stellte den ersten Globus her, auf dem die Erde in der Form einer Kugel dargestellt war ("Behaimscher Erdapfel").

1487 umsegelte der Portugiese BARTOLOMEO DIAZ die Südspitze Afrikas, die er "Kap der Stürme" nannte. Später erhielt sie den Namen "Kap der guten Hoffnung"

1497 segelte VASCO DA GAMA, ebenfalls unter portugiesischer Flagge, durch den Atlantik am "Kap der guten Hoffnung" vorbei und erreichte schließlich die indische Küste bei Culicut. Reich beladen kehrte die Flotte nach Portugal zurück.

Der aus Genua in Italien stammende Seefahrer CHRISTOPH COLUMBUS war überzeugt, daß er Indien auch auf dem Weg über das Westmeer erreichen kann, wenn die Erde eine Kugel ist. Jedoch der portugiesische König wollte ihm für dieses unwahrscheinliche Unternehmen keine Schiffe zur Verfügung stellen. Deshalb begab er sich in die Dienste des Königs von Spanien, der vom Gelingen des Vorhabens zwar nicht restlos überzeugt war, ihm aber dennoch 3 kleine Segelschiffe (Karavellen), die "SANTA MARIA", die "NINA" und die "PINTA" überließ. Mit ihnen brach COLUMBUS am 3. August 1492 von Palos in Südspanien zur Fahrt über den Atlantik auf.

Auf Haiti fanden Forscher Spuren von Kolumbus

AZ 15. Oktober 1987

Amerika-Entdecker hatte Hütten errichtet

Gainesville – Archäologen auf den Spuren von Kolumbus: Forscher von der Universität des US-Staates Florida sind sich sicher, auf Haiti Überreste der ersten von Christoph Kolumbus und seiner Mannschaft in der westlichen Hemisphäre gegründeten Siedlung entdeckt zu haben.

Auf der Insel, nahe der Ortschaft En-Bas-Saline, gruben sie Scherben aus Ton und Glas, Eisennägel und Kupfergegenstände europäischen Ursprungs aus, die aus dem 15. Jahrhundert stammen.

Kolumbus' Flaggschiff „Santa Maria" war am Weihnachtstag 1492 nahe der Nordküste von Haiti auf ein Korallenriff gelaufen. Die Seeleute schwammen an Land und bauten aus dem Holz des Schiffswracks ein Fort, die erste Ansiedlung von Europäern in der Neuen Welt.

Maurice Williams, Mitarbeiter des Staatsmuseums von Florida und Leiter der Ausgrabungen bei En-Bas-Saline, vertrat die Ansicht, einen schlüssigen Beweis könne ein Stück Holz aus den Überresten des Forts erbringen, denn Holz aus Europa sei leicht von karibischem zu unterscheiden.

Thema: **Die Entdeckungsreisen des Kolumbus**

Folie Nr.:

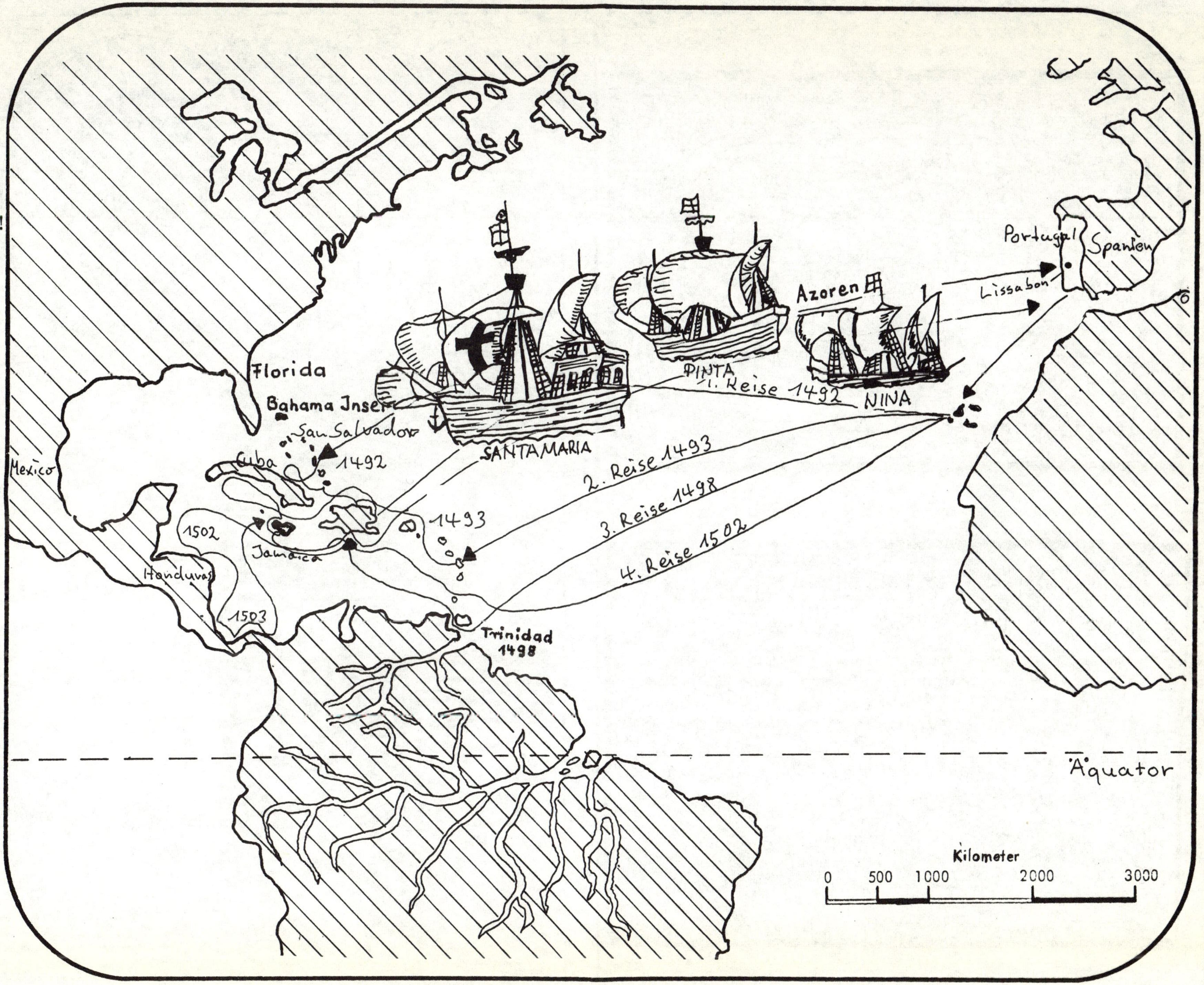

1. Erkläre, warum man die Ureinwohner Amerikas Indianer nennt!

2. Woher stammt der Name Amerika?

3. Welches Land ist nach dem Entdecker Amerikas benannt?

Zwei Holzschnitte aus dem Reisetagebuch von KOLUMBUS.
Links wird die Entdeckung Amerikas beschrieben.
Der rechte zeigt einige von ihm entdeckte Inseln, darunter San Salvador.

Nachbildung der Santa Maria

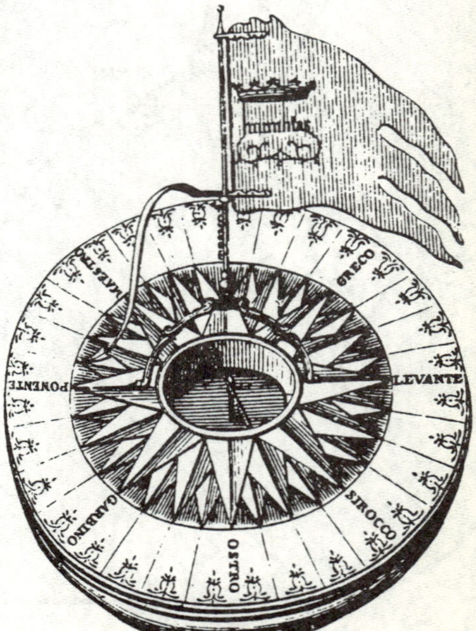

Ein Kompaß aus dem 15. Jahrhundert,
wie er von KOLUMBUS benutzt wurde.

- Er stammt aus ______________________
- Er ist von der ______________________ der Erde überzeugt.
- Spaniens Königin ______________________ gibt ihm drei Schiffe:
  __________, __________ und ______________________

Und so verlief die Entdeckungsfahrt:

- **3. August 1492:** ______________________________
- **Probleme und Schwierigkeiten:**
  - ______________________________
  - ______________________________
  - ______________________________
- **12. Oktober 1492:** ______________________________
- **Nimmt das Land in** ______________________ **für**
  ____
- **Die Spanier bestaunen bei seiner Rückkehr**
  ____
  ____
- **KOLUMBUS ist nicht der erste Entdecker Amerikas**
  ____
  ____

Merke: Die Entdeckung Amerikas durch Christoph Kolumbus ist ein zweiter __________ __________ vom Mittelalter in die Neuzeit. Damit begann:

1. ______________________________
2. ______________________________
3. ______________________________
4.

CHRISTOPH KOLUMBUS entdeckt 1492 die Neue Welt

- Er stammt aus Genua (Italien)
- Er ist von der Kugelgestalt der Erde überzeugt.
- Spaniens Königin Isabella gibt ihm drei Schiffe:
  Nina, Pinta und Santa Maria

Und so verlief die Entdeckungsfahrt:

- **3. August 1492:** Abfahrt aus Palos (Spanien)
- **Probleme und Schwierigkeiten:**
  - Stürme und Unwetter
  - Krankheiten und Seuchen an Bord
  - Meuternde Matrosen
- **12. Oktober 1492:** Landung auf San Salvador
- **Nimmt das Land in** Amerika **für** Spanien in Besitz

- **Die Spanier bestaunen bei seiner Rückkehr**
  Gold, Silber, Edelsteine, Früchte, Tiere, Pflanzen ...
- **KOLUMBUS ist nicht der erste Entdecker Amerikas**
  Wikinger

Merke: Die Entdeckung Amerikas durch Christoph Kolumbus ist ein zweiter Wendepunkt vom Mittelalter in die Neuzeit. Damit begann:

1. die Eroberung des amerikanischen Kontinents
2. der Wettlauf nach Amerika
3. die Vormachtstellung Spaniens
4. die Verlagerung des Handels nach Westen

Landung des Kolumbus in Amerika (Kupferstich von 1592)

Der in spanischen Diensten stehende Portugiese FERDINAND MAGELLAN war von einem großartigen Plan erfüllt: Er wollte die ganze Erde umsegeln. Der spanische König stellte ihm fünf Schiffe zur Verfügung. Im September 1519 stach er mit 265 Mann Besatzung von Sevilla aus in See. MAGELLAN wählte den Kurs nach Westen. Eine nicht abreißende Kette von Gefahren und Rückschlägen wie Gefangenschaft, Krankheit, Meuterei, Kampf mit Eingeborenen und Hunger mußten überstanden werden.
MAGELLANS Ausdauer und Führungskunst ist es zuzuschreiben, daß diese Fahrt schließlich doch zum Erfolg führte.

Allein 38 Tage dauerte die Suche nach der Durchfahrt an der Spitze Südamerikas. Sie fanden zwischen dem Festland und den Inseln von Feuerland eine schmale Durchfahrt nach Westen, die "Magellanstraße". Nun gelangten die kühnen Entdecker in einen bisher unbekannten Ozean. Weil sie dort keine Stürme erlebten, nannten sie ihn "Pazifischen Ozean" (d.h. friedlicher Ozean).

Trage in die Karte die Reiseroute von MAGELLAN ein!

1521:
Magellans Tod

Nach MAGELLANS Tod setzte die restliche Flotte ihre Reise fort und erreichte die Gewürz-Inseln. Dort beluden sie die Schiffe mit kostbaren Waren. Aber nur die "Victoria" war noch seetüchtig. Unter dem Kommando SEBASTIAN del CANOS durchquerte sie den Indischen Ozean, passierte das Kap der Guten Hoffnung und gelangte nach Spanien zurück.
Am 8. September 1522 landete das erste Schiff, das die Welt umsegelt hatt. Von den 260 Männern waren nur 18 mit der "Victoria" (= Sieg) zurückgekehrt; der wagemutige Seefahrer FERDINAND MAGELLAN lag in einem unbekannten Grab auf den Philippinen.

Bei einer Landung auf den Philippinen wurde MAGELLAN von Eingeborenen erschlagen.

Merke:

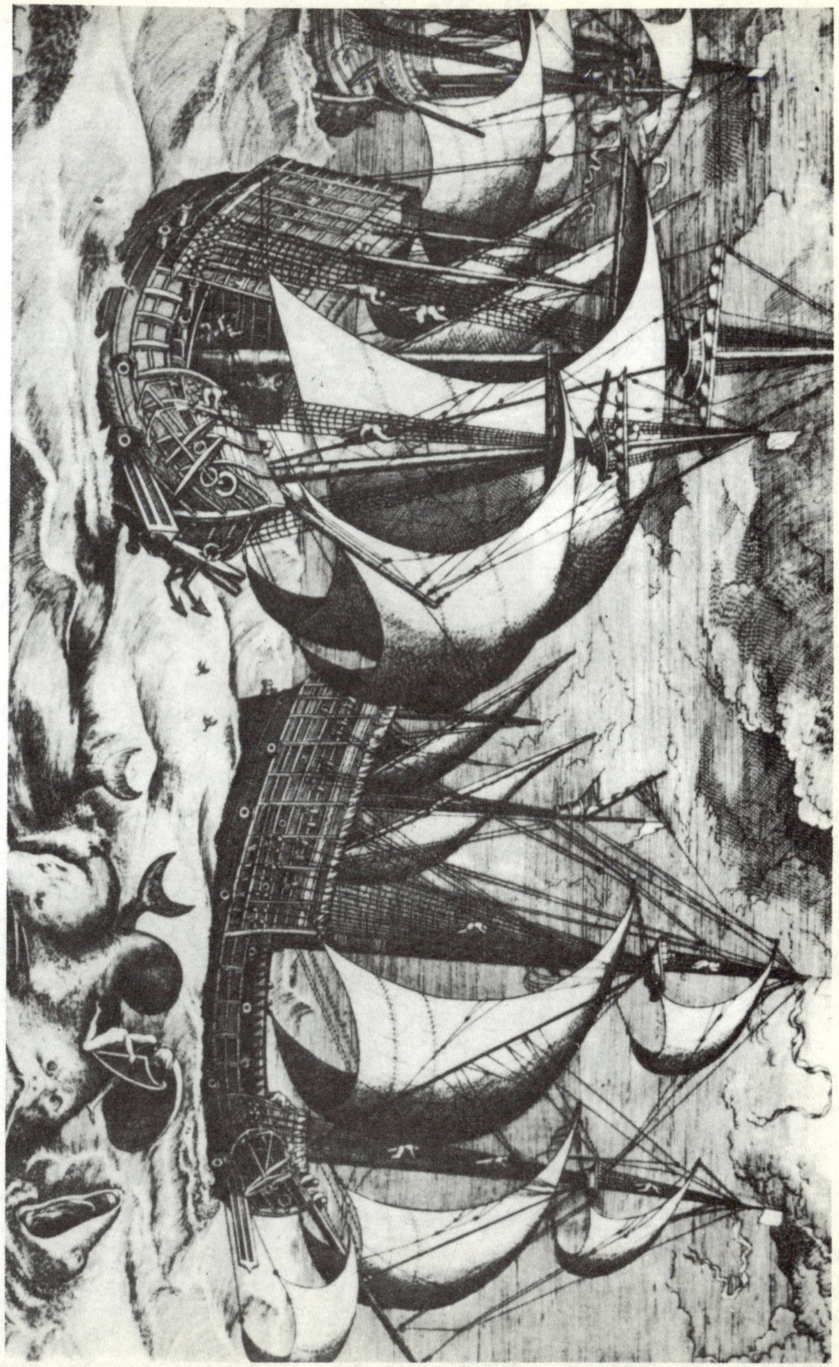

Schiffe auf See im 16. Jahrhundert. In dieser Zeit glaubten Seefahrer noch an Meeresungeheuer.

Warum war MAGELLANS Weltumseglung so wichtig?

Der in spanischen Diensten stehende Portugiese FERDINAND MAGELLAN war von einem großartigen Plan erfüllt: Er wollte die ganze Erde umsegeln. Der spanische König stellte ihm fünf Schiffe zur Verfügung. Im September 1519 stach er mit 265 Mann Besatzung von Sevilla aus in See. MAGELLAN wählte den Kurs nach Westen. Eine nicht abreißende Kette von Gefahren und Rückschlägen wie Gefangenschaft, Krankheit, Meuterei, Kampf mit Eingeborenen und Hunger mußten überstanden werden. MAGELLANS Ausdauer und Führungskunst ist es zuzuschreiben, daß diese Fahrt schließlich doch zum Erfolg führte.

Allein 38 Tage dauerte die Suche nach der Durchfahrt an der Spitze Südamerikas. Sie fanden zwischen dem Festland und den Inseln von Feuerland eine schmale Durchfahrt nach Westen, die "Magellanstraße". Nun gelangten die kühnen Entdecker in einen bisher unbekannten Ozean. Weil sie dort keine Stürme erlebten, nannten sie ihn "Pazifischen Ozean" (d.h. friedlicher Ozean).

Trage in die Karte die Reiseroute von MAGELLAN ein.

Bei einer Landung auf den Philippinen wurde MAGELLAN von Eingeborenen erschlagen.

Nach MAGELLANS Tod setzte die restliche Flotte ihre Reise fort und erreichte die Gewürz-Inseln. Dort beluden sie die Schiffe mit kostbaren Waren. Aber nur die "Victoria" war noch seetüchtig. Unter dem Kommando SEBASTIAN del CANOS durchquerte sie den Indischen Ozean, passierte das Kap der Guten Hoffnung und gelangte nach Spanien zurück. Am 8. September 1522 landete das erste Schiff, das die Welt umsegelt hatt. Von den 260 Männern waren nur 18 mit der "Victoria" (= Sieg) zurückgekehrt; der wagemutige Seefahrer FERDINAND MAGELLAN lag in einem unbekannten Grab auf den Philippinen.

Merke: *Fernando MAGELLAN fährt auf dem "spanischen Weg" westwärts nach Ostasien und umsegelt als erster die Welt.*

Der Beweis ist erbracht: Die Erde ist eine Kugel!

Die großen Entdeckungsreisen

Christoph Kolumbus: [—]

3. Aug. - 11. Okt. 1492
Spanien → westwärts nach Indien → Landung bei San Salvador - Kuba - Haiti, genannt die "Westindischen Inseln"

Vasco da Gama: [........]

Die Türken versperrten um 1450 die Handelswege nach Indien. Daher mußten neue Wege gefunden werden. Seeweg nach Indien um Afrika herum.

Fernando Magellan: [- - -]

Er fährt auf dem "spanischen Weg" westwärts nach Ostasien und umsegelt als erster die Welt. Nachweis, daß die Erde eine Kugel ist.

Trage hier die bekanntesten Entdeckungsreisen ein!

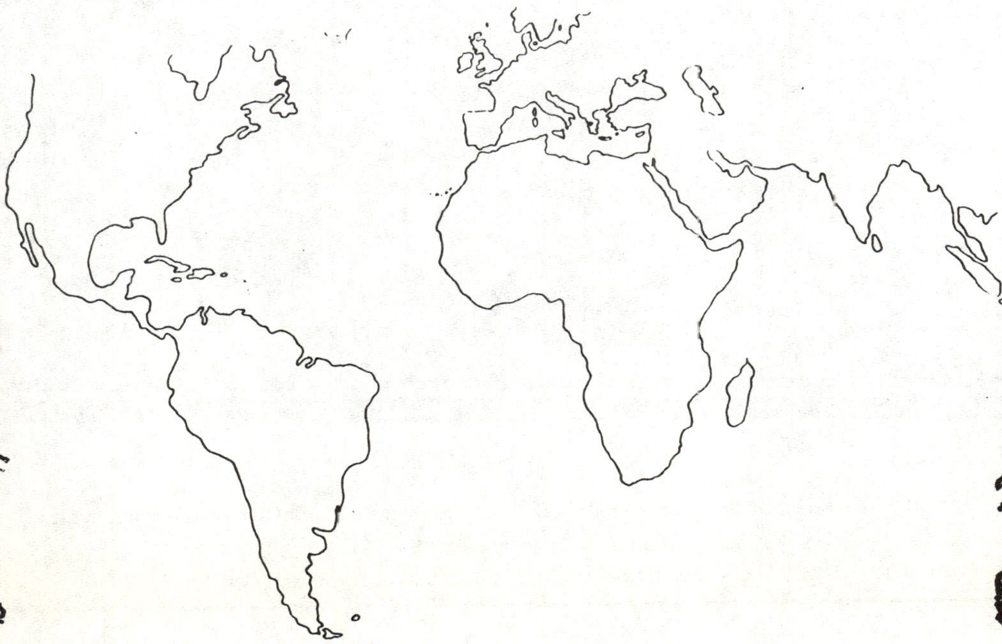

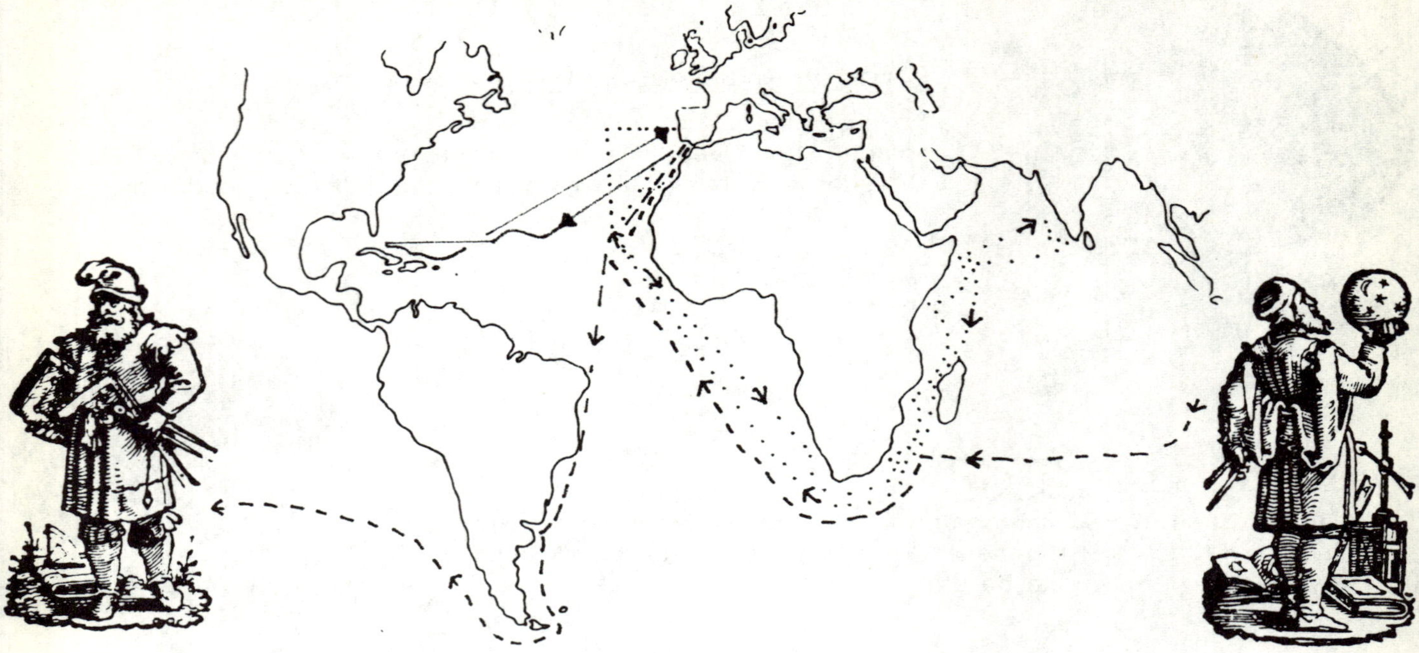

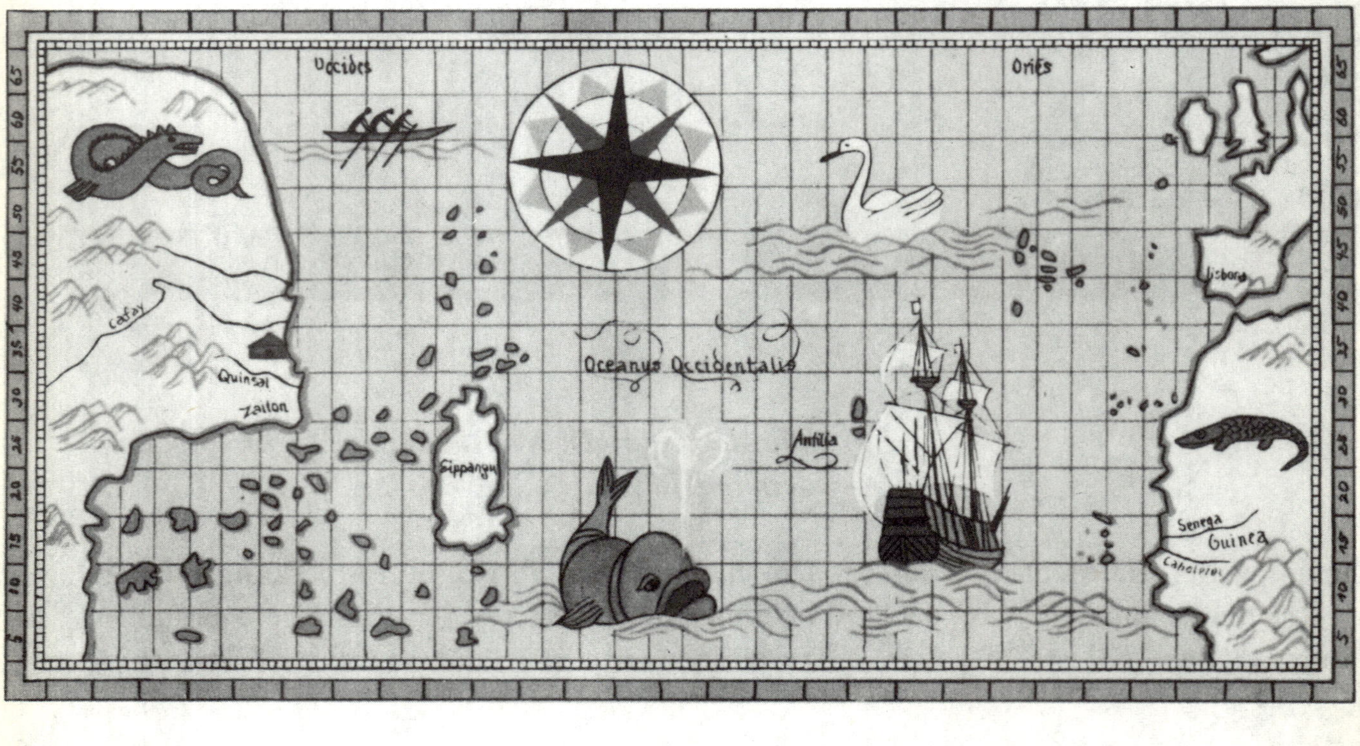

So stellten sich die Wissenschaftler die Lage der Erdteile vor den Entdeckungsreisen vor. Rechts Europa und Afrika, links Ostasien und Japan. (Nachbildung der TOSCANELLI-Karte von 1474) in: Wir erleben die Geschichte, 8. Schuljahr, S. 16, München 1973 (BSV)

LEHRBEREICH

GESCHICHTE

THEMA

Ein neues Weltbild entsteht

LERNZIELE

1. Die Schüler lernen die alten Weltbilder kennen.
2. Sie vergleichen das ptolemäische mit dem kopernikanischen Modell.
3. Sie stellen Vermutungen über die Haltung der Kirche an.
4. Sie erfahren etwas über das Leben von Galilei und Kopernikus.

ARBEITSMITTEL/MEDIEN/LITERATUR

TAFELBILD/FOLIE ≙ Lösung AB

Ein neues Weltbild entsteht ...

● Neue Meßtechniken machten große Entdeckungsfahrten auf den Meeren möglich (Marco Polo, Vasco da Gama, Christoph Kolumbus)

● Gutenberg erfindet den Buchdruck. Damit konnten neue Gedanken schnell und billig verbreitet werden.

● Der Humanismus (= geistige Bewegung) schuf ein neues Menschenbild. Vorbild war die Antike.

● Kopernikus und Galilei schaffen ein neues Weltbild. Sie beweisen: Die Sonne ist das Zentrum.

● Das Kaisertum zeigt Zerfallserscheinungen. Es entwickeln sich in Europa allmählich selbständige Staaten.

HINWEISE/NOTIZEN

Unterrichtsstufe Zielangabe TZ und (TZ) Zusf.	METHODE Lehr / Lernakte	Medieneinsatz	LERNINHALTE (STOFF) Tafelanschrift (bzw. Folie)	ZEIT
I. EINSTIEG				
	Provokation		Zweifelst du daran, daß die Erde sich um die Sonne dreht?	
	UG		- Bewiesen durch Satellitenaufnahmen usw.	
	Impuls		Vor einigen hundert Jahren hätte dir diese Behauptung das Leben kosten können.	
	UG		Vermutungen	
	Impuls		Wir wollen den Mann kennenlernen, der als erster behauptete und bewies, daß die Erde sich um die Sonne dreht.	
Zielangabe:			Warum sorgen Kopernikus und Galilei für ein neues Weltbild?	
II. VERGEGENWÄRTIGUNG				
	AA GA	AB	Lies den folgenden Text durch und halte das Wichtigste in Stichpunkten fest. Diskutiert euer Ergebnis in der Gruppe.	
III. AUSWERTUNG				
	UG		- Weltbild des Mittelalters - Beobachtungen Kopernikus - Beweis von Galilei - Reaktion auf den Beweis	
		AB 1	- Fixierung: Vergleich	
IV. BESINNUNG				
	Impuls		Es ist doch erstaunlich, wie gewisse Leute auf diesen Beweis reagierten ...	
	UG		- Kirche reagiert: Mensch nicht mehr "Krone der Schöpfung" - Glaubenszweifel treten auf	
	Rollenspiel		Darstellen einer Szene vor Gericht	
V. SICHERUNG				
			- Erklären des Begriffes "Wendepunkt" zur Neuzeit	
		AB 2	- Fixierung: Ein neues Weltbild entsteht!	

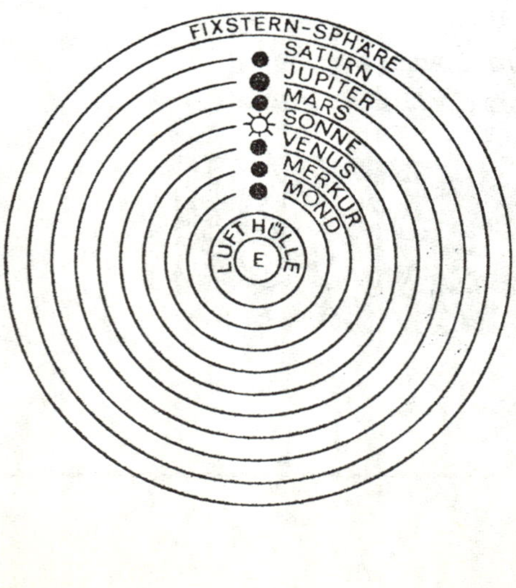

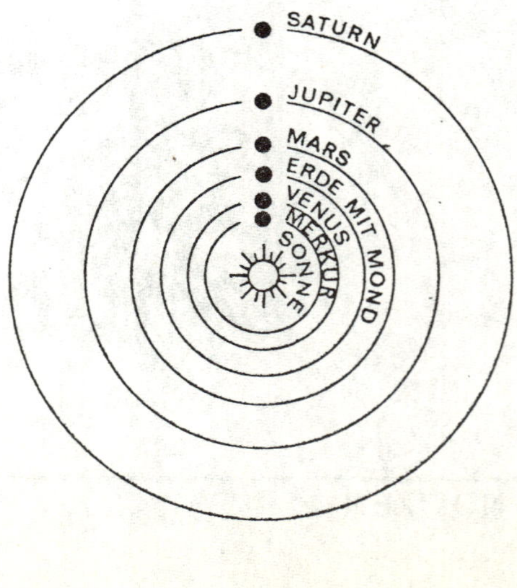

Ein neues Bild von der Welt entsteht

Die Menschen des Mittelalters sahen sich und die Erde als Mittelpunkt der gesamten Schöpfung an.Nach den damaligen Vorstellungen drehten sich die Sonne und alle Gestirne um die Erde.
Die Sternkundigen erkannten aber bei ihren Beobachtungen des Himmels,daß das nicht stimmen konnte.Der Domherr Nikolaus Kopernikus, der zugleich Arzt,Rechtsgelehrter und Sternforscher war,überprüfte die verschiedenen Ansichten.Sorgfältig verglich er sie mit seinen Beobachtungsergebnissen.Dabei erkannte er,daß die Erde eine Kugel sei und ein Himmelskörper unter vielen anderen.Er wies nach,daß die Erde sich jeden Tag einmal um ihre Achse dreht und jedes Jahr einmal um die Sonne.
Die Sonne war für ihn der Mittelpunkt des Weltalls,der von allen Planeten umkreist wird.
Wenige Jahre späterentdeckte Johannes Kepler,daß die Bahn der Planeten nicht einen Kreis,sondern eine Ellipse beschreibt.
Galileo Galilei arbeitete eng mit Kepler zusammen.Mit 22 Jahren war er schon Professor an der Universität Padua.Dort erforschte er den Himmel mit einem Fernrohr.Er entdeckte,daß der Mond sein Licht nicht von sich selbst habe,sondern Sonnenlicht zurückstrahlt.Galilei entdeckte ferner die Mondgebirge und beobachtete die Sonnenflecken.Als erster sah er die vier Monde des Planeten Jupiter.Daraus folgerte er,daß die Lehre des Kopernikus bewiesen sei.Sie war nun keine Meinung mehr,sie war Tatsache.
Als Galilei das behauptete,verboten ihm die Richter des kirchlichen Inquisitionsgerichts,weiterhin für die Lehre des Kopernikus einzutreten.Galilei schwieg,setzte aber seine Arbeit fort.Er veröffentlichte dann ein Buch,in dem er die beiden Systeme verglich.
Nun kerkerte ihn die Inquisition ein und bedrohte ihn mit der Folter.Nach monatelanger Haft leistete Galilei den erzwungenen Widerruf.Beim Verlassen des Gerichtsgebäudes soll er gesagt haben:

"Und sie bewegt sich doch!"

Zeichnet bitte beide Vorstellungen kurz auf und notiert unten den wesentlichen Unterschied!

herkömmliches Weltbild	Kopernikus, Kepler, Galilei:

Lehrbereich:

Die europäische Ausbreitung über die Welt zu Beginn der Neuzeit

Thema:

Worauf ist der Bevölkerungsrückgang in Mittel- und Südamerika zurückzuführen?

LERNINHALT:

Zerstörung, Ausbeutung und Krankheiten dezimieren die indianische Bevölkerung

GROBZIEL:

Kenntnis der Auswirkungen europäischer Kolonisation auf die indianische Bevölkerung und auf die Mutterländer.

FEINZIELE:

- Haltung der Azteken gegenüber den Spaniern beschreiben
- die Diskrepanz zwischen offizieller Verordnung des Königs und dem tatsächlichen Vorgehen gegen die Indianer darlegen
- das Schicksal der Indianer beschreiben
- aus Quellentexten Informationen entnehmen
- wertend Stellung nehmen zum Vorgehen der Spanier und zum Eintreten von Las Casas für die Indianer

TAFELBILD ≙ Lösung AB

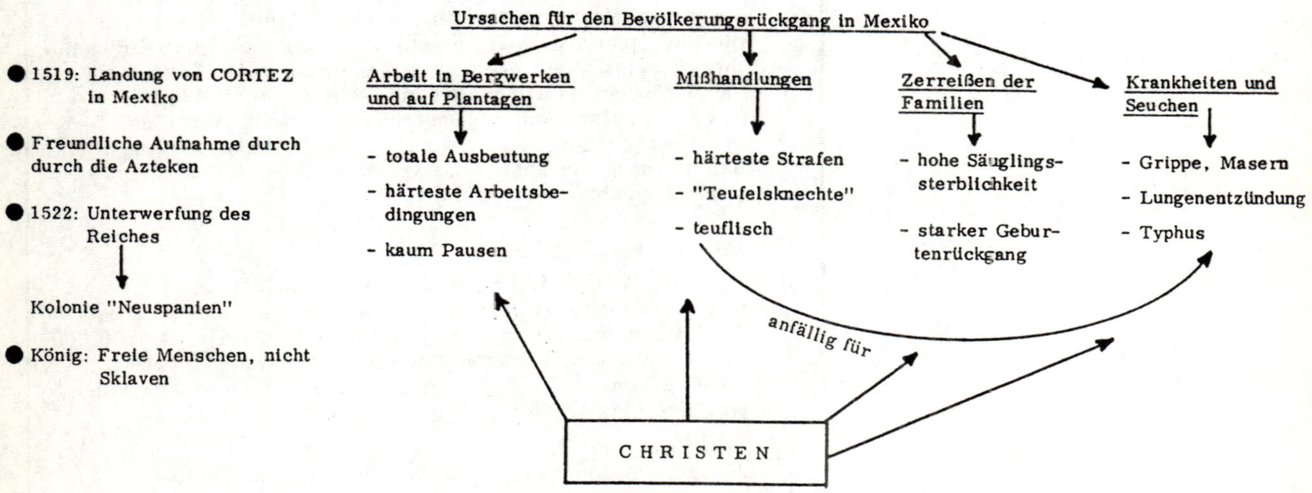

Unterrichtsstufe Zielangabe METHODE TZ und (TZ) Zusf.	Lehr / Lernakte	Medieneinsatz	LERNINHALTE (STOFF) Tafelanschrift (bzw. Folie)	ZEIT
I. ANKNÜPFUNG		Bild	Monumentalbauten des Inka- oder Aztekenreiches.	
			SS: Wiederholung des Vorwissens: - Aufbau und Organisation des Inkareiches - Hochkulturen in Mittel- und Südamerika - Leistungen dieser Reiche.	
Problemstellung		AP-Folie	L: Vor der Ankunft der Europäer lebten in Mexiko etwa 25.000.000 Menschen. 1532 waren es noch etwa 17.000.000 1540 6.000.000 1568 2.600.000 1580 1.900.000 1595 1.375.000 1650 1.500.000 1700 2.000.000 1800 3.700.000	
	KG		Auswerten dieser Statistik (aus Geschichte für die Hauptschule, 8. Jg., AUER-Verlag) - Dezimierte Einwohnerzahl - Steigende Zahlen etwa ab 1600	
Problemfrage:			Warum sank die Bevölkerungszahl in Mexiko so stark?	
Problempräzisierung			durch Wiedergabe der Zielfrage durch die Schüler mit eigenen Worten.	
II. VERGEGENWÄRTIGUNG			Vermutungen, Meinungsbildung, evtl. an der Seitentafel festhalten.	
	L-Erzählung		CORTEZ erreicht Mexiko 1519 landete CORTEZ mit 600 Soldaten an der mexikanischen Küste, um das "Goldland Mexiko" zu erobern. Nach einer alten Überlieferung der Azteken hatte sich ihr Gott, nachdem er die Menschen in allem unterwiesen hatte, nach Osten entfernt mit der Zusicherung, einmal zurückzukommen. Diesen Gott stellten sich die Azteken als großen Mann mit weißem Gesicht und Bart vor. Als nun die Spanier kamen, glaubten die Azteken, die Rückkehr ihres Gottes stehe bevor. Sie warfen sich den Fremden zu Füßen und bewunderten ihre Waffen: Waffen ganz aus Eisen, Kanonen von ungeheurer Gewalt. MONTEZUMA, der Herrscher der Azteken, schickte Willkommensgaben und empfing die Spanier in seinem Palast in der Hauptstadt Tenochtitlan. Das Los der Indianer L: Obwohl MONTEZUMA die Spanier freundlich aufgenommen hatte, wurde er gefangengenommen und später ermordet. 1522 wurde das ganze Reich unterworfen, mehr als 200.000 Tote, und zur spanischen Kolonie "Neuspanien" erklärt. CORTEZ wurde Statthalter. Damit setzte sich der Leidensweg der Indianer fort.	
	PA		Vgl. Texte auf AB: "Eine Verordnung des span. Königs bestimmte" und Text "So wurden die Indianer behandelt". 1. Wie sollten die Indianer behandelt werden? 2. Schreibe auf, wie sie tatsächlich behandelt wurden! Vgl. Text "Die genannten Verpflichtungen" Vgl. Text "Die Spanier beuteten die Silber- und Goldvorkommen rücksichtslos aus".	

Unterrichtsstufe Zielangabe TZ und (TZ) Zusf.	METHODE Lehr / Lernakte	Medieneinsatz	LERNINHALTE (STOFF) Tafelanschrift (bzw. Folie)	ZEIT
	KG, Auswertung der PA	TA	- Verordnung des Königs - Behandlung der Indianer - Ursachen für den Bevölkerungsrückgang	
	Teil-Wdhlg.		Verbalisieren des TB	
III. BESINNUNGSPHASE			SS: Unterhalten sich in der Gruppe / mit dem Partner über das Erarbeitete. Evtl. auftretende Fragen werden aufnotiert.	
IV. BESINNUNG	denkend		- Zusammentragen der wesentlichen Ursachen für die Dezimierung der mexikanischen Bevölkerung als Antwort auf die Problemfrage. - Versuch eines Transfers auf das Schicksal der Inkas. - Warum Diskrepanz zwischen Verordnung des spanischen Königs und der tatsächlichen Situation der Indianer?	
	wertend		L: Las CASAS, spanischer Dominikanerbischof, reiste aus Neuspanien viermal an den spanischen Hof, stellte in Wort und Schrift die Lage der Indianer dar und setzte sich für sie ein. Er prangerte die Grausamkeit der Spanier an und bat König KARL V. um Abhilfe. Er schlug vor, Neger aus Afrika zu holen, da sie für die harte Arbeit bei der Hitze besser geeignet seien. Daraus entwickelte sich dann der berüchtigte Sklavenhandel. Ist Las CASAS also schuld an diesem Sklavenhandel?	
	KG		L: Damals wurde ernsthaft die Frage diskutiert, ob die Eingeborenen überhaupt Menschen seien mit einer unsterblichen Seele, ob man sie zum christlichen Glauben bekehren oder ausrotten sollte. Was meinst du dazu?	

Gold der Inka – Gier der Spanier

Gruppe 1:

Eine Verordnung des span. Königs bestimmte:

"Die genannten Verpflichtungen sollen sie (die Indianer) als freie Personen leisten, die sie ja sind, nicht als Sklaven. Ihr habt dafür zu sorgen, daß diese Indianer gut behandelt werden..."

So wurden die Indianer behandelt:

"Den Spaniern stellte er (der Governeur) eine Bescheinigung über ihr Repartimiento (ihre Zuteilung) in der nachstehenden Art aus: "Euch, N.N., werden hiermit vermittels des Kaziken (Häuptlings) N.N. 50 (oder 100) Indianer zugewiesen, damit ihr euch ihrer bedient und sie im katholischen Glauben unterweisen laßt..." Und so verfuhr er mit allen, so viele er in einem Stamm hatte, und verurteilte sie alle, Kleine und Große, Kinder und Greise, Männer und Frauen, auch Schwangere und Wöchnerinnen, Herren und Diener, Edle und Geringe zu völliger Dienstbarkeit, durch die sie, wie wir sehen werden, zugrunde gingen. So sah die Freiheit aus, die ihnen aus seinem Repartimiento erwuchs."

1. Wie sollten die Indianer behandelt werden?
2. Schreibe auf, wie sie tatsächlich behandelt wurden.

Gruppe 2:

"Die genannten Verpflichtungen sollen sie (die Indianer) als freie Personen leisten, die sie ja sind, nicht als Sklaven. Ihr habt dafür zu sorgen, daß diese Indianer gut behandelt werden ..."

Der Dominikaner und Bischof BARTOLOME de LAS CASAS, später "APOSTEL der INDIANER genannt, begann einen leidenschaftlichen Kampf für die Rechte der Indianer. In einem Schreiben wandte er sich an den Hof von Madrid: "Die spanischen Aufseher behandelten die versklavten Indianer mit solcher Strenge und Härte und derart unmenschlich, daß man sie nur für Teufelsknechte halten konnte, sie ließen ihnen bei Tag und Nacht nicht einen Augenblick Ruhe. Sie gaben ihnen Stock- und Rutenhiebe, Ohrfeigen, Peitschenschläge, Fußtritte und nannten sie nie anders als Hunde ... Als ziemlich sicheres und wahrscheinliches Ergebnis kann man annehmen, daß in den vierzig Jahren seit der Eroberung Amerikas durch die tyrannischen und teuflischen Taten der Christen mehr als zwölf Millionen Seelen, Männer und Frauen und Kinder, in ungerechter und tyrannischer Weise getötet worden sind. Ich nehme an und glaube mich darin nicht zu täuschen, daß es in Wahrheit sogar mehr als fünfzehn Millionen gewesen sind..."
(Aus LAS CASAS' Bericht über die Verwüstung Indiens)

1. Wie sollten die Indianer behandelt werden?
2. Wie erging es ihnen tatsächlich?
3. Wieviele Menschen sollen umgekommen sein?

Gruppe 3:

Die Spanier beuteten die Silber- und Goldvorkommen rücksichtslos aus. Dabei mußten die Indianer in den Silbergruben und Goldwäschereien als Sklaven unter härtesten Bedingungen arbeiten. Hunderttausende kamen ums Leben. Das brutale Auseinanderreißen der Familien führte zu hoher Säuglingssterblichkeit und zu einem starken Geburtenrückgang..
Viel entscheidender für die Dezimierung der einheimischen Bevölkerung aber waren die von den Europäern eingeschleppten Krankheiten. Während die Spanier selbst weitgehend immun waren, waren ihnen die Indianer schutzlos ausgesetzt. Zudem waren ihre Körper durch die harte Zwangsarbeit in den Bergwerken und auf den Plantagen so geschwächt, daß sie keine Widerstandskräfte mehr hatten. Grippe, Lungenentzündung, Pockenepidemien, Masern und Typhus waren die Ursache für das Aussterben ganzer Landstriche.

1. Nenne Ursachen für die Dezimierung der Bevölkerung!
2. Welche Krankheiten traten auf?
3. Warum machten diese den Spaniern nichts aus?

Die Eroberung Mexicos durch Hernán Cortés
Kopien nach den Zeichnungen in der im 16. Jahrhundert entstandenen und verlorengegangenen Handschrift »Lienzo de Tlaxcala«

Gastlicher Empfang für Cortés und Marina durch die Tlaxcalteken

Die tlaxcaltekischen Stammesfürsten mit ihren Gaben vor Cortés und Marina

Empfang des aztekischen Herrschers durch Cortés im Palast des Axayacatl

Angriff der Azteken auf die Spanier im brennenden Palast des Axayacatl

Die Einschließung der Hauptstadt Mexico Tenochtitlan durch mexicanische Truppen

Quauhtemoc, der letzte Herrscher der Azteken, als freiwilliger Gefangener vor Cortés

1. Schreibe in Stichpunkten auf, warum die Spanier von den Azteken freundlich aufgenommen worden waren!

2. Zähle die Gründe auf für den starken Bevölkerungsschwund nach der Unterwerfung durch die Spanier!

3. Warum waren die Indianer so anfällig für die Krankheiten? Warum die Spanier nicht?

4. Erkläre den offensichtlichen Widerspruch zwischen der Verordnung des spanischen Königs und dem Vorgehen der Eroberer!

5. Warum wurden die Indianer von den Spaniern so ausgebeutet?

6. Was wollte Bischof LAS CASAS mit seinem Vorschlag erreichen? Was entstand daraus schließlich?

7. Zähle einige Leistungen der europäischen Siedler auf!

GOLDENER BEHÄLTER

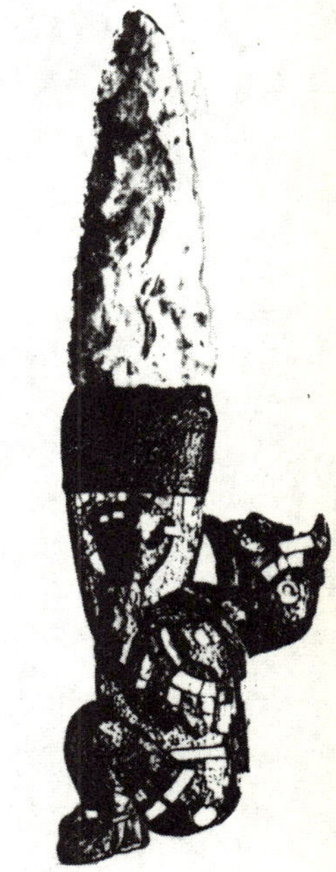

MESSER EINES AZTEKEN-PRIESTERS

1. Schreibe in Stichpunkten auf, warum die Spanier von den Azteken freundlich aufgenommen worden waren!
Azteken glaubten, ihr Gott komme einmal wieder zurück aus Osten; stellten sich Gott als großen Mann mit weißem Gesicht und Bart vor.

2. Zähle die Gründe auf für den starken Bevölkerungsschwund nach der Unterwerfung durch die Spanier!
Härteste Arbeit in Bergwerken und auf Plantagen; Mißhandlungen und Tötungen; Zerreißen der Familien; Krankheiten und Seuchen

3. Warum waren die Indianer so anfällig für die Krankheiten? Warum die Spanier nicht?
Ausgemergelt und schlecht ernährt; deshalb um so anfälliger; Seuchen von Europäern eingeschleppt.

4. Erkläre den offensichtlichen Widerspruch zwischen der Verordnung des spanischen Königs und dem Vorgehen der Eroberer!
Spanien weit entfernt; König konnte Einhaltung seiner Verordnungen kaum kontrollieren; Gier der Eroberer nach Reichtum.

5. Warum wurden die Indianer von den Spaniern so ausgebeutet?
Als Menschen zweiter Klasse betrachtet, minderwertig; billige Arbeitskräfte
Gier nach Gold und Reichtum.

6. Was wollte Bischof LAS CASAS mit seinem Vorschlag erreichen? Was entstand daraus schließlich?
Hilfe für die geknechteten und den Anstrengungen nicht gewachsenen Indianer; Folge: Sklaventransport von Afrika nach Amerika.

7. Zähle einige Leistungen der europäischen Siedler auf!
Entwicklung des Landes, Großgüter; Vermittlung europäischer Kultur; negative Folgen überwiegen aber bei weitem.

GOLDENER BEHÄLTER

MESSER EINES AZTEKEN-PRIESTERS

Wie stehen die Entdecker zum entdeckten Land?

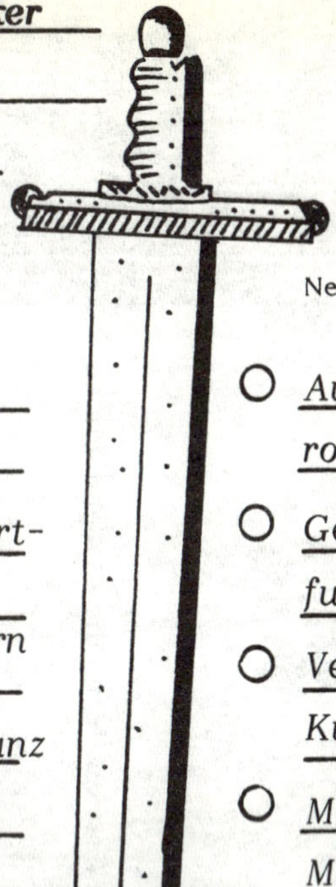

Positive Haltung:

- ○ *Erschließung neuer Gebiete*
- ○ *Handel, Verkehr, Wirtschaft mit fremden Völkern*
- ○ *Zusammenarbeit, Freundschaft, Toleranz*
- ○ *Christianisierung im Sinne Las Casas*
- ○ *u.a. S-Vorschläge*

Negative Haltung:

- ○ *Ausbeutung und Ausrottung*
- ○ *Gewaltsame Unterwerfung (Azteken, Inka)*
- ○ *Verachtung fremder Kultur*
- ○ *Mißachtung der Menschenrechte*
- ○ *Glaubenszwang*
- ○ *u.a. S-Vorschläge*

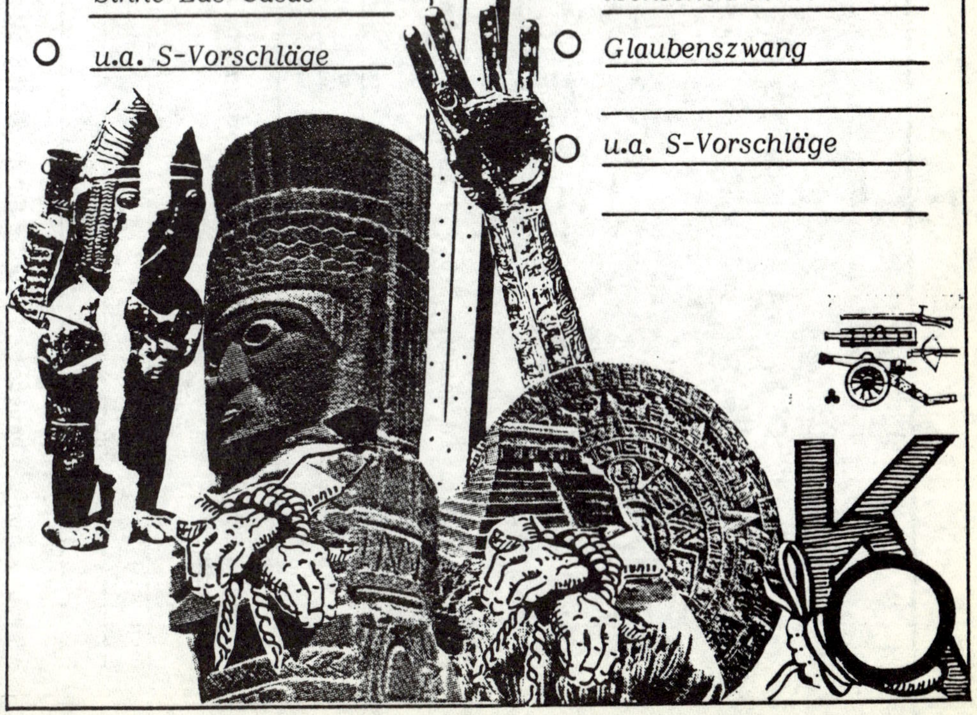

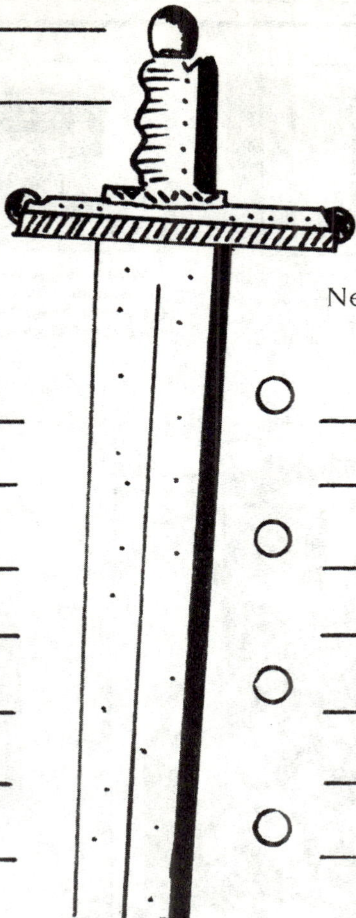

Positive Haltung:

Negative Haltung:

Thema: Auswirkungen der europäischen Kolonisation **Folie Nr.:**

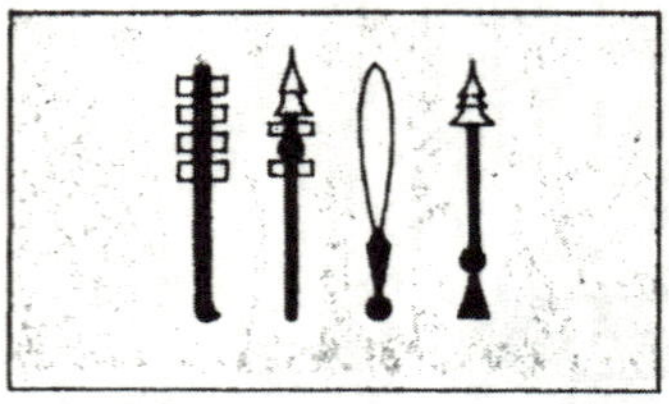

Mit Steinzeitwaffen . . .
Die Azteken kämpften mit Speeren, Schwertern, Pfeilen und Keulen aus Holz mit Schneiden aus vulkanischem Glas.

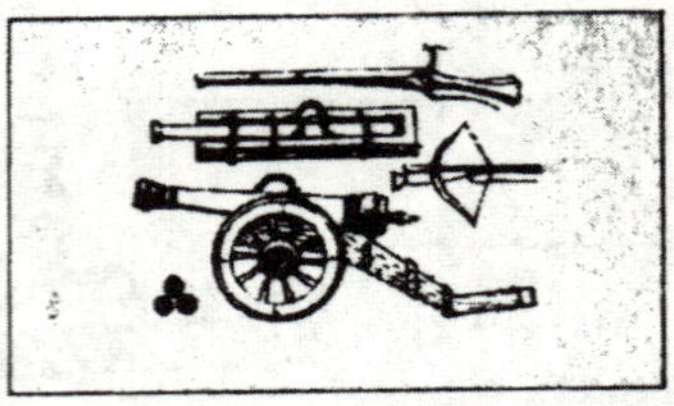

. . . gegen fortgeschrittene Technik
Die Spanier verfügten über Armbrüste und Feuerwaffen, und ihre Pferde waren der Schrecken der Indianer.

ERBARMUNGSLOS ging man gegen die Heiden und die Feinde Spaniens vor. Die Spanier richteten mehrmals ein Blutbad an, wie bei der Eroberung von Cuzco.

Gesamtüberblick über die nördlichste Festung des Inka-Reiches, Macchu Picchu; typisch die terrassenförmige Anlage

LEBEN UND GEBRÄUCHE *Die Statuette aus der Inkazeit (links) zeigt einen Mann mit einem Gefäß für Flüssigkeiten. Die hohle Goldhand (rechts) stammt aus einem Chimú-Grab und enthielt vielleicht Räucherwerk. Der Arm ist kunstvoll tätowiert, wie das in Chimú üblich war.*

Wir empfehlen zur Illustration: Geschichte mit Pfiff Nr. 12/1979 "Die Welt der Azteken", J. M. Sailer Verlag Nürnberg

Lehrbereich:

EUROPÄISCHE AUSBREITUNG über die WELT zu BEGINN der NEUZEIT

Thema:

Der Dreieckshandel

LERNZIELE:

- Ursachen für den Sklavenhandel nennen und erläutern
- Begriff "Dreieckshandel" erklären
- Situation der Neger darlegen und wertend dazu Stellung nehmen
- Informationsentnahme aus Quellentexten

MATERIALIEN/ LITERATUR:

- Schülerbuch "Geschichte entdecken, 7. Schj., BUCHNER-Verlag
- Wurzeln unserer Gegenwart 3, BAUMANN / EHRENWIRTH
- Geschichtliche Weltkunde, 2. Quellenlesebuch, DIESTERWEG

TAFELBILD

Was versteht man unter dem DREIECKSHANDEL?

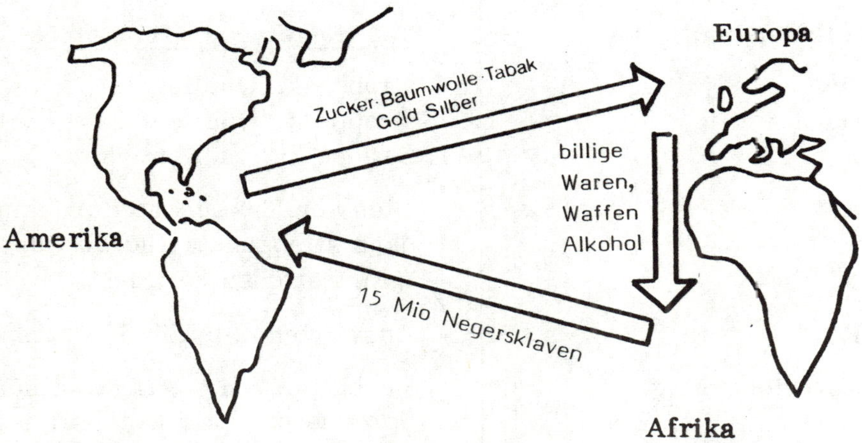

- Reduzierung der indianischen Bevölkerung
  ↓
- Arbeitskräfte fehlen
  ↓
- Negersklaven aus Afrika
  ↓
- Plantagen Bergwerke

- Offizieller Handel mit Genehmigung des Kaisers
- Später Transportmonopol für:

  Frankreich
  England
  Holland

METHODE Unterrichtsstufe (Teil) Zielangabe und (Teil) Zusammenfassung Lehr / Lernakte Medieneinsatz			LERNINHALTE (STOFF) Tafelanschrift (bzw. Folie)	ZEIT
I. MOTIVATION		Folie		
	KG/Aussprache		Einbringen des Vorwissens, Beschriften des Pfeils mit "Silber, Zucker, Tabak Baumwolle, Gold"	
		TA	L: Aus diesem Handelsverkehr mit Amerika entwickelte sich nun sehr bald der sog. D r e i e c k s h a n d e l, der außerordentlich gewinnbringend war.	
		TA	Ergänzen der Tafelskizze durch Umriß von Afrika.	
	KG		Aussprache, Vermutungen, Vorwissen	
II. PROBLEMSTELLUNG		TA	Was versteht man unter dem Dreieckshandel - oder ähnlich?	
III. VERGEGENWÄRTIGUNG			3.1 <u>Ursachen für den Transport der Neger nach Amerika</u>	
	erarbeitendes KG		Vorgehen der Spanier gegen die Indianer ⟶ Dezimierung der Bevölkerung ⟶ fehlende Arbeitskräfte ⟶ Gesetze zum Schutz der Indianer. Neger besser geeignet für die Arbeit auf den Plantagen (große Hitze) und in den Gold- und Silberbergwerken.	
	Teilwiederhlg.	TA	3.2 <u>Neger von Afrika nach Amerika</u>	
	EA arbeitsteilig		Gruppe 1: Quellentext Gruppe 2: Quellentext (s. Anlage) Gruppe 3: Quellentext	
	AA		Lies den Text genau durch und schreibe dann stichpunktartig die wesentlichen Informationen heraus!	
	KG		Auswerten der Arbeit an den Quellentexten	
	Teilwiederholg.	TA	Verbalisieren des Tafelbildes; evtl. Sprechen zu Bild (Anlage)	
IV. BESINNUNG			- Begriff "Dreieckshandel" anhand der Tafelskizze noch einmal erklären - Wer hatte ein Interesse am Sklavenhandel? - Was bedeutete es für die Afrikaner, als Sklaven nach Amerika verkauft zu werden? - Wie verträgt sich die Behandlung der Neger mit der Menschwürde? - Die Europäer nannten sich Christen!	
V. SICHERUNG			Zusammenfassende Gesamtwiederholung mit wertender Stellungnahme.	

(1) Beschrifte die Pfeile und die Kreise

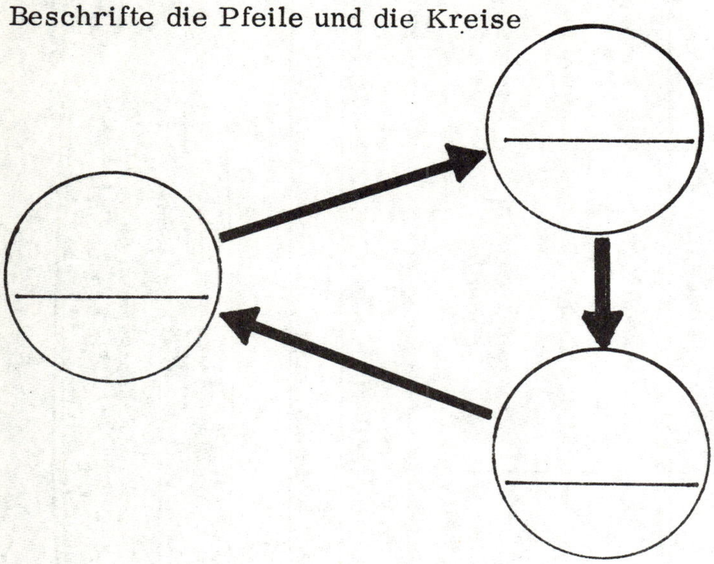

Afrikanische Sklavenhändler mit ihrer Ware

(2) Für wen brachte der Sklavenhandel

in	Vorteile	Nachteile
Europa		
Afrika		
Amerika		

(3) Man schätzt, daß auf der Überfahrt etwa 5 Millionen Neger umgekommen sind. Notiere mögliche Ursachen!

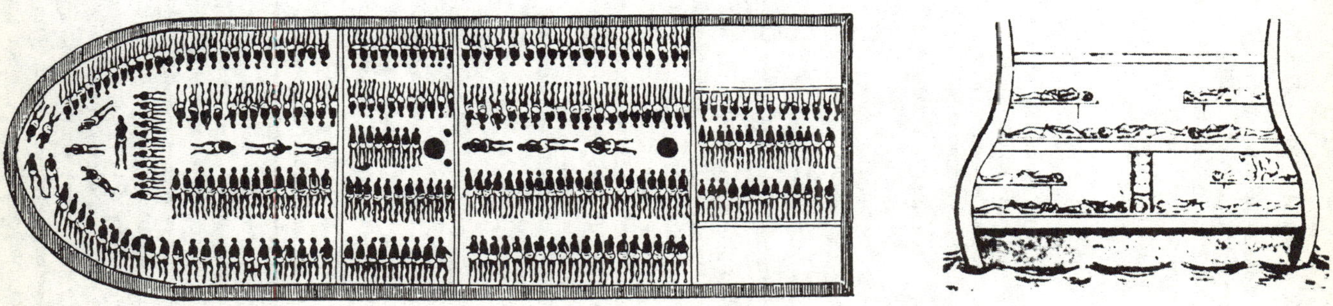

Schreibe auf, was du aus diesem Bild entnehmen kannst!

Texte zur Gruppenarbeit:

Gruppe 1:

Vertrag KARLS V. mit dem Handelshaus der Welser über die Lieferung von Negersklaven:

"Wir geben euch die Erlaubnis, daß ihr 4000 Negersklaven, davon mindestens ein Drittel weiblichen Geschlechts, nach den Inseln Haiti und Puerto Rico und dem (amerikanischen) Festland bringen und dort verteilen könnt, wobei wir die Bedingung stellen, daß die Sklaven innerhalb von 4 Jahren hinüberzubringen sind. Für diese Lizenz (Erlaubnis) habt ihr 20 000 Golddukaten zu zahlen. Ihr seid verpflichtet, die Sklaven zum Preis von 55 Dukaten für jeden und nicht für mehr zu verkaufen."
(Nach R. KONETZKE. Lateinamerika seit 1492, S. 31)

Solche Verträge werden später auch mit anderen Personen und Handelsgesellschaften abgeschlossen. 1701 erlangt Frankreich das alleinige Transportmonopol in die spanisch-amerikanischen Kolonien, 10 Jahre später England. Aber auch Holland beteiligt sich an dem gewinnbringenden Menschenhandel. Man schätzt, daß auf diese Weise 15 Millionen Neger von Afrika nach Amerika gebracht worden sind.

16. Jahrhundert	900 000
17. Jahrhundert	2 750 000
18. Jahrhundert	7 000 000
19. Jahrhundert	4 000 000

Gruppe 2:

Bericht eines englischen Reisenden über den Sklaventransport:

"Das Sklavenschiff führte eine Fracht von 505 Männern und Frauen mit sich. Sie waren alle im Zwischendeck hinter vergitterten Luken eingeschlossen. Der Raum war so eng, daß sie jeweils zwischen den Beinen ihres Hintermanns sitzen mußten, und sie waren so eng zusammengepfercht, daß sie sich Tag und Nacht weder hinlegen noch überhaupt ihre Stellung verändern konnten. Da sie im Auftrag verschiedener Leute verschifft worden waren, hatt man ihnen, als handle es sich um Schafe, das Zeichen des jeweiligen Eigentümers mit glühenden Eisen auf Brust oder Beinen eingebrannt."
(Nach B. DAVIDSON, Vom Sklavenhandel zur Kolonialisierung, S. 13)

Gruppe 3:

JOACHIM NETTELBECK, Sklavenjagd in Afrika um 1772

Die großen Landgüter in den Südstaaten der USA konnten im 17./18. Jahrhundert nur mit Hilfe von Negersklaven bewirtschaftet werden. Aus Afrika wurden Tausende von Schwarzen nach Amerika "transportiert" und verkauft. Der Sklavenhandel war für europäische Reeder ein sehr einträgliches Geschäft.

Da hier Menschen nun einmal als Ware angesehen wurden, um gegen die Erzeugnisse des europäischen Kunstfleißes ausgetauscht zu werden, so kam es hauptsächlich darauf an, solche Artikel zu wählen, welche das Bedürfnis oder der Luxus den Schwarzen am unentbehrlichsten gemacht hatt. Schießgewehre aller Art und Schießpulver in kleinen Fässern von zweiunddreißig, sechzehn bis acht Pfund nahmen hierunter die erste Stelle ein. Fast ebenso begehrt war Tabak, sowohl geschnitten als in Blättern, samt irdenen Pfeifen und Branntwein, entweder in halben Ankern oder in Flaschenkellern von zwölf, acht bis sechs Gemäßen. Kattune von allen Sorten und Farben lagen in Stücken von einundzwanzig bis vierundzwanzig Ellen sowie auch dergleicher oder leinene und seidene Tücher, deren sechs bis zwölf zusammengewirkt waren. Ebensowenig durfte ein guter Vorrat von linnenen Lappen, drei Ellen lang und halb so breit, fehlen, die dort als Leibschurz getragen werden. Den Rest der Ladung füllten allerlei kurze Waren als kleine Spiegel. Messer aller Art, bunte Korallen, Nähnadeln und Zwirn, Fayence, Feuersteine, Fischangeln u. dgl.

SKLAVENHANDEL - DREIECKSHANDEL

(1) Beschrifte die Pfeile und die Kreise

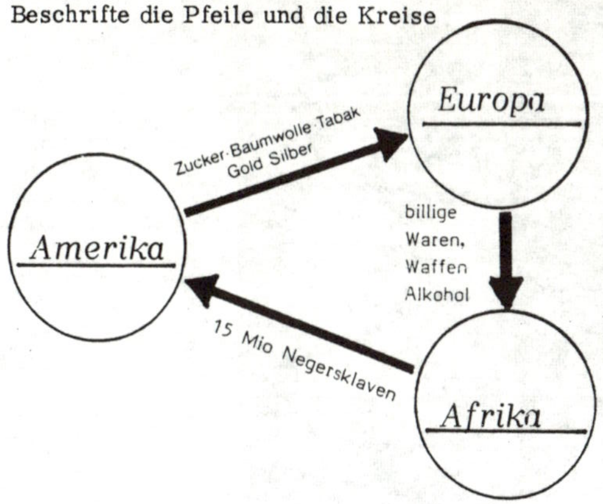

Afrikanische Sklavenhändler mit ihrer Ware

(2) Für wen brachte der Sklavenhandel

in	Vorteile	Nachteile
Europa	*Schiffsbesitzer*	
Afrika	*Häuptlinge*	*Einfache Bevölkerung*
Amerika	*Plantagenbesitzer, Sklavenhändler*	*Einheimische Arbeitskräfte*

(3) Man schätzt, daß auf der Überfahrt etwa 5 Millionen Neger umgekommen sind. Notiere mögliche Ursachen!

Schlechteste Bedingungen, zusammengepfercht; Krankheiten, Seuchen, Schiffskatastrophen

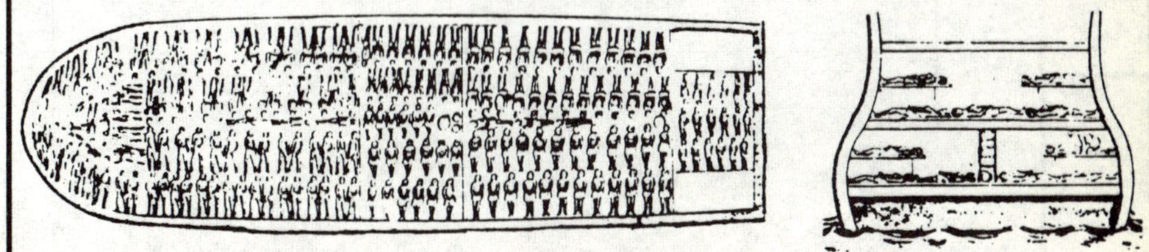

Schreibe auf, was du aus diesem Bild entnehmen kannst!

Jeder Raum bis ins letzte ausgenützt, Schiffe überbeladen

LEHRBEREICH GESCHICHTE

THEMA Kirchliches Leben um 1500

LERNZIELE

Die Schüler sollen

- die Zustände bzw. Mißstände erfahren, die sich um 1500 in die Kirche eingeschlichen haben.
- Reaktionen, die darauf folgten erschließen.
- die Absichten des Ablaßhandels erklären können.
- die Hintergründe erfahren, die diese Mißstände begünstigten.

ARBEITSMITTEL/MEDIEN/LITERATUR

TAFELBILD/FOLIE

Kirchliches Leben um 1500 ...

Viele Päpste sorgten sich damals mehr um sich selbst und die eigene Verwandtschaft als um die Kirche. Man nennt diesen Zustand Nepotismus.
Es gab auch im öffentlichen Leben große Mißstände, z.B. den Ablaßhandel.
Erkläre:
Ablaß = Nachlaß aller Sünden (ohne echte Beichte).

"Sobald das Geld im Kasten klingt, die Seele aus dem Fegfeuer springt."

Aberglaube

Hexenwahn

HINWEISE/NOTIZEN

Vgl. dazu bitte auch Kath. Religionslehre 7, 2. Teil, Seite 99 - 111, pb-Verlag Puchheim. 1. Warum kam es zur Reformation?

Unterrichtsstufe Zielangabe TZ und (TZ) Zusf.	METHODE Lehr / Lernakte	Medieneinsatz	LERNINHALTE (STOFF) Tafelanschrift (bzw. Folie)	ZEIT
I. ANKNÜPFUNG				
	Impuls		Die Erfindungen und Entdeckungen haben in der Denkweise des Menschen einiges verändert	
	UG		- neues Weltbild - Geist auf neuen Bahnen - Kunst - Kritik an der Kirche	
	Impuls		Ob diese Kritik an der Kirche allein auf Kepler und sein Werk zurückzuführen ist ...?	
	Vermutungen der Schüler			
Zielangabe:			Wie kam es zur Reformation?	
II. VERGEGENWÄRTIGUNG				
1. Teilziel:			Die Mißstände in der Kirche	
	GA	Quelle	Lest die Quelle durch und notiert die Mißstände. - Handeln der Priester - Ablaßhandel	
Zusammenfassung:			Geistlichkeit: Prunksucht, Pfründe Tetzel: Ablaßhandel, Frömmigkeit ausnützen	
	Impuls		Wenn man die Priester nicht an ihrem Äußeren erkannt hätte, so hätte man sie leicht mit anderen Personen verwechseln können ...	
	UG		- Adel - Steuern - Verweltlichung	
	Impuls		Im frühen Mittelalter konnte man die Kirche noch als Einheit bezeichnen ... - Jetzt zerstritten	
	Wdhlg. Impuls		Wie hättest du auf diese Mißstände reagiert?	
	UG		- Protest - Zahlen ---- Sinnvoll für Glauben zahlen?	
2. Teilziel:			Martin Luther bekämpft den Ablaßhandel	
	GA	AB	Auszüge aus 95 Thesen lesen!	
	UG			
III. AUSWERTUNG - BESINNUNG				
		AB	Die geschichtliche Persönlichkeit Luthers.	

○ Im 14. Jahrhundert verschlang die Hofhaltung der Päpste Unsummen Geld. Die päpstlichen Finanzbeamten erdachten immer neue Abgaben und Steuern. Manche Ablaßprediger sagten:

____

____

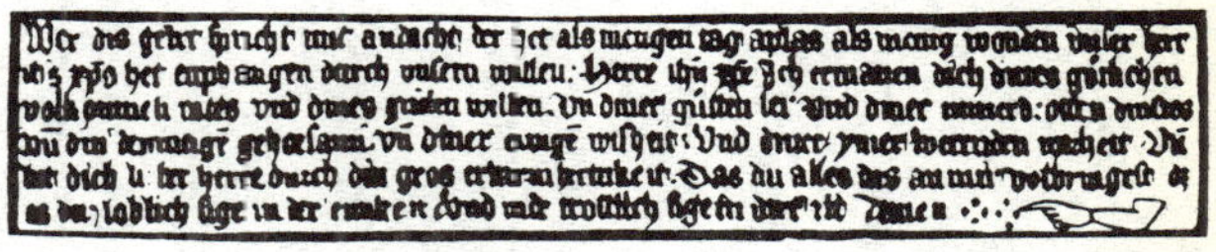

○ Viele Päpste sorgten sich damals mehr um sich selbst und die eigene Verwandtschaft als um die Kirche. Man nennt diesen Zustand ____________________. Es gab auch im öffentlichen Leben große Mißstände, z.B. den ________ ________________.

○ Reformen, die aus der Kirche selbst erwuchsen, waren bei der Bevölkerung noch nicht durchgedrungen. Ganz im Gegenteil! Das religiöse Leben war von ____________________ und ____________________ gekennzeichnet.

Kirchliches Leben um 1500

1. Während des Mittelalters hatte die Kirche immer wieder versucht, ihren Einfluß auf weltliche Belange auszudehnen. Die Gefahr der Verweltlichung war damit verbunden. Um 1490 mahnte der Dominikanermönch Savonarola:

"Ihr Priester höret meine Worte! Ihr Geistlichen ... lasset die Pfründe ... lasset den Prunk, eure Schmuserei und Festmahle, welche ihr so üppig begeht! ..."

"Ihr Mönche! Lasset euren Überfluß an Gewändern und an Silbergeräten, lasset eure fetten Abteien und Pfründe! Befleißigt euch der Einfachheit und lebt wie einst die Mönche der Vorzeit ... von eurer Hände Arbeit ..."

2. Lehren und Vorschriften der Kirche bestimmten Sitten und Gebräuche des Volkes. Die vom schlecht ausgebildeten Klerus übermäßig geschürte Angst vor Sünde und Bestrafung im Jenseits führte zu überspannter Frömmigkeit (harte Bußübungen, Kasteiung, Wundersucht).
Durch gute Werke glaubten viele Menschen ihre Sünden abbüßen zu können. Durch den Ablaßkauf konnte man sich von Sünden freikaufen.

Ablaß in Erfurt:

"1488 kam ein Legat gen Erfurt, gesandt vom Papst Innozenz VIII., der bestellte eine große Prozession. Und derselbige Legat hatte solch große Macht und Gewalt, Ablaß zu geben, und wer da seine Beichte täte, der sollte entbunden sein von Pein und Schuld, von allen seinen Sünden, wie groß die auch wären. Dergleichen Ablaß ist noch nie in Erfurt gewest; und ein jeglich Beichtkind gab in den Kasten nach seinem Vermögen; man gab auch für die Verstorbenen in den Kasten; das sollte ihnen auch zu Hilfe kommen. Item er ließ auch Beichtbriefe geben; von einem Menschen gab man sieben Groschen. Da war solch groß Beichten von den Leuten und die, die Briefe nahmen, daß es nicht zu sagen steht.
Und die Beichtväter, die saßen Beichte von dem Morgen an bis in die Nacht und wurden des Beichtehörens und alle Tage zu predigen schier ganz müde. Dasselbige Ablaß stund fünf ganze Wochen zu Erfurt; da kam mächtig groß Geld weg aus dem Lande. Gleich danach stieg der Gulden auf, daß er zu 26 Neugroschen galt, der vorher nicht ganz 24 Groschen galt. Item dasselbe Ablaß war auch in anderen Landen und Städten überall." (Erfurter Chronik des Konrad Stolle)
Aus: Friedrich Zange, Zeugnisse der Kirchengeschichte, 1912, S. 230 f.

Arbeitsauftrag: Schreibe in Stichpunkten alle Gründe heraus, die für eine Erneuerung der Kirche sprechen.

3. Auszüge aus den 95 Thesen

Um Klarheit über die Ablaßlehre zu schaffen, formulierte LUTHER in 95 Thesen seine Auffassung vom Ablaß und schlug sie am Vorabend des Allerheiligentages 1517 an der Schloßkirche zu Wittenberg an. LUTHER wollte damit zu einem Streitgespräch unter fachkundigen Theologen auffordern. (aus LUTHERS Werke, Berlin 1929-33, I 1 ff).

1. Da unser Herr und Meister JESUS CHRISTUS spricht: "Tut Buße", hat er gewollt, daß alles Leben der Gläubigen Buße sein soll.

("Da unser meister und herr Jhesus Christus spricht, thut busse etc., wil er, das das ganze leben seiner gleubigen auf erden ein stete und unaufhoerliche busse sol sein.").

21. Es irren die Ablaßprediger, die da sagen, daß durch des Papstes Ablässe der Mensch von aller Sündenstrafe losgesprochen und erlöst werde.

27. Menschenlehre predigen die, welche sagen, daß sobald der Groschen im Kasten klingt, die Seele aus dem Fegfeuer springt.

32. Die werden samt ihren Meistern zum Teufel fahren, die vermeinen, durch Ablaßbriefe ihrer Seligkeit gewiß zu sein.

36. Jeglicher Christ hat, wenn er in aufrichtiger Reue steht, vollkommenen Erlaß von Strafe und Schuld, der ihm auch ohne Ablaßbrief zusteht.

37. Ein jeder wahrhaftige Christ, er sei lebendig oder tot, ist teilhaftig aller Güter Christi und der Kirchen, aus Gottes Geschenk, auch ohne Ablaßbriefe.

62. Der rechte wahre Schatz der Kirchen ist das heilige Evangelium der Herrlichkeit und Gnade Gottes.

71. Wer gegen die Wahrheit des apostolischen Ablasses redet, der sei verbannt und verflucht.

72. Wer aber gegen die mutwilligen und frechen Reden der Ablaßprediger auf der Wacht steht, der sei gesegnet.

WITTENBVRGA um 1550
Saxoniæ oppidum, Vniuersali literarū studio celebre

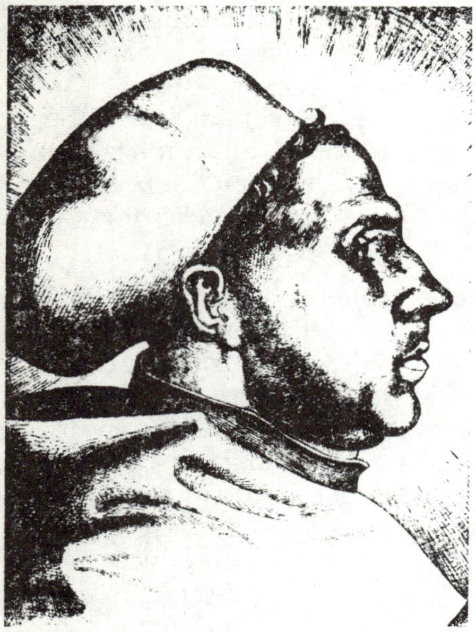

1. LUTHERS Persönlichkeit

LUTHER hat durch die von ihm begonnene Reform wichtige geschichtliche Entwicklungen eingeleitet. Er wurde am 10.11.1483 in Eisleben als Sohn eines Bergmanns geboren; 1505 (mit 22 Jahren) trat er in ein Augustinerkloster zu Erfurt ein (infolge eines bei einem heftigen Gewitters abgelegten Gelübdes) ⟶ Bruder MARTINUS; 1507 wurde er zum Priester geweiht; starb am 18.2.1546 in Eisleben. Folgende Frage quälte ihn immer: "Wie erhalte ich sündiger Mensch einen gnädigen Gott?" Die Antwort fand er im Römerbrief des Apostel PAULUS: Nicht die "guten Werke" machen den Menschen gerecht vor Gott, sondern allein Glaube und Gnade.

2. Der "Ablaß" und seine Folgen

a) Was bedeutet "Ablaß"? ______________________________

____

b) Die Menschen verstanden den "Ablaß" damals falsch! Erkläre die Behauptung!

____

c) Welche Folgen ergaben sich aus diesem Irrtum?

LUTHER in Worms

Der kurtrierische Offizial Dr. Ecken eröffnete die Versammlung wieder mit einer kurzen lateinischen und deutschen Ansprache. Er schloß mit derselben Frage wie am Vortage: ob Luther die Bücher, die er gestern als die seinen anerkannt, oder etwas daraus widerrufen wolle. Darauf hob Luther mit unerschrockener, tapferer Stimme deutsch an ... Er sei sich wohl bewußt, daß er ein irrender Mensch sei.
"Darum bitte ich um der göttlichen Barmherzigkeit willen, Eure allergnädigste Majestät möchten mir Beweise vorlegen, mich des Irrtums überführen und mich durch das Zeugnis der prophetischen oder evangelischen Schriften überwinden. Ich werde völlig bereit sein, jeden Irrtum, den man mir nachweisen wird, zu widerrufen, ja, werde der erste sein, der meine Schriften ins Feuer wirft."

Ecken eröffnete darauf die Verhandlung wieder mit einer längeren Ansprache, in der er zwar mit Scheltworten nicht kargte, aber sichtlich darauf ausging, Luther mürbe zu machen. Er schloß: "Erwarte keine Disputation über Glaubensartikel, die du unbedingt zu glauben verpflichtet bist. Antworte aufrichtig und ehrlich, unzweideutig und ohne Hinterhalt: Ob du deine Bücher und die darin enthaltenen Irrtümer widerrufen willst oder nicht!" Darauf erwiderte Luther in lateinischer Sprache: "Da Eure Majestät und Eure Herrlichkeiten eine schlichte Antwort von mir heischen, so will ich eine solche ohne allen Hinterhalt geben: Wenn ich nicht durch Zeugnisse der Schrift und klare Vernunftgründe überzeugt werde, denn weder dem Papst noch den Konzilien allein glaube ich, da es am Tage ist, daß sie öfter geirrt und sich selbst widersprochen haben, so bin ich durch die Stellen der Heiligen Schrift, die ich angeführt habe, überwunden in meinem Gewissen und gefangen in dem Worte Gottes. Daher kann und will ich nichts widerrufen, weil wider das Gewissen etwas zu tun weder sicher noch heilsam ist." Darauf fügte er noch auf deutsch hinzu: "Gott helfe mir, Amen!"

Die Erwiderung KARL V.

"Ihr wißt, daß ich abstamme von den allerchristlichsten Kaisern der edlen deutschen Nation, von den katholischen Königen von Spanien, den Erzherzögen von Österreich, den Herzögen von Burgund, die alle bis zum Tode getreue Söhne der römischen Kirche gewesen sind, Verteidiger des katholischen Glaubens, der geheiligten Bräuche, Dekrete und Gewohnheiten des Gottesdienstes, die das alles mir nach dem Tode als Vermächtnis hinterlassen haben und nach deren Beispiel ich bislang auch gelebt habe. So bin ich entschlossen, festzuhalten an allem, was seit dem Konstanzer Konzil geschehen ist. Denn es ist sicher, daß ein einzelner Bruder irrt, wenn er gegen die Meinung der ganzen Christenheit steht, da sonst die Christenheit tausend Jahre oder mehr geirrt haben müßte. Deshalb bin ich entschlossen, meine Königreiche und Herrschaften, Freunde, Leib und Blut, Leben und Seele einzusetzen. Denn das wäre eine Schande für uns und für Euch, Ihr Glieder der edlen deutschen Nation, wenn in unserer Zeit durch unsere Nachlässigkeit auch nur ein Schein der Häresie und Beeinträchtigung der christlichen Religion in die Herzen der Menschen einzöge. Nachdem wir gestern die Rede Luthers hier gehört haben, sage ich Euch, daß ich bedaure, so lange gezögert zu haben, gegen ihn vorzugehen. Ich werde ihn nie wieder hören, er habe sein Geleit; aber ich werde ihn fortan als notorischen Ketzer betrachten und hoffe, daß Ihr als gute Christen gleichfalls das Eure tut."

aus: Karl BRANDI, Kaiser KARL V., 1941, S. 112 f.

Stelle wichtige Stationen im Leben Martin Luthers fest!

10. November 1483 ______________________

1501 - 1505 ______________________

1512 ______________________

____

1517 ______________________

1518 ______________________

19. April 1521 ______________________

____

____

____

____

1546 ______________________

Was bedeutet "DISPUTATION" ? ______________________

In der Folge des Ablaßstreits will Luther die Kirche auf sein Verständnis der Heiligen Schrift verpflichten, z.B. : ______________________

____

Er gerät in grundsätzlichen Widerspruch zur Lehre der Kirche, z.B.:

____

____

____

MARTIN LUTHER und die REFORMATION

1. LUTHERS Persönlichkeit

LUTHER hat durch die von ihm begonnene Reform wichtige geschichtliche Entwicklungen eingeleitet. Er wurde am 10.11.1483 in Eisleben als Sohn eines Bergmanns geboren; 1505 (mit 22 Jahren) trat er in ein Augustinerkloster zu Erfurt ein (infolge eines bei einem heftigen Gewitters abgelegten Gelübdes) ⟶ Bruder MARTINUS; 1507 wurde er zum Priester geweiht; starb am 18.2.1546 in Eisleben. Folgende Frage quälte ihn immer: "Wie erhalte ich sündiger Mensch einen gnädigen Gott?" Die Antwort fand er im Römerbrief des Apostel PAULUS: Nicht die "guten Werke" machen den Menschen gerecht vor Gott, sondern allein Glaube und Gnade.

2. Der "Ablaß" und seine Folgen

a) Was bedeutet "Ablaß"? *Nachlaß von Sündenstrafen, nicht von Sünden.*

b) Die Menschen verstanden den "Ablaß" damals falsch! Erkläre die Behauptung!

Ablaß als Verzeihung von Sünden verstanden.

c) Welche Folgen ergaben sich aus diesem Irrtum?

Menschen meinten, allein mit Geld könne man sich sein Seelenheil erkaufen.

MARTIN LUTHER – Stationen seines Lebens

Stelle wichtige Stationen im Leben Martin Luthers fest!

10. November 1483	*geboren in Eisleben*
1501 - 1505	*Studium an der Universität Erfurt*
1512	*Professor für Bibelwissenschaft an der Universität Wittenberg*
1517	*Thesenanschlag*
1518	*Vorladung nach Rom*
19. April 1521	*Luther weigert sich auf dem Reichstag zu Worms, seine Schriften zu widerrufen. Kaiser Karl V. verhängt über ihn die Reichsacht.*
1546	*Tod Luthers*

Was bedeutet "DISPUTATION"? *Verteidigungsrede*

In der Folge des Ablaßstreits will Luther die Kirche auf sein Verständnis der Heiligen Schrift verpflichten, z.B.: *" A l l e i n durch den Glauben wird der Mensch vor Gott gerecht."*

Er gerät in grundsätzlichen Widerspruch zur Lehre der Kirche, z.B.:

Verbindlichkeit des Konzils, Sakramente, Kirchenverständnis.

LEHRBEREICH **REFORMATION**

THEMA **Welchen Einfluß hatten LUTHERS Schriften auf die Bauern?**

LERNZIELE

GROBZIEL: Kenntnis der Verflechtung von Glaubensreform und sozialer Revolution im deutschen Bauernkrieg.

FEINZIELE:
- Gründe für die Unzufriedenheit der Bauern aufzählen.
- Die Forderungen der schwäbischen Bauern aus den 12 Artikeln erarbeiten.
- Den Zusammenhang mit LUTHERS Schriften erkennen und darstellen.
- Wertende Stellungnahme zu den Forderungen der Bauern.

ARBEITSMITTEL/MEDIEN/LITERATUR

- Bild von LUTHER (Episkop)
- Zeitleiste
- Texte umgedruckt oder Schulbuch

TAFELBILD/FOLIE

Welchen Einfluß hatten LUTHERS Schriften auf die Bauern?

Lage der Bauern im Mittelalter

- Verachteter Stand "dummer Bauer"
- Teilweise große Not
- Leibeigenschaft, Frondienste, Abgaben
- Teilweise auch Ansehen und Wohlstand

● Unzufriedenheit

● Unruhe

● Forderung nach Rechten und Freiheiten

LUTHER:

"Ein Christenmensch ist ein freier Herr über alle Dinge und niemand untertan."

● Freie Wahl des Pfarrers

● Beschränkung der Abgaben und Frondienste

● Abschaffung der Leibeigenschaft

● Bestrafung nach Recht u. Gesetz

Berufung auf die Bibel

↓

maßvoll, nicht revolutionär

HINWEISE/NOTIZEN

METHODE: Unterrichtsstufe (Teil) Zielangabe und (Teil) Zusammenfassung	Lehr/Lernakte	Medieneinsatz	LERNINHALTE (STOFF) Tafelanschrift (bzw. Folie)	ZEIT
1. ANKNÜPFUNG		Bild	MARTIN LUTHER SS: Wiederholen in weitgehend ungelenkter Aussprache die wesentlichen Grundzüge der Lehre Luthers. L: Überall in Deutschland fand die Lehre LUTHERs Anklang. Auch die Bauern, die schon lange unzufrieden waren mit ihrer Lage, griffen die Schriften Luthers begierig auf. Man kann sagen, daß die Schriften des Reformators großen Einfluß hatten auf die Bauern.	
P r o b l e m f r a g e :			Welchen Einfluß hatten LUTHERs Schriften auf die Bauern?	
Problempräzisierung			Interpretation der Zielfrage durch die SS.	
2. VERGEGENWÄRTIGUNG		TA	Lage der Bauern L: Über die Situation der Bauern im Mittelalter weißt du aus dem letzten Jahr sicher noch einiges! SS: Verachteter Stand ("dummer Bauer") Leibeigenschaft, weitgehend rechtlos teilweise große Not Frondienste, Abgaben teilweise auch Ansehen und Wohlstand	
			Forderung nach Rechten und Freiheiten	
	Teil-Wdhlg. Verbalisieren des TB			
		TA	Die Forderungen der Bauern L: Es gärte schon lange unter den Bauern. Da fiel den Bauern LUTHERs Schrift "Von der Freiheit eines Christenmenschen" in die Hände. Dort findet sich folgender Satz:	
		TA (Satzstreifen)	"Ein Christenmensch ist ein freier Herr über alle Dinge und niemand untertan."	
	KG		Versuch einer Interpretation dieses Satzes. L: Die Bauern glauben, dieser Satz sei genau auf ihre Situation der Unfreiheit zugeschnitten. Daraufhin ver-	

METHODE: Unterrichtsstufe (Teil) Zielangabe und (Teil) Zusammenfassung	Lehr/Lernakte	Medieneinsatz	LERNINHALTE (STOFF) Tafelanschrift (bzw. Folie)	ZEIT
			kündeten die Bauern ihre Forderungen in zahlreichen Flugschriften . Die größte Verbreitung fanden die 12 Artikel der schwäbischen Bauern, verfaßt von dem Kürschnergesellen Sebastian LOTZER aus Memminger, aus denen die Forderungen zu ersehen sind.	
	arbeitsteilige GA		Vgl. Text auf AB	
	KG	TA	Zusammentragen der Ergebnisse der GA	
3. BESINNUNGSPAUSE			Aussprache über das bisher Erarbeitete in der Gruppe, Aufnotieren dabei evtl. auftretender Unklarheiten.	
4. BESINNUNG	denkend		- Nochmals die Situation der Bauern und ihre Forderungen darstellen	
	KG		- Warum empfanden die Bauern die Abgabe des "Besthaupt" oder "Bestkleid" als besonders erniedrigend? (Dokumentation der Unfreiheit und Abhängigkeit zu besonderen Anlässen; außerdem wirtschaftliche Not)	
	wertend		- Nochmaliges Zurückblenden auf den Satz LUTHERs, Gegenüberstellung des Gemeinten mit dem, was die Bauern herauslasen - Hätte LUTHER deiner Meinung nach diese Forderungen der Bauern unterschreiben können? Begründe deine Meinung!	
5. SICHERUNG				
Gesamtzusammenfassung:	Verbalisieren des TB Einordnung in die Zeitleiste	AB (HA)		

1. Beschreibe stichpunktartig die soziale und rechtliche Lage der Bauern im Mittelalter!

2. LUTHER: "Ein Christenmensch ist ein freier Herr über alle Dinge und niemand untertan."

LUTHER meinte:	Die Bauern lesen heraus:

3. Schreibe stichpunktartig die Forderungen der Bauern auf!

4. Wie beurteilst du diese Forderungen?

DIE BAUERN SCHLIESSEN SICH ZUSAMMEN: Durch die Reformation und die Idee vom freien Christenmenschen bestärkt, schließen sich überall im Reich Bauern zu "christlichen Gemeinschaften" zusammen

Gruppe 1:

"... Die Bauern wollen keinen Aufruhr, sondern die Verwirklichung der Lehren des Evangeliums: Friede, Freiheit ..."

1. Freie Wahl des Pfarrers, der das Evangelium lauter und klar, ohne menschlichen Zusatz predigen soll.
2. Der Kornzehnt soll für den Unterhalt des Pfarrers und für die Armen verwendet werden. Der kleine Zehnt soll fallen.
3. Die Leibeigenschaft soll fallen. Die Bauern werden der erwählten und von Gott gesetzten Obrigkeit gehorsam sein.

Überlege:

1. Welche Forderungen erheben die Bauern?
2. Wie beurteilst du diese Forderungen?
3. An welchen Stellen ist zu erkennen, daß der Verfasser kein Bauer gewesen sein kann?

Gruppe 2:

4. Freigabe von Jagd und Fischfang für alle Menschen
5. Den Gemeinden sollen die Wälder zurückgegeben werden, damit jeder Bau- und Brennholz daraus entnehmen könne.
6. Die Frondienste sollen auf ein erträgliches Maß zurückgeführt werden.
7. Arbeiten über die Frondienste hinaus sollen dem Bauern vergütet werden.

Überlege:

1. Welche Forderungen erheben die Bauern?
2. Was verlangen sie nicht?
3. An einer Stelle ist zu erkennen, daß der Verfasser kein Bauer war!

Gruppe 3:

8. Alle Abgaben der Höfe sollen neu geregelt werden.
9. Die Bestrafung der Bauern soll nicht länger nach der Willkür der Herren, sondern nach dem Gesetz erfolgen.
10. Gemeindeland (Allmende), das zu Unrecht enteignet wurde, soll zurückgegeben werden.
11. Beim Todesfall eines Bauern sollen Witwen und Waisen keine Abgaben an den Grundherrn mehr leisten müssen (Besthaupt, Bestkleid).

Überlege:

1. Schreibe die Forderungen auf!
2. Was bedeutet "Besthaupt" oder "Bestkleid"?
3. An welcher Stelle erkennt du, daß der Verfasser der Artikel kein Bauer war?

Gruppe 4:

"Zum zwölften ist unser Beschluß und unsere endgültige Meinung: Wenn einer oder mehr Artikel allhier aufgestellt sein sollten, die dem Worte Gottes nicht gemäß - wie wir denn nicht vermeinen - : dieselbigen Artikel woll man uns auf Grund des Wortes Gottes als ungebührlich erweisen, so wollten wir davon abstehen, wenn man uns den Nachweis mit Begründung aus der Schrift führt. Wenn man uns schon etliche Artikel jetzt zugestände und hernach sich herausstellen sollte, daß sie unrecht wären, so sollen sie von Stund an tot und abgetan sein und nichts mehr gelten. Desgleichen: wenn sich an Hand der Schrift der Wahrheit gemäß noch weitere Artikel finden sollten, die wider Gott und eine Beschwernis für den Nächsten wären, die wollen wir uns auch vorbehalten und in unsere Beschlüsse mit aufgenommen haben, und uns in aller christlichen Lehre üben und bewähren, worum wir Gott den Herrn bitten wollen. Denn nur er kann uns diese Gabe verleihen, und sonst niemend. Der Friede Christi sei mit uns allen."

Überlege:

1. Worauf berufen sich die Bauern?
2. Zeigen sie sich kompromißbereit oder unnachgiebig?
3. Wie beurteilst du ihre Haltung?

Thema:
Ursache, Verlauf, Ergebnis des Bauernkriegs von 1525

LERNINHALT:

Der Bauernkrieg von 1525 verläuft zunächst erfolgreich, scheitert aber an der geschlossenen Gegnerschaft der Fürsten.

GROBZIEL:

Kenntnis der Verflechtung von Glaubensreform und sozialer Revolution im deutschen Bauernkrieg.

FEINZIELE:

- Die Gebiete nennen, in denen es hauptsächlich zu Unruhen kam
- Verlauf des Bauernkriegs darstellen
- Gründe für die Niederlage der Bauern erläutern
- Ergebnis des Bauernkrieges darstellen
- Wertend Stellung nehmen zum Vorgehen der Bauern, der Fürsten, zur Haltung LUTHERs.

VORARBEIT:

- Lage der Bauern im Mittelalter
- Forderungen der Bauern (12 Artikel)

NACHARBEIT:

- Streitgespräch Bauer - Adeliger
- Arbeitsblatt bearbeiten
- In einer Niederschrift Ursache, Verlauf und Ergebnis des Bauernkriegs darstellen
- Weiterarbeit: Abwendung der Bauern von Luther (informierendes Lesen)

MATERIALIEN:

- Geschichtskarte (Wandkarte)
- Geschichtsatlas
- Episkop (Bilder)
- Schülerarbeitsbuch "Wir erleben die Geschichte", 8. Jg., bsv.S.37 ff

Klage der Geistlichen und einiger Handwerker, unter denen sich auch ein Glockengießer und ein Maler befinden, über Martin Luther, auf dessen Seite die Bauern stehen.

METHODE Unterrichtsstufe (Teil) Zielangabe und (Teil) Zusammenfassung	Lehr / Lernakte	Medieneinsatz	LERNINHALTE (STOFF) Tafelanschrift (bzw. Folie)	ZEIT
1. ANKNÜPFUNG		Episkop	Titelbild der 12 Artikel der Bauern SS: Aussprache, Wiederholung, Betonung der friedlichen Absicht der Bauern und ihrer Kompromißbereitschaft	
Problemstellung		Episkop	Bild "Die Bauern nehmen einen Ritter gefangen" SS: Ungelenkte Aussprache, Versuch einer Interpretation des Bildes L: Irgendwie verträgt sich dieses Bild doch nicht ganz mit dem Geist der 12 Artikel der schwäbischen Bauern. SS: Aussprache, notieren Fragen auf	
Z i e l s t e l l u n g		TA	Ursache, Verlauf, Ergebnis des Bauernkrieges von 1525	
			Präzisierung der Zielstellung durch Wiedergabe mit eigenen Worten	
2. VERGEGENWÄRTIGUNG			<u>Die Bauern schließen sich zusammen</u>	
	L-Erzählung		Um ihren Forderungen mehr Nachdruck zu verleihen, schlossen sich die Bauern bewaffnet zusammen: in Schwaben, Franken,	
		Karte (markieren)	Thüringen, Elsaß, Tirol, Salzburg. Ihre Waffen waren oft genug Sense, Sichel, Gabel, Dreschflegel, Prügel oder andere Bauernwerkzeuge. Die Bauern bezeichneten ihre Haufen als "christliche Vereinigungen" oder "christliche Versammlungen". Der Baltringer Haufen bestand z.B. aus Bauern, die aus 114 Dörfern der Umgebung Leip-	
		Karte	heims kamen und zusammen 120 000 bis 150 000 Mann zählten. Ihr Zeichen war die Fahne mit den Bundschuh. Die Führer waren angesehene Bauern, Landsknechte, Bürger, ja sogar Ritter wie	
		Karte	Florian GEYER aus der Nähe von Ochsenfurt und GÖTZ von BERLICHINGEN, der von der Burg Jagsthausen stammte. Florian GEYER sah die berechtigten Forderungen der Bauern, aber auch die schlechte Organisation der Bauernfähnlein. Er stellte sich deshalb den Bauern als militärischer Berater und Unterhändler zur Verfügung.	
	Teil-Wdhlg.	TA	<u>Aufstand und Niederwerfung der Bauern</u>	
			L: Später wendet sich Florian GEYER von den Bauern ab. SS: Vermutungen	

METHODE Unterrichtsstufe	(Teil) Zielangabe und (Teil) Zusammenfassung Lehr / Lernakte	Medieneinsatz	LERNINHALTE (STOFF) Tafelanschrift (bzw. Folie)	ZEIT
			L: Antwort darauf erhaltet ihr, wenn ihr die beiden Texte durcharbeitet.	
	PA		Vgl. Texte auf AB II	
	KG	TA	Auswertung der PA	
3. BESINNUNGSPAUSE				
	PG über das bisher Erararbeitete.		Notieren evtl. Fragen	
4. BESINNUNG				
	denkend		- Warum greifen die Bauern zur Gewalt? - Warum hatten die Bauern gegen den Adel keine Chance?	
	wertend	Bild	Titelbild der Schrift LUTHERs gegen die Bauern, Aussprache, Versuch der Auswertung. LUTHER wendet sich von den Bauern ab, ja er nimmt in dieser Schrift sogar gegen die Bauern Stellung. Was sagst du dazu? - Wertende Stellungnahme zum Vorgehen der Bauern, zur Bestrafung der Bauern durch die Fürsten	
5. SICHERUNG				
Gesamtzusammenfassung als Verbalisierung des TB	Eintrag in die Zeitleiste Bearbeiten des Merkblattes als HA			

1. GÖTZ von BERLICHINGENS Vertrag mit den Bauern (24.4.1525)

Ich, Georg Metzler von Ballenberg, Oberster, und andere Hauptleute des christlichen Haufens der Bauern tun kund, daß wir den ehrenfesten Junker GÖTZ von BERLICHINGEN in unsere Vereinigung, Schutz und christliche Brüderschaft aufgenommen haben, gebieten und heißen allen unseren Mitverbündeten per Strafe an Leib und Gut, daß sie dem genannten Junker seine Güter und all seine Untertanen und Hintersassen, geistliche und weltliche, Diener und Knechte ... nicht mißhandeln noch beschädigen, sondern getreulich gegen sie verfahren ...

Aufgabe: Wie verhalten sich die Bauern gegenüber den Adligen, die sich auf seiten der Bauern stellen?

Sie werden in die Vereinigung der Bauern aufgenommen, ihr Besitz bleibt unangetastet.

2. JOHANN KESSLERS von St. Gallen Bericht über die Anfänge des Aufstand in Oberschwaben 1525

Während sich die Baltringer Bauern zusammenzurotten begannen, schickten die Herren vom Schwäbischen Bund zu Ulm ihre ehrsame Botschaft, den Bürgermeister und andere der Vornehmsten der Stadt hinaus zu den versammelten Bauern, um die Ursachen und den Zweck ihrer Zusammenrottung zu erkunden. Da hat der Bürgermeister seine Rede und sein Anliegen ganz scharf und streitbar den Bauern vorgetragen und unter anderem gesprochen. "Euch Bauern geht's jetzt wie den Fröschen im Frühling; da kommen sie zusammen, schreien and quaken: Quak! Quak! Dann kommt der Storch und verschlingt sie. Ebenso schreit ihr: Wo! Wo! Dann kommen die Herren und schlagen euch tot."

Aufgabe: Welche Einstellung der Herren gegenüber den Bauern spricht aus den Worten des Bürgermeisters von Ulm?

Die Bauern werden als minderwertig betrachtet. Für ihren Aufstand werden Strafen vorausgesagt.

3. Aus Briefen des bayerischen Kanzlers von ECK an seine Herzöge 1525

9. März. Der Bauern brüderliche Liebe ist mir ganz zuwider. Ich habe mit meinen natürlichen und leiblichen Geschwistern nicht gern geteilt - geschweige denn mit Fremden und Bauern.
12. März. Die Bauern sind Ungeheuer. Ich habe um meine Lachsforellen Sorge. Sonst bekümmert mich ihr Vorhaben nicht ...
30. April. Es muß gestraft und hart gestraft werden. Das Übel und der Abfall der Untertanen läßt sich wahrscheinlich mit guten, sanften Worten nicht ausrotten.
3. Mai. Wer die Bauern verschont, der zieht seinen Feind groß. Darum wollen Eure fürstl. Gnaden mit Ernst gegen sie handeln lassen

Aufgabe: Welche Haltung des Adels gegenüber den Bauern kommt in diesen Briefen zum Ausdruck?

Überheblichkeit, Haß, Sorge um eigenen Besitz, Standesdenken

Tafelbild: **Ist der Bauernaufstand gegen die Fürsten erfolgreich?**

Wo?	Waffen?	Wer?
Schwaben	Sensen	Bauern
Franken	Sicheln	Bürger
Tirol	Dreschflegel	Landsknechte
Thüringen	Prügel	Ritter
Elsaß	u.a.	z.B.
Salzburg		Florian Geyer

Klöster
Burgen
Herrensitze
Schlösser

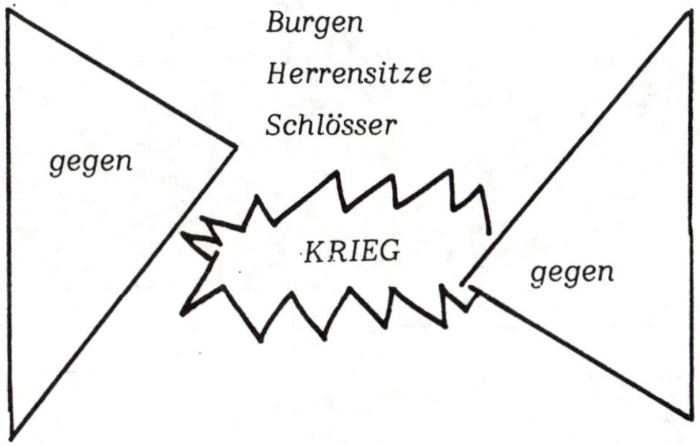

Raub, Mord,
Plünderung,
Verwüstung,
Brandstiftung
100.000 Tote

Fürsten

- Strafgericht gegen Bauern
- Auslieferung der Anführer
- Versammlungsverbot
- Entwaffnung
- Wiedergutmachung
- Stärkung ihrer Macht

Ergebnis:

Luther fordert Beseitigung der Mißstände in der Kirche

≠

Bauern sehen darin einen Aufruf:

Beseitigung der sozialen Ungerechtigkeiten in der Gesellschaft

Bauern wenden sich von der Lehre Luthers ab!

1. GÖTZ von BERLICHINGENS Vertrag mit den Bauern (24.4.1525)

Ich, Georg Metzler von Ballenberg, Oberster, und andere Hauptleute des christlichen Haufens der Bauern tun kund, daß wir den ehrenfesten Junker GÖTZ von BERLICHINGEN in unsere Vereinigung, Schutz und christliche Brüderschaft aufgenommen haben, gebieten und heißen allen unseren Mitverbündeten per Strafe an Leib und Gut, daß sie dem genannten Junker seine Güter und all seine Untertanen und Hintersassen, geistliche und weltliche, Diener und Knechte ... nicht mißhandeln noch beschädigen, sondern getreulich gegen sie verfahren ...

Aufgabe: Wie verhalten sich die Bauern gegenüber den Adligen, die sich auf seiten der Bauern stellen?

2. JOHANN KESSLERS von St. Gallen Bericht über die Anfänge des Aufstand in Oberschwaben 1525

Während sich die Baltringer Bauern zusammenzurotten begannen, schickten die Herren vom Schwäbischen Bund zu Ulm ihre ehrsame Botschaft, den Bürgermeister und andere der Vornehmsten der Stadt hinaus zu den versammelten Bauern, um die Ursachen und den Zweck ihrer Zusammenrottung zu erkunden. Da hat der Bürgermeister seine Rede und sein Anliegen ganz scharf und streitbar den Bauern vorgetragen und unter anderem gesprochen. "Euch Bauern geht's jetzt wie den Fröschen im Frühling; da kommen sie zusammen, schreien und quaken: Quak! Quak! Dann kommt der Storch und verschlingt sie. Ebenso schreit ihr: Wo! Wo! Dann kommen die Herren und schlagen euch tot."

Aufgabe: Welche Einstellung der Herren gegenüber den Bauern spricht aus den Worten des Bürgermeisters von Ulm?

3. Aus Briefen des bayerischen Kanzlers von ECK an seine Herzöge 1525

9. März. Der Bauern brüderliche Liebe ist mir ganz zuwider. Ich habe mit meinen natürlichen und leiblichen Geschwistern nicht gern geteilt - geschweige denn mit Fremden und Bauern.
12. März. Die Bauern sind Ungeheuer. Ich habe um meine Lachsforellen Sorge. Sonst bekümmert mich ihr Vorhaben nicht ...
30. April. Es muß gestraft und hart gestraft werden. Das Übel und der Abfall der Untertanen läßt sich wahrscheinlich mit guten, sanften Worten nicht ausrotten.
3. Mai. Wer die Bauern verschont, der zieht seinen Feind groß. Darum wollen Eure fürstl. Gnaden mit Ernst gegen sie handeln lassen

Aufgabe: Welche Haltung des Adels gegenüber den Bauern kommt in diesen Briefen zum Ausdruck?

Quellentexte zum Deutschen Bauernkrieg:
Literatur: G. FRANZ, Der deutsche Bauernkrieg von 1525.

Gruppe 1:

Als die Bauern erfahren mußten, daß sie bei der weltlichen und geistlichen Obrigkeit nichts erreichten, brach der bewaffnete Aufstand aus. Er nahm seinen Ausgang im Schwarzwald und im Bodenseegebiet, wo die Bauern den Frondienst und den Zehnten verweigerten, und breitete sich bis in den Odenwald, nach Franken, Thüringen, Sachsen und Schwaben aus.
Der Aufstand richtete sich gegen Klöster, Schlösser, Kirchen, die sie ausraubten und niederbrannten. Die Klöster Ottobeuren, Kempten, Irsee, Steingaden und viele Klöster im Rheinland und in Franken, auch viele Burgen gingen in Flammen auf. Fast überall setzten sich die Bauern durch.
Dann aber schlossen sich die Fürsten zusammen und gingengegen die Bauern vor. So werden die Baltringer Bauern bei Leipheim ohne ernsthaften Widerstand besiegt. Die Bauernhaufen fliehen in alle Richtungen, gut 4 000 sollen gefallen oder in der Donau ertrunken sein. Ähnlich verliefen die Auseinandersetzungen in anderen Gebieten. Überall brach das Strafgericht der geistlichen und weltlichen Herrschaft über die Bauern herein. Man rechnet, daß in den Auseinandersetzungen insgesamt 100 000 Bauern gefallen sind.

1. Wie kam es zum Aufstand?
2. Gegen wen richtete sich der Haß der Bauern?
3. Was taten sie?
4. Warum scheiterte der Aufstand?

Gruppe 2:

Die Strafmaßnahmen gegen die Bauern waren sehr hart.

1. Entwaffnung. Wer seine Waffen nicht auslieferte, mußte mit der Todesstrafe rechnen.
2. Versammlungsverbot. Alle Zusammenkünfte und Vereinigungen waren zunächst bei Todesstrafe verboten.
3. Schleifung aller Befestigungen. Die Bauern hatten sich meistens hinter den Mauern ihrer Friedhöfe verschanzt.
4. Zerstörung des bäuerlichen Nachrichtensystems. Vor allem die Glocken mußten entfernt werden.
5. Wiedergutmachung gegenüber den Grundherren in Form von Arbeitsleistungen, Sachleistungen und Geldstrafen. Ausgenommen waren die Witwen und Waisen und wer nachweisen konnte daß er der "christlichen Vereinigung" der Bauern nicht angehört hatte. Haftbar war die Dorfgemeinschaft. Das Dorf, das diese Leistungen nicht erbrachte, wurde geplündert und niedergebrannt.
6. Auslieferung aller Anführer, Hauptleute, politischer Führer an die Herren. Das "Blutbuch" des Fürstabts von Kempten enthielt 173 Namen politischer und militärischer Führer der Bauern.

1. Schreibe stichpunktartig auf, wie die Bauern bestraft wurden!
2. Konnten die Bauern die Wiedergutmachung leisten?
3. Was hältst du von diesen Strafen?

GRAUSAMKEIT AUF BEIDEN SEITEN: Überfallene Bauern im Kampf auf Leben und Tod mit Landsknechten. Holzschnitt von 1525 (Beham)

Plünderung des Klosters Weißenau

- Bauern schließen sich zusammen in:

  ____

  ____

- Sie nannten ihre Haufen

  "______________________________"

- Ihr Zeichen: Fahne mit dem

  ____

- Ihre Waffen waren hauptsächlich:

  ____

  ____

- Ihre Anführer:

  ____

  ____

z. B. :

- Widerstand der Fürsten gegen ihre Forderungen:

  - Aufstand der Bauern gegen ______________________________

    ____

  - Vorgehen der Bauern: ______________________________

    ____

- Fürsten schließen sich zusammen:

  - Sieg über ____________________, etwa __________ Tote.

ERGEBNIS:

- ______________________________
- ______________________________
- ______________________________
- ______________________________
- ______________________________

Der Bauer im Sprichwort

Im folgenden erhälst du eine Auswahl damaliger zeitgenössischer Sprichwörter. In ihnen wird jeweils die wirtschaftliche Situation und gesellschaftliche Stellung der Bauern auf eine Kurzformel gebracht.

1. Versuche jeweils mit deinem Nachbarn die einzelnen Sprichwörter zu erklären.
2. Welche Absichten und Einstellungen derjenigen Personen werden deutlich, die diese Sprichwörter formuliert haben?

1. "Der Bauer wird am meisten geschoren."
2. "Stadtbürger, Bauernwürger"
3. "Ein Bauer und sein Stier sind zwei grobe Tier."
4. "Der Bauer ist an Ochsen statt, nur daß er keine Hörner hat."
5. "Gibt der Bauer, so sieht er sauer."
6. "Wenn man den Bauern bittet, schwillt ihm der Bauch."
7. "Bauern und Weiden muß man oft beschneiden."
8. "Wer einen Bauern betrügen will, muß einen Bauern mitbringen."
9. "Wer einen Bauern plagen will, nehm' einen Bauern dazu."
10. " Wenn der Bauer aufs Pferd kommt, reitet er schärfer als ein Edelmann."
11. "Hat der Bauer Geld, so hats die ganze Welt."
12. ""Bauern machen Fürsten."
13. " Wenn die Bauern nicht wären und ihre Gild', wär ein Bettelsack der Edelleut' Schild."
14. " Bei Gott gilt der Bauer soviel als der Junker."

Ist der Bauernaufstand gegen die Fürsten erfolgreich?

FRANZ von SICKINGEN

FLORIAN GEYER

ULRICH v.HUTTEN

MARTIN BUCER

- **Bauern schließen sich zusammen in:**
  Schwaben, Franken, Tirol, Thüringen, Elsaß, Salzburg
- **Sie nannten ihre Haufen**
  " *christliche Vereinigung* "
- **Ihr Zeichen: Fahne mit dem**
  Bundschuh
- **Ihre Waffen waren hauptsächlich:**
  Sensen, Sicheln, Dreschflegel, Prügel, Bauernwerkzeuge
- **Ihre Anführer:**
  Bauern, Bürger, Landsknechte, Ritter

z. B.:

- **Widerstand der Fürsten gegen ihre Forderungen:**
  - Aufstand der Bauern gegen *Klöster, Burgen, Herrensitze, Schlösser*
  - Vorgehen der Bauern: *Raub, Mord, Plünderung, Verwüstung, Brandstiftung*
- **Fürsten schließen sich zusammen:**
  - Sieg über *Bauernhorden*, etwa *100.000* Tote

ERGEBNIS:

- *Auslieferung aller Anführer, Strafgericht,*
- *Versammlungsverbot, Entwaffnung,*
- *Wiedergutmachung aller Schäden*
- *Stärkung der Macht der Fürsten*
- *Abwendung der Bauern von der Lehre Luthers.*

THEMA

Der Augsburger Religionsfriede von 1555

LERNZIELE

GROBZIEL: Einblick in die Wechselwirkung politischer und religiöser Motive während der Reformation

Die Schüler sollen erkennen,
- daß der Augsburger Religionsfriede von 1555 für die evangelisch-lutherische Kirche einen Fortschritt brachte: Die Anerkennung und Gleichberechtigung neben der römisch-katholischen Kirche.

TEILZIELE: Die Schüler sollen
- kurz über die Vorgänge im Bauernkrieg berichten
- vermuten, welche Folgen dieser und der Schmalkaldische Krieg gehabt haben könnten
- erkennen, um was es bei dem Tonbandgespräch geht und ihre Vermutungen äußern
- anhand des Buchtextes ihre Vermutungen überprüfen
- die Bedeutung der Grundsätze erkennen
- begründen, daß die evangelisch-lutherische Kirche anerkannt wurde

TAFELBILD

<u>Wie wirkten Politik und Religion bei der Reformation zusammen?</u>

Landesherren fördern die Reformation

VORTEILE

Fürsten sind die Oberherren der evangelischen Landeskirchen

Einzug der Kirchengüter

Unabhängigkeit gegenüber dem Kaiser

VERSUCHE

Gegen Feinde von innen und außen (Frankreich, Türken) vorzugehen

Einheit der kath. Kirche wiederherstellen

Seine Macht im Land festigen

Kaiser

Augsburger Religionsfriede (1555)

"Cuius regio, eius religio"

Unterrichtsstufe Zielangabe TZ und (TZ) Zusf.	METHODE Lehr / Lernakte	Medieneinsatz	LERNINHALTE (STOFF) Tafelanschrift (bzw. Folie)
I. HINFÜHRUNG			L: Ihr habt in den letzten Stunden über den Aufstand der Bauern gesprochen
1. Teilziel	UG		S: berichten,..., Bauern wollten nicht mehr Untertan sein, wollten ihr eigener Herr sein, keine Unterdrückung...
II. ERARBEITUNG			
	Lehrererzählung		L: Jahre später schlossen sich die protestantischen Fürsten zum Schmalkaldischen Bund zusammen....
	UG/Impuls		Überlege, wie es nun weitergegangen sein könnte!
2. Teilziel			S: vermuten, .. weitere Kriege, Unruhen, Aufstände L: Dann hat also die Spaltung der Kirche nur Krieg und Unruhen über das Land gebracht S: Vorher waren auch Mißstände und Unruhen.
3. Teilziel	UG	Cassette	L: Ich habe nun auf einer Cassette ein Gespräch, Es unterhalten sich 2 Männer. Überlege, welcher Konfession beide angehören und welche Meinung jeder vertritt. S: hören sich das Gespräch an.
Zusammenf.	UG		S: äußern sich: einer war Katholik, der andere war Protestant. Für/gegen offizielle Anerkennung. Vermutung: Was könn te in Augsburg beschlossen worden sein?
4. Teilziel	PA	Text, Buch	L: Wir wollen eure Äußerungen nun überprüfen. S: lesen den Text laut vor S: äußern sich zu dem Text
		Folie	L: Ich habe euch die Grundsätze noch einmal aufgeschrieben. (L schaltet OHP an) Arbeite nun aus den Artikeln heraus, was sie für das Volk bedeuteten. S: bearbeiten in PA den Arbeitsauftrag,
Zusammenf.	UG		L: trägt die Antworten der Schüler in Stichpunkten in die Folie ein L: schauen wir uns Deutschland einmal zur damaligen Zeit an. Geschichtsatlas S: Das Land ist zersplittert, S: keine Einheit, viele kleine Länder, immer andere Konfession......
5. Teilziel	UG/Impuls		L: Denke nun an die Grundsätze zurück S: Volk wechselte Religion feiwillig, unfreiwillig...
6. Teilziel	Impuls		L: Der Friedensschluß von Augsburg war sicher nicht ideal. Aber einen großen Fortschritt brachte er für eine Seite. S: Anerkennung der Protestanten, Gleichbereichtigung neben der katholischen Kirche.
III. LERNZIELKONTROLLE		AB	

Gespräch:

KATHOLIK: Man müßte härter durchgreifen. Dieser Luther hat damals mit seinem Thesenanschlag alles durcheinander gebracht.

PROTESTANT: Luther hatte ganz recht. So konnte es doch nicht weitergehen.

KATHOLIK: Aber die heutige Situation: Nur Kampf, Krieg, Aufstände. Ist das denn richtig?

PROTESTAN T: Natürlich müßte jedes Blutvergießen vermieden werden, aber friedlich konnten wir uns ja nicht durchsetzen. Wir müssen für unseren Glauben kämpfen.

KATHOLIK: Vielleicht wäre eine Regelung von oben her am besten.

PROTESTANT: Vermutlich würde unsere Anschauung wieder verboten werden. Aber das geht jetzt nicht mehr so einfach, denn wir sind schon viel zu viele.

KATHOLIK: Kaiser Karl V. hat nun wieder einen Reichstag in Augsburg einberufen. Dieses Problem soll der wichtigste Punkt auf der Tagesordnung sein.

PROTESTANT: Hoffentlich kommt etwas Gescheites dabei heraus. Es müßte endlich eine friedliche Lösung herbeigeführt werden.

Der Bund wurde nach Schmalkalden, einer Stadt in Thüringen, benannt. Der Kaiser, der z.B. durch den Krieg mit Frankreich viel zu beschäftigt, um sich um die protestantischen Fürsten zu kümmern, gewährte ihnen freie Religionsausübung, bis eine weitere Entscheidung kam. Nachdem die Grenzen des Reiches gesichert waren, wandte sich der Kaiser sofort diesem Problem zu. Es kam zum Schmalkaldischen Krieg von 1546/47, in dem die protestantischen Fürsten geschlagen wurden. Kaiser Karl zwang ihnen den katholischen Glauben auf.

Der Reichstag in Augsburg im Jahre 1555 sollte nach langen Kämpfen die religiösen Verhältnisse im Reich ordnen und den Frieden zwischen den Glaubensrichtungen herstellen. Nach langen Beratungen wurde der Augsburger Religionsfriede verkündet. Er enthielt folgende Grundsätze

1. Fürsten und Reichsstädte mit lutherischem Bekenntnis sind mit denen katholischer Konfession gleichberechtigt.

   d.h. ______________________________

   ____

2. Die Untertanen müssen das Bekenntnis des Landesherren annehmen. Andersgläubige dürfen auswandern.

   d.h. ______________________________

   ____

3. Die protestantischen Landesherren dürfen die eingezogenen Kirchengüter behalten.

   d.h. ______________________________

   ____

4. In den Reichsstädten, wo beide Religionen ihre Anhänger hatten, sollten sich diese nicht beeinträchtigen.

   d.h. ______________________________

   ____

Der Frieden von Augsburg brachte auch Nachteile.

z.B. ______________________________

____

____

Für die lutherische Kirche aber brachte er nach langen Jahren einen großen Fortschritt:

____

____

____

fördern die Reformation.
Sie sehen in ihr Vorteile:

1. ______

2. ______

3. ______

Seine Politik versucht:

1. ______

2. ______

3. ______

Merke: So wie der Bauernkrieg eng mit der Glaubensreform verflochten war, waren während der Reformation auch ______ Einflüsse festzustellen. Der Reichstag in ______ sollte im Jahre ______ nach langen Kämpfen zwei Ziele erreichen:

1. ______

2. ______

Doch das christliche Verständnis des Abendlandes wird jetzt in ______ ______ Denken aufgespalten. ______ und ______ ______ wirken mit, die Einheit der Kirche zu zerstören.

Der Augsburger Religionsfrieden von 1555

Der Reichstag in Augsburg im Jahre 1555 sollte nach langen Kämpfen die religiösen Verhältnisse im Reich ordnen und den Frieden zwischen den Glaubensrichtungen herstellen. Nach langen Beratungen wurde der Augsburger Religionsfriede verkündet. Er enthielt folgende Grundsätze

1. Fürsten und Reichsstädte mit lutherischem Bekenntnis sind mit denen katholischer Konfession gleichberechtigt.

   d.h. *gegenseitige Achtung. Keiner darf dem andern Schaden zufügen.*

2. Die Untertanen müssen das Bekenntnis des Landesherren annehmen. Andersgläubige dürfen auswandern.

   d.h. *Wessen Land, dessen Religion (Cuius regio, eius religio) Landesfürst bestimmt Religion seiner Untertanen*

3. Die protestantischen Landesherren dürfen die eingezogenen Kirchengüter behalten.

   d.h. *Klöster, Kirchen und Schulen bleiben in der Hand der lutherischen Fürsten*

4. In den Reichsstädten, wo beide Religionen ihre Anhänger hatten, sollten sich diese nicht beeinträchtigen.

   d.h. *die beiden Konfessionen können nebeneinander bestehen.*

Der Frieden von Augsburg brachte auch Nachteile.

z.B. *Nur freie Glaubensentscheidung der Fürsten. Viele mußten ihren Geburtsort verlassen. Einheit der Religion nur im kleinen Territorium.*

Für die lutherische Kirche aber brachte er nach langen Jahren einen großen Fortschritt:

Anerkennung der Protestanten. Gleichberechtigung neben der kath. Kirche.

Wie wirkten Politik und Religion bei der Reformation zusammen?

Die Landesherren	*Kaiser KARL V.*
fördern die Reformation. Sie sehen in ihr Vorteile:	Seine Politik versucht:
1. *Die Fürsten sind die Oberherren der evangelischen Landeskirchen ...*	1. *die Einheit der kath. Kirche wiederherzustellen.*
2. *Einzug der Kirchengüter ...*	2. *seine Macht im Land zu festigen.*
3. *Mehr Unabhängigkeit gegenüber dem Kaiser*	3. *gegen Feinde von innen und außen (Frankreich, Türken vorzugehen.*

Merke: So wie der Bauernkrieg eng mit der Glaubensreform verflochten war, waren während der Reformation auch *politische* Einflüsse festzustellen. Der Reichstag in *Augsburg* sollte im Jahre *1555* nach langen Kämpfen zwei Ziele erreichen:

1. *die religiösen Verhältnisse im Reich ordnen*
2. *den Frieden zwischen den Glaubensrichtungen wiederherstellen.*

Doch das christliche Verständnis des Abendlandes wird jetzt in *konfessionelles* Denken aufgespalten. *Die Bauernkriege* und *das Machtstreben der Fürsten* wirken mit, die Einheit der Kirche zu zerstören.

Abschied des Augsburger Reichstags, 25.9.1555

"... Setzen demnach ... das infüro niemands, ... den anderen beveden, bekkrigen, berauben ..., sondern ein jeder den anderen mit rechter freundschaft und christlicher lieb meinen, ... und wir alle stende, und hinwiderum die stende die Keiserlichen Maiestat, uns, auch ein stant den andern, bei diesen nachfolgenden religions-, auch gemeiner constitution des ufgerichten Landfriedens alles inhalts lassen sollen ...

Und damit sölcher fried auch der spaltigen religion halben, ... aufgerichtet und erhalten werden möchte, so sollen ... die Keiserliche Maiestat, wir, auch churfürsten und stende des heiligen reiches keinen stand des reiches von wegen der Augspurgischen confession und derselbigen lehr, religion und glaubens halb mit der tat gewaltiger weiß überziehen, beschedigen, vergewaltigen oder in andere wege wider sein ... gewissen und willen von diser Augspurgischen confessions religion, glauben, kirchengebreuchen ..., dann durch christliche freundliche mittel ...

Wo aber unsere, auch der churfürsten, fürsten und stende undertonen, der alten religion oder Augspurgischen confession anhengig, von sölcher irer religion wegen aus unsern, auch der churfürsten, fürsten und stende des heiligen reiches landen, fürstentumben, stetten oder flecken mit iren weib und kindern an andere orte ziehen und sich nider tun wölten, denen sol solcher ab- und zuzug, auch verkaufen ihrer haab und güter gegen zimblichen billichen abtrag der leibaigenschaft ... hierdurch nichts abgeprochen oder benomen sein ..."

aus: Geschichte in Quellen, Bd. 3, München 1966, S. 204 f.

Abschied des Reichßtags

gerechtigkeiten/vnd herkomen der Leibeignen halben/ dieselbigen ledig zů zelen/ oder mit/hiedurch nichts abgeprochen oder benomen sein/

¶ Vnnd nachdem ein vergleichung der Religion vnnd glaubens sachen durch zimbliche vnd gepürliche wege gesucht werdē solle/Vn̄ aber one bestendigen friden/zů Christlicher freuntlicher vergleichung der Religion nit wol zůkomen. Sohaben wir/auch der Churfursten Rhete/an Stat der Churfursten/erscheynende Fürstē/Stende/vn̄ der abwesenden Pottschafften vnd gesandten/Geystlich vnd Weltlich diesen Fryedtstandt/von geliebts Fryedens wegen/das hochschådlich mißvertrawen im Reych aufzůheben/ diese löbliche Nation vor endlichem versteendem vndergang zůverhütten/vnd damit man desto ehe zů Christlicher freüntlicher vnnd endtlicher vergleichung der Spaltigen Religion komen möge/bewilligt/sölchen Frieden/in allen obgeschriebnen Articuln/biß zů Christlicher/Freundlicher/vnd endtlicher vergleychung der Religion vnnd glaubens sachen/Stet/Vest/vnnd vnuerprüchlich/zuhalten/vnd demselbigen treülich nachzůkomen. Wo dan sölche vergleichung durch die wege des general/Conciliumbs/National versamblung/ Colloquien/oder Reichs handlungen nit erfolgen würde/Sol alsdann nicht destoweniger diser Friedtstandt in allen oberzelten Puncten vnnd Articuln bey Krefften/biß zů endtlicher vergleichung/der Religion vnnd Glaubens sachen/bestehn vnnd pleiben/Vnd sol also hiemit obberürter gestalt/vnd sonst in alle andere wegen/ein bestendiger behårlicher vnbedingter/für vnnd für/ewig werender/Friedt/auffgericht vnnd beschlossen sein vnd pleiben.

Konfessionen
im Bundesgebiet
(1975)

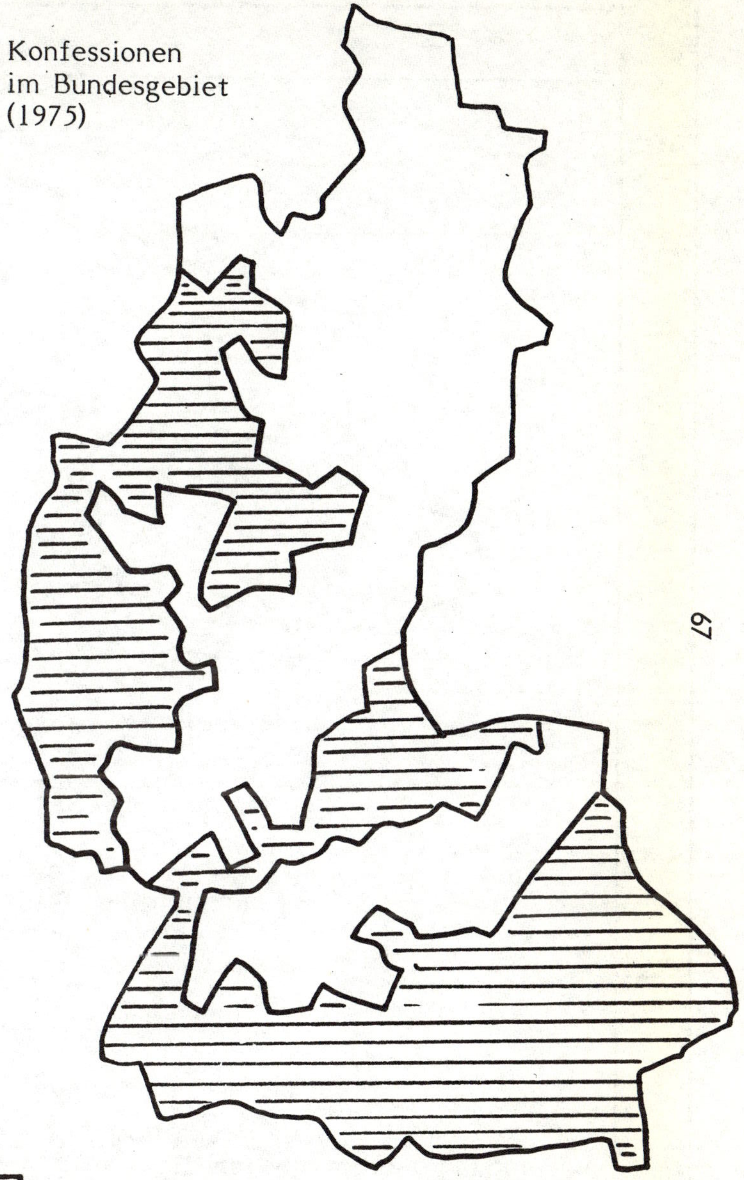

= überwiegend katholisch

= überwiegend evangelisch

HULDREICH
ZWINGLI
(1484 - 1531)

JOHANNES CALVIN
(1509 - 1564)

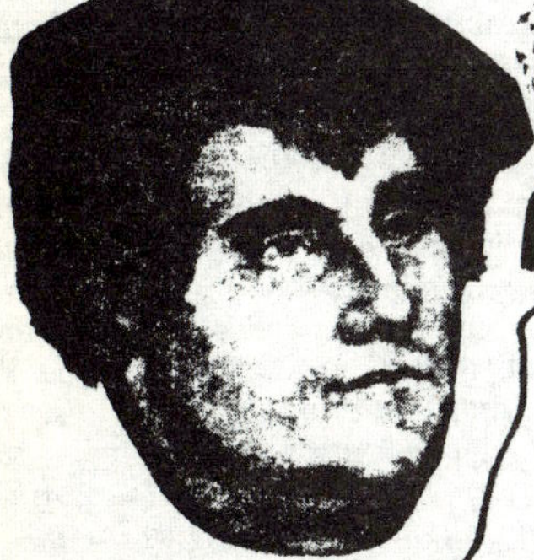

MARTIN LUTHER
(1483 - 1546)

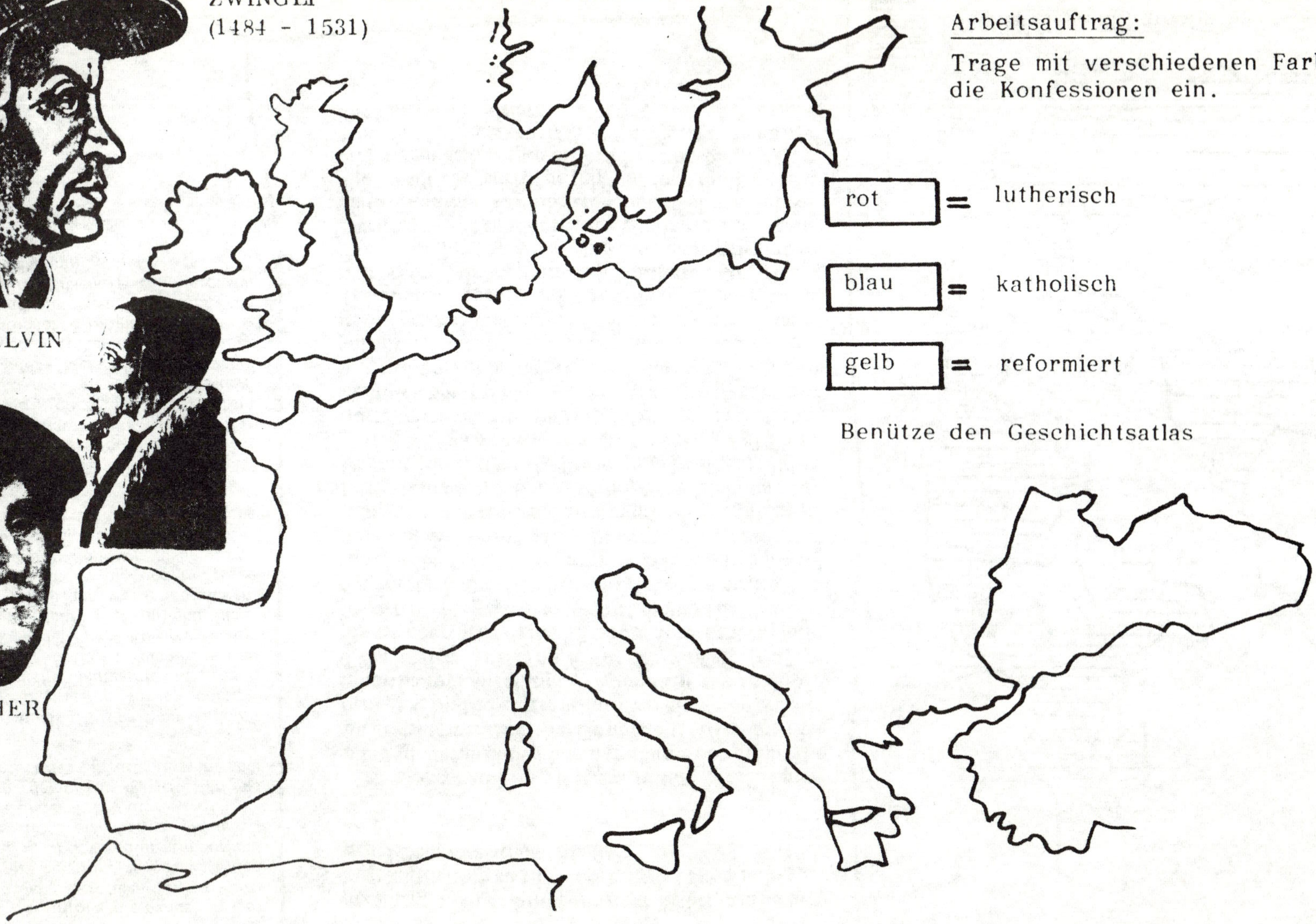

Arbeitsauftrag:

Trage mit verschiedenen Farben die Konfessionen ein.

rot	=	lutherisch
blau	=	katholisch
gelb	=	reformiert

Benütze den Geschichtsatlas

Merke:

LEHRBEREICH

THEMA **Ignatius von Loyola - Gegenreformation**

LERNZIELE

Die Schüler

- erkennen, welche Bedeutung Ignatius von Loyola für die Reform der katholischen Kirche hat.
- erfahren etwas über sein Leben.
- erfahren die Auswirkungen des Konzils von Trient.

ARBEITSMITTEL/MEDIEN/LITERATUR

Bildmaterial: H.H.P. Grünewald, Oberdeutsche Provinz SJ Archiv, Seestraße 14, 8 München 40

Was unternahm die katholische Kirche gegen die Reformation?

REFORMATION → *Verfall der Frömmigkeit*

KONZIL von TRIENT (*1545 - 1563*)

Die Reformation führte nicht nur zur Entstehung des lutherischen und reformierten Glaubens, sie wirkte auch auf die alte Kirche selbst zurück. Diese reformierte sich nun selbst, suchte abzustoßen, was angreifbar und schlecht war.
Für das Jahr 1545 berief der Papst eine große Kirchenversammlung, ein Konzil nach Trient ein. Die Verhandlungen schleppten sich, mit Unterbrechungen, 18 volle Jahre hin.

Das Konzil von Trient war für die kathol. Kirche von großer Bedeutung.
Es gelang, eine Reformation von innen durchzuführen. Viele Mißstände wurden abgeschafft. Es folgte eine klare Abgrenzung der Glaubenslehre gegenüber den neuen Bekenntnissen. Der katholische Glaube erhielt seine heutige Gestalt.

Ziel des Konzils:

Alles Angreifbare und
Schlechte abstoßen

Ergebnisse des Konzils:

Reform von innen
Abschaffung von Mißständen
klare Abgrenzung des Glaubens

Gegenreformation

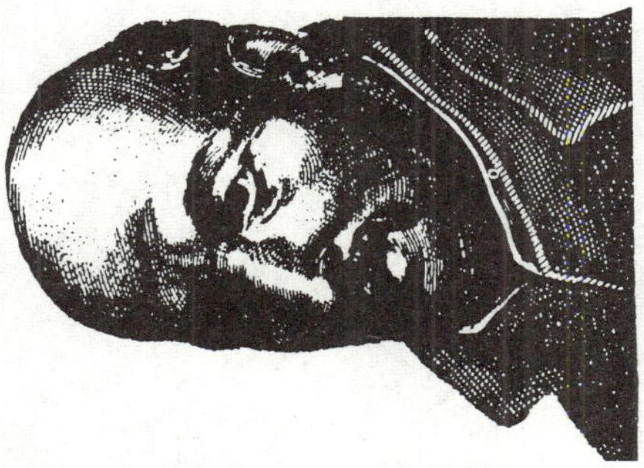

IGNATIUS von LOYOLA - *Ein Streiter für den katholischen Glauben*

I.v.LOYOLA, ein junger *Offizier*, stellte sein Leben, nachdem er wegen einer Kriegsverletzung jahrelang an das Krankenlager gefesselt war, ganz in den *Dienst Gottes*. Er gründete eine Gemeinschaft, die die *Glaubensspaltung* in Europa überwinden sollte. Der Orden hieß "Gesellschaft Jesu" oder *Jesuitenorden*. Die Ordensbrüder lebten nicht in Klöstern, sondern zogen hinaus in die Welt. Sie *berieten* die Fürsten, bauten *Schulen* und verbreiteten überall das *Wort Gottes*.

Setze richtig ein: berieten, Dienst Gottes, Jesuitenorden, Offizier, Schulen, Glaubensspaltung, Wort Gottes.

ERFOLG der Gegenreformation: *Rückgewinnung vieler Gebiete*

aber: *keine Einigung mit den Protestanten.*

HINWEIS

Vergleiche dazu bitte auch pb-Verlag, Kath. Religion 7., 2. Teil, S. 112-127

1. Welche Auswirkungen zeigt das Konzil von Trient?
2. Wie erneuern die Jesuiten das religiöse Leben?

Unterrichtsstufe Zielangabe TZ und (TZ) Zusf.	METHODE Lehr / Lernakte	Medieneinsatz	LERNINHALTE (STOFF) Tafelanschrift (bzw. Folie)	ZEIT
I. EINSTIEG				
	Denkanstoß		Der Schweizer Reformator Zwingli schreibt damals: "Es wird nicht mehr 3 Jahre dauern, bis ganz Deutschland, Italien und Spanien unserer Lehre beigetreten sind!"	
	Impuls		Ob diese Vorhersage wohl eintraf? - Vermutungen	
	Darbietung		Um 1520 erlangte die Zahl der Protestanten in Deutschland 70 %.	
Zielangabe:			Warum es nicht zu der Vorhersage Zwinglis kam, wollen wir heute erfahren.	
II. VERGEGENWÄRTIGUNG				
	Darbietung	TA	- Leben des Ignatius von Loyola - Seine Wandlung - Ziele des Jesuitenordens - Konzil zu Trient	
III. AUSWERTUNG				
	UG	TA	- Soldat: wenig kriegerische Hoffnung - Ersatz: Glaubensstreiter - Bedingungsloser Gehorsam - Festhlaten an Sakramenten: Taufe, Firmung, Eucharistie, Buße, letzte Ölung, Priesterweihe, Ehe - Erschwerung der Pfründewirtschaft - kein Ablaß durch Bezahlung - Strenge Vorschriften für Ausbildung und Lebensführung der Priester und Mönche.	
IV. BESINNUNG				
	Impuls		Die Kirchenspaltung war vollzogen. Hätte sie verhindert werden können?	
	UG		- Vielleicht, wenn das Konzil 50 Jahre früher stattgefunden hätte.	
	Impuls		Heute leben Protestanten neben Katholiken, gehen in eine Schule ...	
	UG		- eine Annäherung wird versucht, scheiterte bisher jedoch an dogmatischen Fragen.	
V. SICHERUNG				
		AB	Eintrag auf Arbeitsblatt	

REFORMATION → ____________________

KONZIL von TRIENT (-   )

Die Reformation führte nicht nur zur Entstehung des lutherischen und reformierten Glaubens, sie wirkte auch auf die alte Kirche selbst zurück. Diese reformierte sich nun selbst, suchte abzustoßen, was angreifbar und schlecht war.
Für das Jahr 1545 berief der Papst eine große Kirchenversammlung, ein Konzil nach Trient ein. Die Verhandlungen schleppten sich, mit Unterbrechungen, 18 volle Jahre hin.

Das Konzil von Trient war für die kathol. Kirche von großer Bedeutung.
Es gelang, eine Reformation von innen durchzuführen. Viele Mißstände wurden abgeschafft. Es folgte eine klare Abgrenzung der Glaubenslehre gegenüber den neuen Bekenntnissen. Der katholische Glaube erhielt seine heutige Gestalt.

Ziel des Konzils:

____

____

____

Ergebnisse des Konzils:

____

____

____

____

IGNATIUS von LOYOLA - Ein Streiter für den katholischen Glauben

I.v.LOYOLA, ein junger ____________, stellte sein Leben, nachdem er wegen einer Kriegsverletzung jahrelang an das Krankenlager gefesselt war, ganz in den ____________ ____________. Er gründete eine Gemeinschaft, die die ____________ in Europa überwinden sollte. Der Orden hieß "Gesellschaft Jesu" oder ____________ ____________. Die Ordensbrüder lebten nicht in Klöstern, sondern zogen hinaus in die Welt. Sie ____________ die Fürsten, bauten ____________ und verbreiteten überall das ____________.

Setze richtig ein: berieten, Dienst Gottes, Jesuitenorden, Offizier, Schulen, Glaubensspaltung, Wort Gottes.

ERFOLG der Gegenreformation: ____________________

aber: ____________________

____

Paul III. bestätigt die Gesellschaft Jesu. Vor ihm kniet Ignatius von Loyola. Stich von Karel von Mallery in der Vita des Hl. Ignatius.

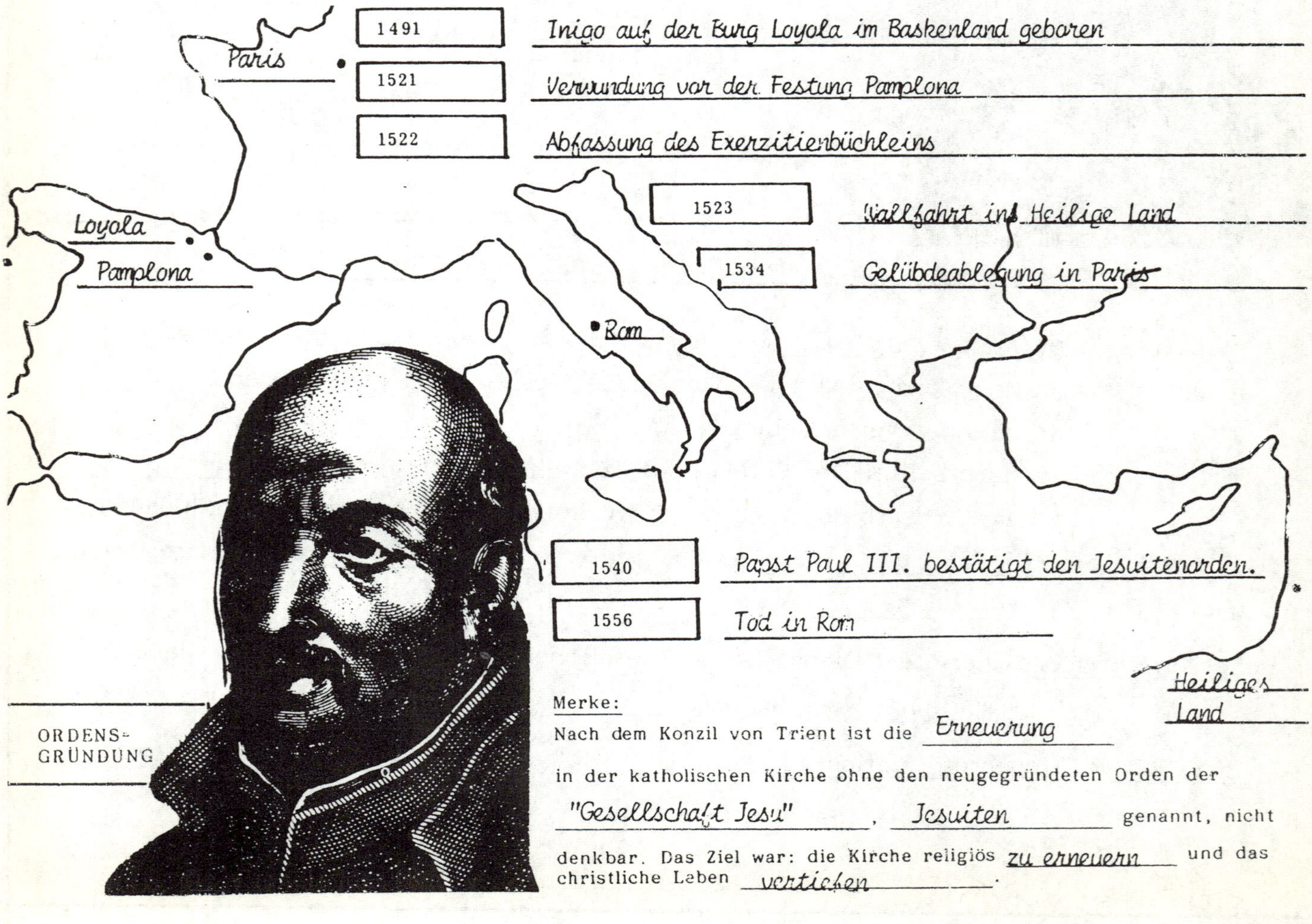

1491	Inigo auf der Burg Loyola im Baskenland geboren
1521	Verwundung vor der Festung Pamplona
1522	Abfassung des Exerzitienbüchleins
1523	Wallfahrt ins Heilige Land
1534	Gelübdeablegung in Paris
1540	Papst Paul III. bestätigt den Jesuitenorden.
1556	Tod in Rom

ORDENS-
GRÜNDUNG

Merke:

Nach dem Konzil von Trient ist die Erneuerung in der katholischen Kirche ohne den neugegründeten Orden der "Gesellschaft Jesu", Jesuiten genannt, nicht denkbar. Das Ziel war: die Kirche religiös zu erneuern und das christliche Leben vertiefen.

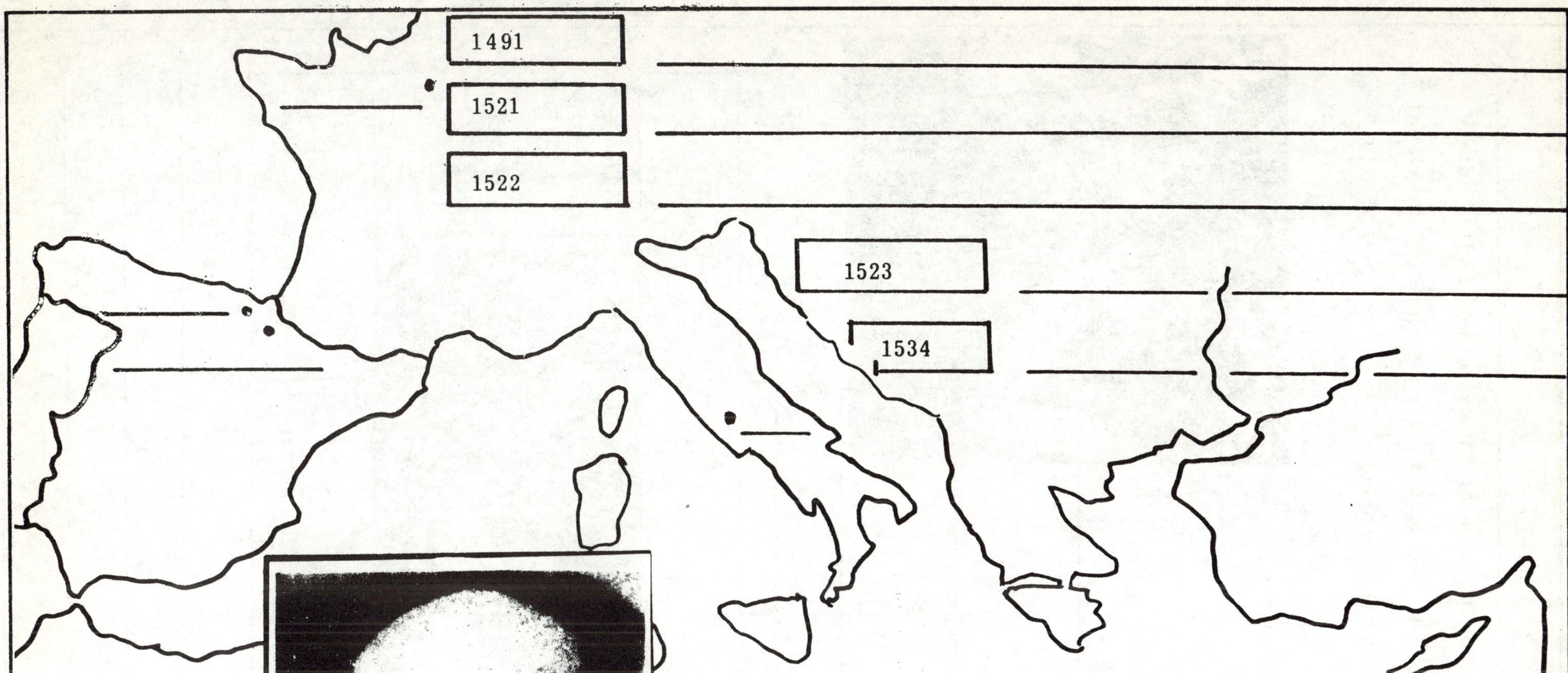

ORDENS-
GRÜNDUNG

Merke:

Nach dem Konzil von Trient ist die ________________ in der katholischen Kirche ohne den neugegründeten Orden der ____________________________, ____________________ genannt, nicht denkbar. Das Ziel war: die Kirche religiös _______________ und das christliche Leben ______________________.

In der katholischen Kirche gewannen immer mehr diejenigen an Einfluß, die eine Erneuerung der kirchlichen Macht und eine Rückbesinnung auf die eigentlichen Aufgaben der Priester und Mönche forderten.

In ________________ wurde ____________ ein ____________________

aus Bischöfen und Theologen einberufen.

Dafür gab es drei Gründe:

- ○ ______________________________
- ○ ______________________________
- ○ ______________________________

Und so sah das Reformprogramm aus:

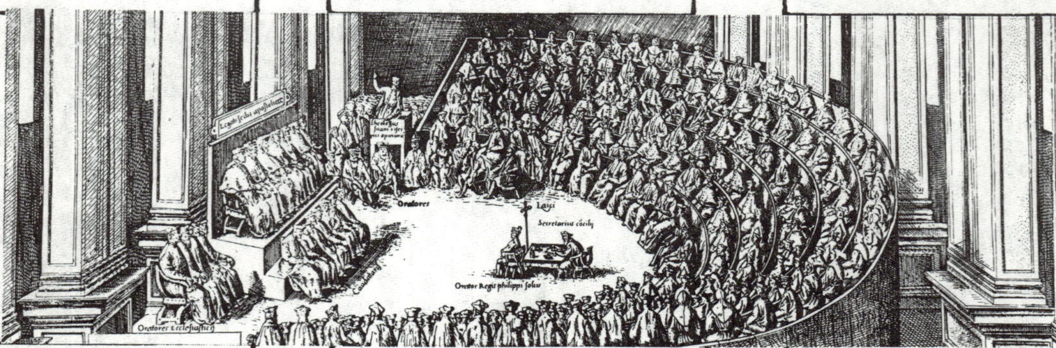

____

____

____

UNTERRICHT UND SEELSORGE :

GLAUBENSLEHRE :

MISSION :

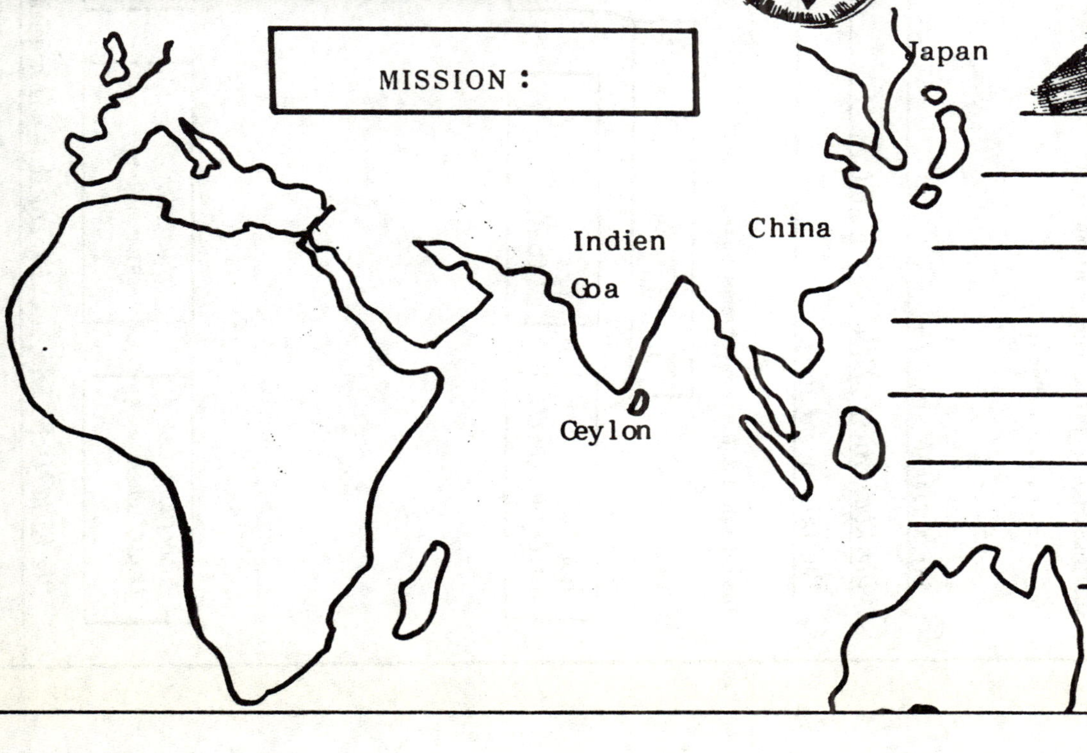

Welche Auswirkungen zeigt das Konzil von Trient?

In der katholischen Kirche gewannen immer mehr diejenigen an Einfluß, die eine Erneuerung der kirchlichen Macht und eine Rückbesinnung auf die eigentlichen Aufgaben der Priester und Mönche forderten.

In Trient wurde 1545 ein Konzil aus Bischöfen und Theologen einberufen.

Dafür gab es drei Gründe:

- Die Ketzerei ausrotten.
- Die Kirchendisziplin wiederherstellen.
- Den Frieden erlangen.

Und so sah das Reformprogramm aus:

Neuausgabe
- der Heiligen Schrift
- des Meßbuches
- des Katechismus

Ausbildung der Geistlichen

Verbot der Ämterhäufung

Verbot des Ablaßhandels

Die katholische Lehre wird festgelegt und gegenüber der protestantischen Auffassung abgegrenzt, z.B. Zahl der Sakramente, Latein als Kirchensprache.

Wie erneuern die Jesuiten das religiöse Leben? (2)

UNTERRICHT UND SEELSORGE:

- Die Jesuiten richten Schulen ein (Kollegien), Erziehung.
- Sie unterrichten das Volk in Glaubensfragen.
- Sie veranschaulichen den Glauben in Bild, Musik, Theater.
- Sie richten Seelsorgezentren in Bayern (Köln) aus.

GLAUBENSLEHRE:

Petrus Canisius gilt als der 2. Apostel Deutschlands. Er schuf einen Katechismus ("Canisi") für die Jugend. (Studenten-, Schüler-, Kinderkatechismus).

MISSION:

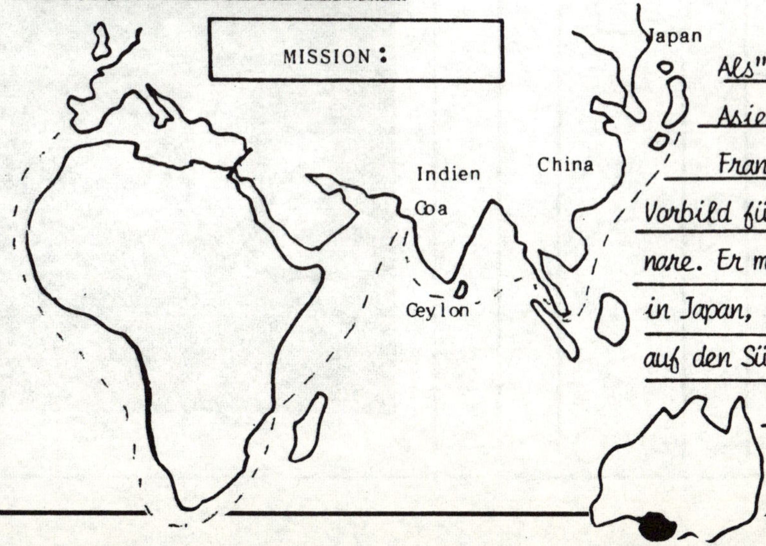

Als "Apostel Asiens" ist Franz Xaver Vorbild für alle Missionare. Er missionierte in Japan, Indien und auf den Südseeinseln.

Lehrbereich:

Reformation und **Dreißigjähriger Krieg**

Thema:

Warum kam es zum Prager Fenstersturz?

LERNZIELE: Die Schüler sollen

- den Zustand nach dem Augsburger Religionsfrieden kennen.
- die Begriffe Union und Liga erklären und ihre Funktion nennen können.
- die Gründe für das Handeln der böhmischen Adligen erkennen.
- die Reaktion des Kaisers auf den Prager Fenstersturz antizipieren können.
- sich selbständig über die Schlacht am 'Weißen Berg' informieren und darüber Auskunft geben können.

TAFELBILD

Warum kam es zum Prager Fenstersturz?

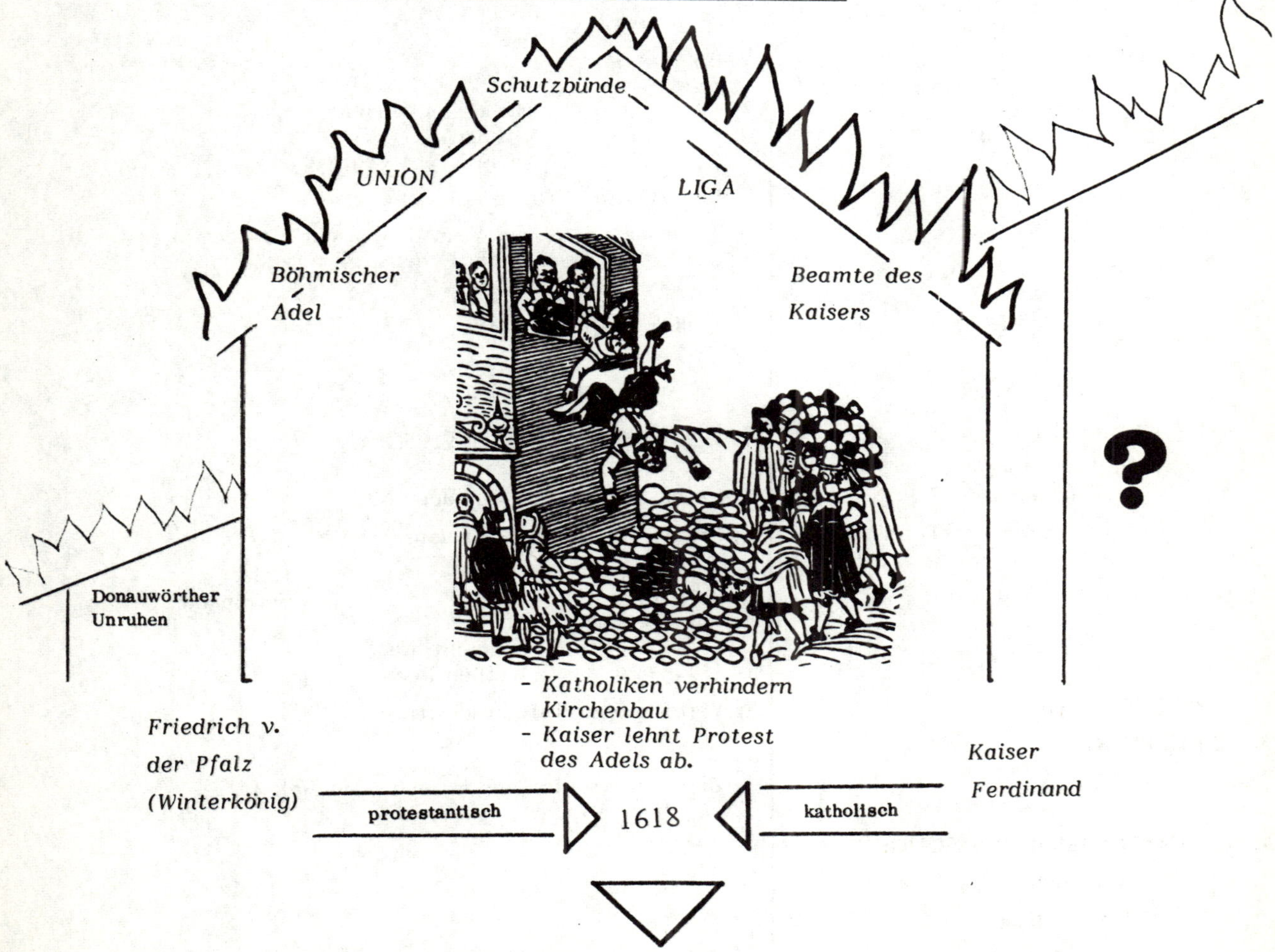

Unterrichtsstufe Zielangabe TZ und (TZ) Zusf. — METHODE — Lehr / Lernakte — Medieneinsatz	LERNINHALTE (STOFF) Tafelanschrift (bzw. Folie)	ZEIT
1. HINFÜHRUNG:		
Motivation — Episkop	L: Legt Episkopbild ein: Der Prager Fenstersturz	
Bildbetrachtung		
Klassenarbeit		
Problemorientierung	L: Diese Leute müssen einen Grund für ihr Handels gehabt haben.	
Problemvermutung	S: ...	
Problemfrage/ Zielangabe	Warum kam es zum Prager Fenstersturz?	
2. VERGEGENWÄRTIGUNG:		
1. Teilziel:	<u>Die Lage nach dem Augsburger Religionsfrieden</u>	
Informationsgewinnung, EA — AB	S: Lesen Infotext auf dem Arbeitsblatt und beantworten Arbeitsaufträge.	
Auswertung der Ergebnisse, KA	S: Tragen Ergebnisse vor. L: Ergänzt Tafelanschrift: Wessen das Land - dessen die Religion UNION — Schutzbünde — LIGA	
TZ-Zusammenfassung	S: Wiederholen mündlich.	
2. Teilziel:	<u>Der Prager Fenstersturz</u>	
Lehrerdarbietung	L:	
Fixierung der Fakten, KA	Böhmischer Adel — Beamte des Kaisers - Katholiken verhindern Kirchenbau - Kaiser lehnt Protest ab	
TZ-Zusf. — Folie, OHP	S: Beantworten Fragen auf Folie 1. Nenne mit einem Wort den Grund für den P.Fenstersturz. 2. Wer wurde aus dem Fenster gestürzt? 3. Was glaubst du, wird der Kaiser tun?	
Ergebnisvergleich KA	S: Tragen Ergebnisse vor	
Vermutungsphase zu 3.		
3. Teilziel:	<u>Die Schlacht am Weißen Berg</u>	
Informationsgewinnung — AB	S: Lesen Textbeispiel auf dem AB.	
Auswertung — Tafel	L: Ergänzt begleitend Tafelanschrift Friedrich v. der Pfalz Winterkönig — Kaiser Ferdinand Schlacht am Weißen Berg	
TZ-Zusf.	S: Verbalisieren Tafelanschrift.	
3. VERTIEFUNG:		
UG	Ziel: Unterschied von Ursache und Anlaß.	
4. GESAMTZUSAMMENFASSUNG:		
Mündlich		
Hefteintrag		

1. Gegensatz:

Ursachen:

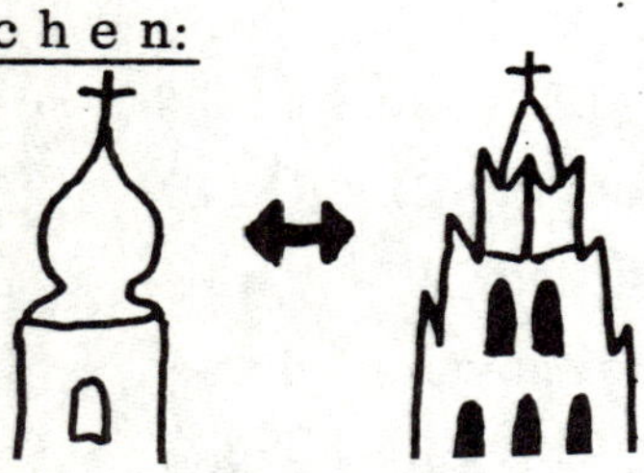

k __________ - p __________

2. Gegensatz:

K __________

↕

F __________

k __________ p __________

„L ______" „U ______"

Anlaß: D __________ P __________

U __________ (______) F __________ (1618)

Die __________ für den Krieg waren Gegensätze zwischen Protestanten und K __________ und zwischen K __________ und F __________. Die Fürsten schlossen sich zur __________ (katholisch) und zur __________ (protestantisch) zusammen. Der __________ __________ zum Ausbruch des Krieges war der __________ __________

Die Bevölkerung hatte unter dem Krieg zu leiden.

R __________ und P __________ waren an der Tagesordnung. Dazu kamen noch die Seuchen wie die __________. Der W __________ __________ F __________ (1648) brachte Ruhe und Ordnung.

Das Ergebnis war eine Spaltung der Kirchen in Katholiken, Lutheraner und Reformierte. Das Reich zerfiel in 300 Kleinstaaten. Durch die Errichtung von Zollschranken ging der Handel zurück.

1.

In den Bestimmungen des **Augsburger Religionsfriedens** (1555) war festgelegt worden, daß in jedem Land nur eine Konfession erlaubt sei, nämlich die des herrschenden Fürsten. Wer sich dieser Bestimmung nicht fügen wollte, mußte das Land verlassen. Es galt die Devise: Wessen das Land - dessen die Religion.

Bald war das ganze Land in zwei Lager gespalten. Im Jahr 1608 schlossen sich die protestantischen Fürsten mit dem KURFÜRSTEN FRIEDRICH von der PFALZ an der Spitze zur Union zusammen. Die katholischen Fürsten gründeten im Jahr darauf die Liga, an dessen Spitze der HERZOG von BAYERN stand. Die Wortführer beider Bünde behaupteten durch ihren Zusammenschluß den Landfrieden und ihren Glauben sichern zu wollen. Außerhalb der Bünde blieben der mächtigste protestantische Staat Kursachsen und das stärkste katholische Land Österreich.

2.

Der erzürnte Kaiser führte nun in Böhmen unerbittlich gewaltsam die **Gegenreformation** durch. Darauf wählten die Böhmen den KURFÜRSTEN FRIEDRICH von der PFALZ, den Führer der Union, zum König.
Nun bat Kaiser FERDINAND die Liga um Hilfe, die ihm ihr Führer Herzog MAXIMILIAN von BAYERN auch zusagte.
Die Liga kam dem Kaiser zu Hilfe und der Feldherr TILLY des Bayernherzogs MAXIMILIAN, besiegte den Kurfürsten FRIEDRICH V., vernichtend in der Schlacht am 'Weißen Berg' in der Nähe von Prag. FRIEDRICH V. floh. Er hatte nur einen Winter lang regiert. Furchtbare Strafen trafen den böhmischen Adel.

Friedrich V. von der Pfalz
König von Böhmen
(1596 - 1632)

Ferdinand II.,
Deutscher Kaiser
(1578 - 1637)

Überblick über den Dreißigjährigen Krieg (1618-1648):

Spannungen und Gegensätze: Die Dynastien ______________________ und _________ _________ strebten nach der Vorherrschaft in Europa; die __________________________ kämpften um ihre religiöse und politische Freiheit; im ______________________________ standen sich die protestantische und die katholisch-kaiserliche Partei feindselig gegenüber.

Erste Phase des Krieges: Prager _______________________, Wahl des _____________ __________________ Kurfürsten Friedrich V. von der Pfalz zum _____________________ König; Ringen zwischen der protestantischen ___________ und der katholischen ________ (Böhmisch-pfälzischer Krieg 1618-1623).

Zweite Phase: Nach der Niederlage der _______________________ übernahm der dänische König als Oberst des niedersächsischen Kreises im Niedersächsisch-dänischen Krieg (1625-1629) deren Führung. Sieg der ______________________ Partei; Restitutionsedikt (1629) zur Machterweiterung des Kaisers.

Dritte Phase: Der schwedische Krieg (1630-1635), hauptsächlich von ______________ _____________ und ______________________ geprägt. Nach deren Tod griff _________ __________ aktiv in den Krieg ein (Schwedisch-französischer Krieg 1635-1648). Kampf um die Vorherrschaft in Europa bzw. im Ostseeraum.

Ende des "spanischen Zeitalters": ______________________ wird politisch und kulturell die erste und einzige Vormacht in Europa.

Der Dreißigjährige Krieg weitet sich von einem begrenzten Religionskonflikt zum europäischen Machtkampf aus. In welcher Form griffen die europäischen Mächte in den ursprünglichen innerdeutschen Glaubenskrieg ein?

Österreich: ____

____

Niederlande: ____

____

Böhmen: ____

____

Dänemark: ____

____

Schweden: ____

____

Frankreich: ____

____

Überblick über den Dreißigjährigen Krieg (1618-1648):

Spannungen und Gegensätze: Die Dynastien Habsburg und Bourbon strebten nach der Vorherrschaft in Europa; die Niederlande kämpften um ihre religiöse und politische Freiheit; im Deutschen Reich standen sich die protestantische und die katholisch-kaiserliche Partei feindselig gegenüber.

Erste Phase des Krieges: Prager Fenstersturz, Wahl des calvinistischen Kurfürsten Friedrich V. von der Pfalz zum böhmischen König; Ringen zwischen der protestantischen Union und der katholischen Liga (Böhmisch-pfälzischer Krieg 1618-1623).

Zweite Phase: Nach der Niederlage der Protestanten übernahm der dänische König als Oberst des niedersächsischen Kreises im Niedersächsisch-dänischen Krieg (1625-1629) deren Führung. Sieg der katholischen Partei; Restitutionsedikt (1629) zur Machterweiterung des Kaisers.

Dritte Phase: Der schwedische Krieg (1630-1635), hauptsächlich von Gustav II. Adolf und Wallenstein geprägt. Nach deren Tod griff Frankreich aktiv in den Krieg ein (Schwedisch-französischer Krieg 1635-1648). Kampf um die Vorherrschaft in Europa bzw. im Ostseeraum.

Ende des "spanischen Zeitalters": Frankreich wird politisch und kulturell die erste und einzige Vormacht in Europa.

Der Dreißigjährige Krieg weitet sich von einem begrenzten Religionskonflikt zum europäischen Machtkampf aus. In welcher Form griffen die europäischen Mächte in den ursprünglichen innerdeutschen Glaubenskrieg ein?

Österreich: 1627: Böhmen → habsburgisches Erbland

Niederlande: 1648: Sonderfrieden mit Spanien → Unabhängigkeit vom spanischen König

Böhmen: 1618: Aufstand prot. Adeliger gegen Habsburg

Dänemark: 1625: Kriegseintritt → Christian IV. hilft prot. deutschen Fürsten

Schweden: 1630: Gustav Adolf landet auf Usedom
Glaubenseifer oder Machtpolitik?

Frankreich: 1635: Kriegseintritt. Zahlmeister für Schweden
Ringen um europäische Vormacht

Wie kam es zum 30jährigen Krieg?

1. Gegensatz: | 2. Gegensatz:

● Ursachen:

katholisch – protestantisch

Kaiser ↔ Fürsten → katholische „Liga" / protestantische „Union"

● Anlaß: Donauwörther Unruhen (1606) | Prager Fenstersturz (1618)

Die Gründe für den Krieg waren Gegensätze zwischen Protestanten und Katholiken und zwischen Kaiser und Fürsten. Die Fürsten schlossen sich zur Liga (katholisch) und zur Union (protestantisch) zusammen. Der Anlaß zum Ausbruch des Krieges war der Prager Fenstersturz

● Die Bevölkerung hatte unter dem Krieg zu leiden.

Raub und Plünderung waren an der Tagesordnung. Dazu kamen noch die Seuchen wie die Pest. Der Westfälische Frieden (1648) brachte Ruhe und Ordnung.

Das Ergebnis war eine Spaltung der Kirchen in Katholiken, Lutheraner und Reformierte. Das Reich zerfiel in 300 Kleinstaaten. Durch die Errichtung von Zollschranken ging der Handel zurück.

Thema: ______________________ **Folie Nr.:** ☐

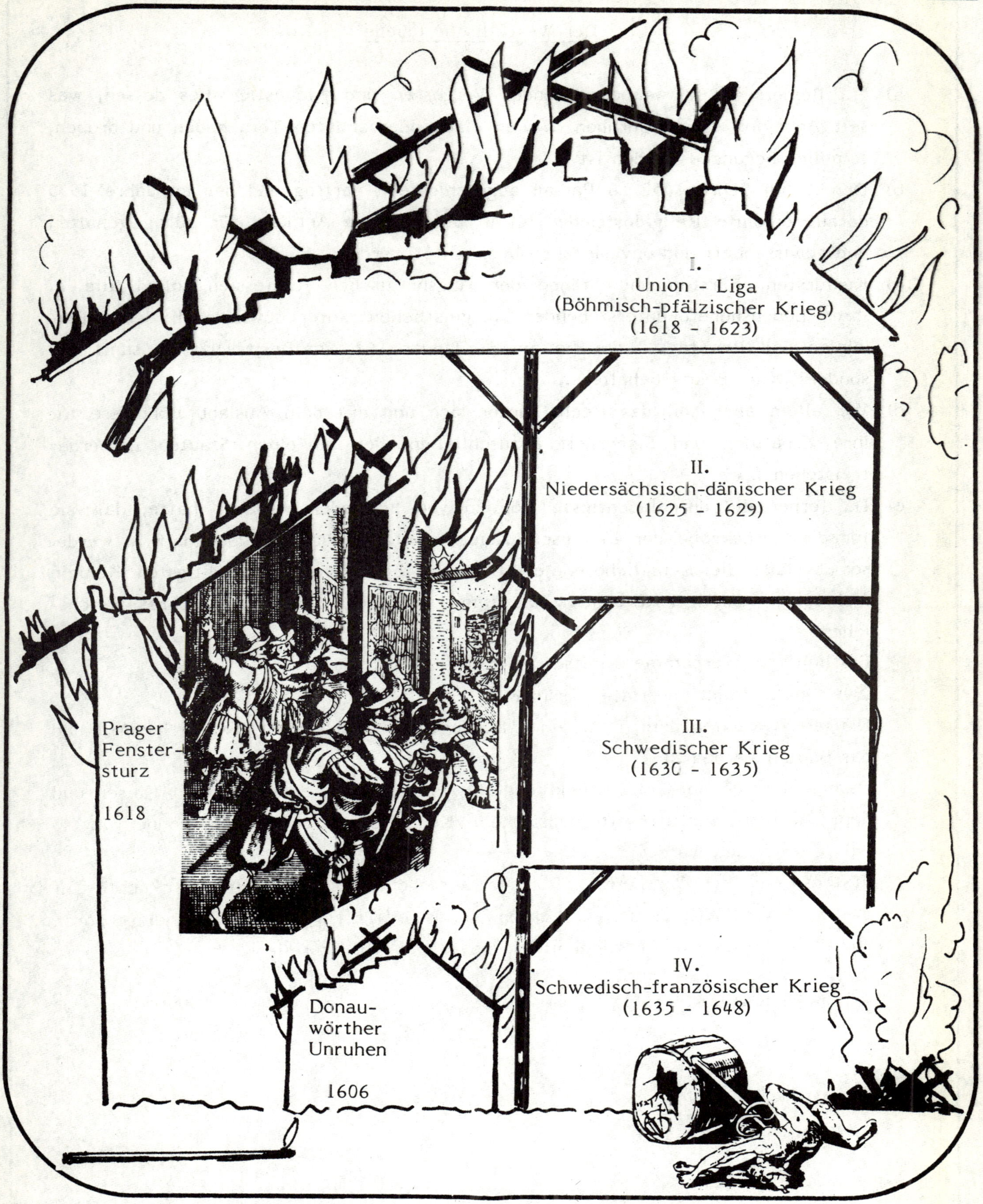

"Der Krieg muß den Krieg ernähren"

"Der Krieg starb an Erschöpfung"

Der Westfälische Friede

a) "... Beiderseits sei immerwährendes Vergessen und Amnestie alles dessen, was seit Anbeginn dieser Unruhen ... vom einen oder anderen Teil, hüben und drüben, feindlich begangen worden ist ...

b) Der ... im Jahre 1552 zu Passau abgeschlossene Vertrag und der im Jahre 1555 darauf erfolgte Religionsfriede soll in allen seinen Artikeln für gültig gehalten und gewissenhaft und unverletzlich beobachtet werden ...

c) Kurfürsten, Fürsten und Stände der Augsburgischen Konfession sollen alle ... ihrer Lebenshoheit unterstehenden ... geistlichen Güter sowie auch deren Einkünfte und Rechte ..., die sie am 1. Januar 1624 im Besitz hatten, samt und sonders ... im Besitz behalten ...

d) Vor allem aber soll das Recht, unter sich und mit dem Ausland Bündnisse für ihre Erhaltung und Sicherheit abzuschließen, den einzelnen Staaten immerdar freistehen ...

e) Da ferner die durchlauchtigste Königin von Schweden verlangt hatte, daß sie für die Zurückgabe der in diesem Krieg besetzten Plätze entschädigt ... werde, so überläßt die Königliche Majestät ... der besagten durchlauchtigsten Königin und ihren künftigen Erben ... als immerwährendes und unmittelbares Reichslehen:

Erstlich ganz Vorpommern mitsamt der Insel Rügen ...

Zweitens ... Stadt und Hafen Wismar ...

Drittens ... unter dem Titel eines Herzogtums auch das Erzbistum Bremen und das Bistum Verden ...

Damit aber der besagte Friede und die Freundschaft zwischen dem Kaiser und dem Allerchristlichsten (französischen) König befestigt werden könne, ... so ist ... vereinbart worden:

Erstens, daß die Oberherrschaft, die Landeshoheit und alle anderen Rechte auf die Bistümer Metz, Toul und Verdun ... inskünftig zur Krone Frankheit gehören und ihr auf immer und unwiderruflich einverleibt werden sollen ..."

aus: Geschichte in Quellen, Bd. 3, München 1966, S. 346 ff.

LEHRBEREICH

THEMA **"Schrecken des Krieges"**

LERNZIELE

Die Schüler

- sind fähig, historische Schlußfolgerungen zu ziehen.
- erfahren Schrecken des Krieges und beurteilen.
- sie erkennen den Wert einer Quelle.

ARBEITSMITTEL/MEDIEN/LITERATUR

TAFELBILD/FOLIE

HINWEISE/NOTIZEN

Unterrichtsstufe Zielangabe / TZ und (TZ) Zusf.	METHODE – Lehr / Lernakte	Medieneinsatz	LERNINHALTE (STOFF) Tafelanschrift (bzw. Folie)	ZEIT
I. HINFÜHRUNG				
			a) Abschnitte des 30jährigen Krieges	
	UG	Folie AB-Lückentext	b) Kriegszüge als Hausaufgabe	
			L: Über einen Abschnitt des 30jährigen Krieges wollen wir uns genauer informieren.	
Z i e l a n g a b e :			Die "Schrecken eines Krieges"	
II. PROBLEMSTELLUNG				
	Impuls		L: Bei unserem Besuch in N. N. erzählte uns der Führer auf der Burg etwas über den 30jährigen Krieg.	
			Krieg - Elend - Not - Einnahme der Burg ...	
	Impuls		L: Wie könnten wir uns noch genauer informieren?	
	Vorschläge		Bücher - Quellen - Karte ...	
III. PROBLEMLÖSUNG				
		Tonband	L: Hören wir uns jetzt verschiedene Quellen an.	
	(vorbereitete AA)		"Der Dreißigjährige Krieg in unserer Heimatgemeinde"	
	S tragen kurze Berichte vor!			
	Gespräch ohne Kommentar		L: Auf dem Arbeitsblatt findest du Quellen und Arbeitsaufträge. Jede Gruppe erarbeitet bitte den Inhalt!	
	GA	AB		
	UG	TA	Ergebnisse vortragen.	
IV. BESINNUNG				
			- Berücksichtigung des einzelnen Menschen ist in Geschichte notwendig!	
	Urteil Gespräch		- Wert einer Quelle	
V. SICHERUNG				
		TA/Heft	Eintrag der Tafelanschrift in Sachmappe	
Ausweitung:	(bitte deutsche Übersetzung angeben)		Besprechen des Liedtextes: "War child" von Mick Jagger auf LP: "Primitive cool", CBS oder "Von heiligen Kriegen", Reinhard Mey auf der LP "Ich wollte wie Orpheus singen", INTERCORD	
			Kriegsopfer sterben auf dem Mist	

Die Schrecken des Dreißigjährigen Krieges.

"Kein Bürger oder Bauer hatte etwas Eigenes, sondern alles war den Soldaten preisgegeben. Niemand konnte ohne Gefahr vor ein Tor gehen. Kein Bauer war in seinem Dorf, in seinem Haus, bei seinem Pflug, noch bei der Kirche sicher. Die Kaufmannsgüter wurden samt Pferd und Geschirr auf offener Landstraße hinweggeraubt, Kauf- und Fuhrleute niedergemacht. Die gewaltsamen Abgaben, grausamen Unterdrückungen und unerhörten Drangsale durchkrochen unser liebes Vaterland wie die Pestilenz des Menschen Geblüt und Geäder. Städte, Schlösser, Flecken, Dörfer und Häuser wurden in Asche gelegt, die Menschen von Haus und Hof, die Eltern von den Kindern getrennt und ins Elend gejagt. Die armen Leute gemartert, gerädert, geschraubt, viele Tausend niedergehauen, gemetzelt, erstochen, ertränkt, verbrannt und sonst auf grausame Weise um Leib und Leben gebracht ..... Das Land wurde nicht bebaut. Wo Korn-Frucht- oder andere Ackerfelder gewesen waren, wuchsen Dornen und Sträucher .....
Anstatt guter und gesunder Zeit regierte die grausame Pestilenz, das giftige Fieber und andere abscheuliche Seuchen."

"DER KRIEG MUSS DEN KRIEG ERNÄHREN!"

Der vorhergehende Text schildert dir, was der Krieg für die Bürger und Bauern bedeutete. Greife einiges heraus oder fasse stichpunktartig zusammen:

Der folgende Text zeigt dir, was die Stadt Kempten für den Krieg leisten mußte.
"In den Büchern der Stadt Kempten sind für die Zeit von 1609 bis 1644 folgende Ausgaben verzeichnet. Aber wahrscheinlich waren das nicht alle Ausgaben. Sie werden insgesamt auf 800 000 bis 900 000 Gulden geschätzt!

(fl = Gulden)

für Beiträge an die Union	35 880 fl	=	.... DM
für Reichsanlagen	31 220 fl	=	.... DM
an Maximilian von Bayern	25 000 fl	=	.... DM
für Einquartierungen	581 717 fl	=	.... DM
Ausgaben wegen der Pest	3 000 fl	=	.... DM
	676 817 fl	=	.... DM

1 fl war damals viel wert. Heute hätte er ungefähr den Wert von 40 DM. 1 fl = 60 Kreuzer (kr); 1 Kreuzer = 4 Pfennig (Pf).

Ein Pfund Ochsenfleisch kostete damals 3 kr, 2 Pf. Kalbfleisch 2 kr, Schweinefleisch 2 kr, 3 pf; ein Knecht hatte einen Jahreslohn von 12 fl, eine Magd von 6 fl.

Versuche ungefähr umzurechnen, wie lange für ein Pfund Kalbfleisch gearbeitet werden mußte!

Knecht: Ungefähr .... Magd : Ungefähr ....

Kempten fiel von 6000 Einwohnern auf 900 Einwohnern zurück. Es verkleinerte sich also um ___%

Von heiligen Kriegen

Reinhard Mey auf der LP "Ich wollte wie Orpheus singen", Intercord

1. Man rief zum Dschihad, zum heiligen Kriege
und zog von Medina und Mekka aus,
nach Palästina zur christlichen Wiege
und auch bis nach Tunis und Spanien hinaus.
Mit Flammen und Schwert und ähnlichen Dingen
das Heil des Islam den Menschen zu bringen.
Man hat mit dem Halbmond das Kreuz verdrängt
und wer das nicht wollte, der wurde gehängt!

2. Das ließ die Ritter des Kreuzes nicht rasten
und um das Jahr 1000, da war es soweit:
Da zog man mit Pferden, mit Waffen und Kasten
zum Kreuzzug aus, zum heiligen Schrein!
Mit Feuer und Schwert so bringt man nun jedem
Erlösung von Türken und Sarazenen
und wer nicht dem Siege des Kreuzes enteilt,
der wird mit dem Schwert in zwei Teile geteilt!

3. Warum kämpft man immer nur gegen die Heiden
und gegen die andere Religion?
Man kann doch genauso die Ketzer nicht leiden.
Drum führte man Krieg um die Konfession!
Mit Wallenstein, Tilly und römischem Kaiser
verbrennt man Protestanten die Häuser
und diese erschlugen nun alt oder jung
nach vorher verabreichtem Schwedentrunk.

4. Auch heute da ruft man zu heiligen Kriegen
und ist mit Worten und Taten dabei
und Allah und Himmel helfen beim Siegen.
Doch sagt mir, wo ein Krieg heilig sei!

REINHARD MAY

War child

Mick Jagger auf LP "Primitive cool", CBS 460 123 1

I was born in a war
So they call me a war-baby
I was born in a war
And it don't make me war-crazy
And the guns start to roar
As the fire sweeps the street crazy

Why can't we walk this road together
And keep our children safe and sure?
War! - War! Baby ...
And the war made us poor
Made our future unsure - hazy
Why don't we run this race together
And keep our children safe and sure?

But the arms race is on
And the tanks all roll out
All the guns are in place
We just wait for the shout: TO ARMS
TO ARMS!

And the guns start to roar
From the ship to the shore
And the bombs start to fall
As we crouch in the hall
As they bust through the breach
Out on Omaha Beach
Why can't we run this road together?
Why can't we hope to find a cure?

But the arms race is on
And the tanks all roll out
All the guns are in place
As we wait for the shout
And the Army sweeps on and on
And the Navy sails out
As we rush to the edge
As we wait for the shout: TO ARMS
TO ARMS!

Jeder Krieg hat Auswirkungen auf die Bevölkerung. Beispiele sind:

- ○ ____
- ○ ____
- ○ ____
- ○ ____
- ○ ____

Nenne Zahlen und Beispiele aus deiner Heimatgemeinde:

	30jähriger Krieg	2. Weltkrieg
Schäden		
Bevölkerungsverluste		

Überfall auf ein Dorf.
Die plündernden Soldaten quälten, marterten und erschlugen unschuldige Menschen.

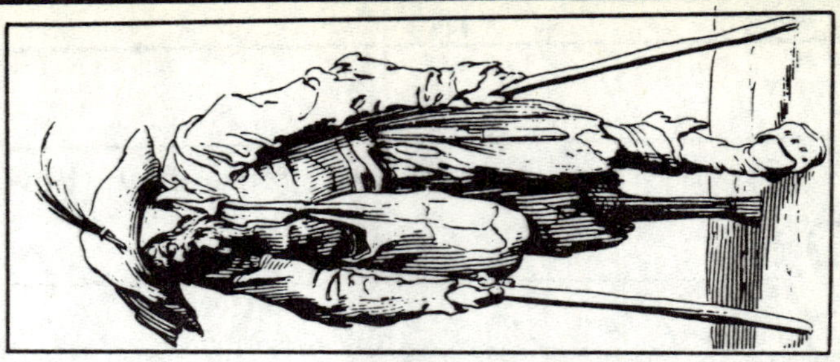

Bettler nach dem Krieg

Selbstjustiz der Bauern an den in einen Hinterhalt geratenen Söldnern. Ausschnitt aus J. Callot: „Les misères de la guerre".

Die Schrecken des Krieges

Jeder Krieg hat Auswirkungen auf die Bevölkerung. Beispiele sind:

- ○ *Die Menschen verrohen, töten, plündern, rauben ...*
- ○ *Hungersnöte, Seuchen und Krankheiten brechen aus ...*
- ○ *Handel und Wirtschaft kommen zum Erliegen ...*
- ○ *Völker werden ausgerottet, verschleppt, vertrieben ...*
- ○ *u.a. Bsp. .....*

Nenne Zahlen und Beispiele aus deiner Heimatgemeinde:

	30jähriger Krieg	2. Weltkrieg
Schäden		
Bevölkerungsverluste	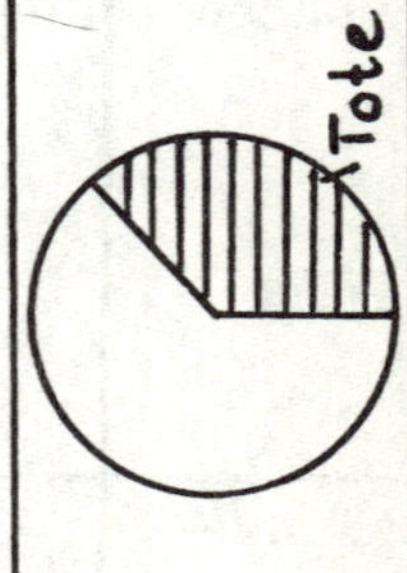	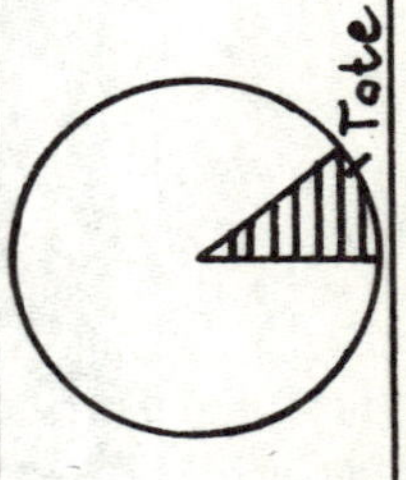

Lehrbereich:

Die europäischen Staaten im Zeitalter des Absolutismus

Thema:

Der König regiert absolut

GROBZIEL:

Kenntnis der absolutistischen Herrschaftsform

FEINZIELE:

- Kenntnis der Grundzüge einer absolutistischen Herrschaftsform
- Kenntnis der Meinung LUDWIG XIV. über Minister und Parlament
- Übertragen der Ergebnisse auf heutige Verhältnisse
- Informationsentnahme aus Quellentexten

NACHARBEIT:

- Stichpunktartig die Merkmale einer absolutistischen Herrschaftsform aufschreiben
- Aus einem Text weitere Merkmale erarbeiten
- Die Merkmale des Absolutismus demokratischen Formen gegenüberstellen
- Merkblatt ausfüllen

Tafelbild:

Wie regierte der Sonnenkönig?

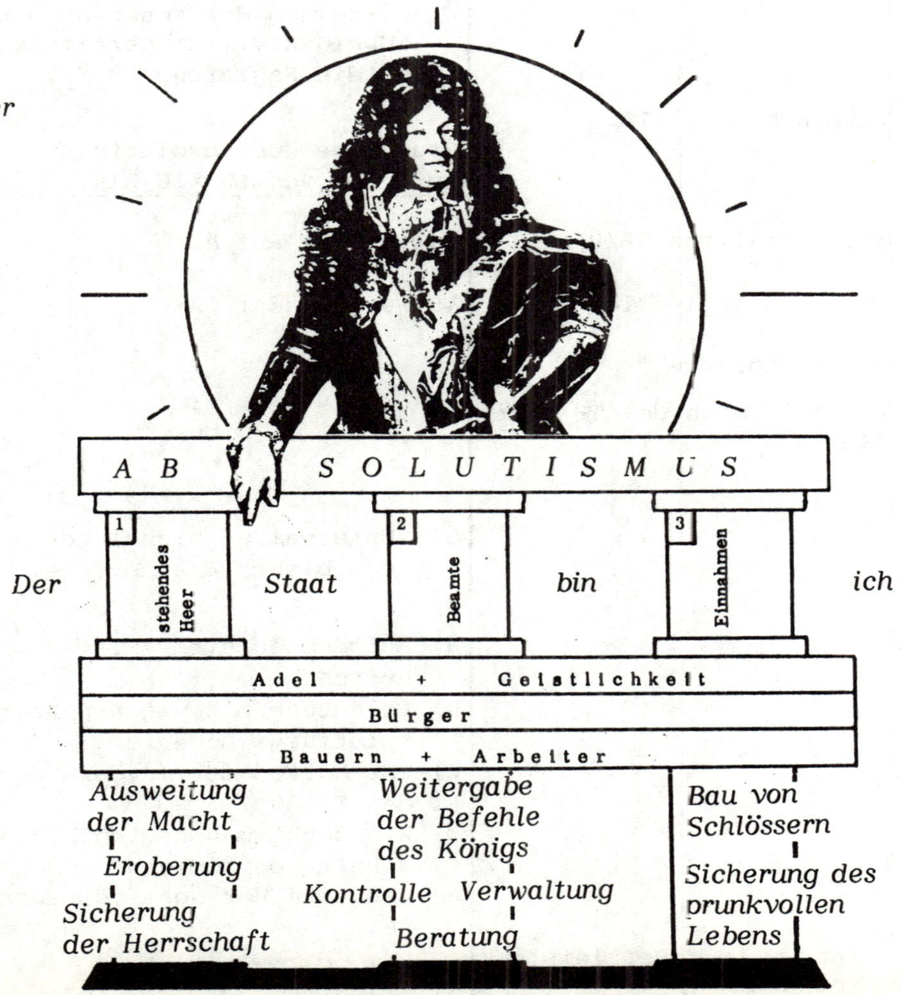

METHODE Unterrichtsstufe (Teil) Zielangabe und (Teil) Zusammenfassung	Lehr / Lernakte	Medieneinsatz	LERNINHALTE (STOFF) Tafelanschrift (bzw. Folie)	ZEIT
1. MOTIVATION		Bild	LUDWIG XIV. SS: Ungelenkte Aussprache, Versuch der Auswertung dieser Bildquelle. L: Dieser König von Frankreich regierte in einer ganz neuen Art, er war ein sog. absolutistischer Herrscher. Er erhielt den Beinamen "Sonnenkönig".	
	Problemfrage	TA	Wie regierte der Sonnenkönig? (oder ähnlich)	
	Problempräzisierung		durch Wiedergabe der Zielfrage durch die SS mit eigenen Worten	
2. VERGEGENWÄRTIGUNG		Zeitleiste	Anfänge des Absolutismus L: Kardinal Richelieu und Kardinal Mazarin verfolgten als oberste Minister der französischen Könige im 17. Jahrhundert das Ziel, Frankreich zum mächtigsten Staat Europas zu nachen. Sie glaubten, dieses Ziel sei nur zu erreichen, wenn die Macht des Adels gebrochen würde und der König absolut regiere. LUDWIG XIV. kam bereits mit 18 Jahren an die Regierung.	
	Teil-Wdhlg.	TA	Grundzüge des Absolutismus nach Aussprüchen von LUDWIG XIV.	
	arbeitsteilige GA/PA		Vgl. Texte auf AB	
	KG	TA	Auswertung der GA	
	Teil-Wdholg.			
	Verbalisieren des TB durch SS			
3. BESINNUNGSPAUSE			SS: Unterhalten sich in der Gruppe über das bisher Erarbeitete.	
4. BESINNUNG			a) Aufgreifen evtl. Fragen und Unklarheiten b) Erläutere mit eigenen Worten, was Absolutismus bedeutet! c) Was hältst du von der Gottähnlichkeit des Königs? d) Wie denkt man heute über die Herrschaft von Königen? e) Absolute Herrschaftsformen in unserer Zeit	
5. SICHERUNG Gesamtzusammenfassung	Eintrag in	Zeitleiste		

Kennzeichnende Aussprüche des absoluten Herrschers: Ludwig XIV.

1. "Der Staat bin ich!"

2. "Sie kennen meine Befehle. Ihre Sache, meine Herren, ist es, sie auszuführen."

3. "Ich wählte als Figur die Sonne, die durch ihre Einzigartigkeit, durch den Glanz, der sie umgibt, durch das Licht, welches sie den anderen ... mitteilt ..., sicher das lebendigste und schönste Sinnbild eines großen Herrschers darstellt."

4. "Ein König - ein Gesetz - ein Glaube!"

5. "Gott, der den Menschen Könige gesetzt hat, will, daß man diesen als seinen Stellvertretern auf Erden Ehrfurcht erweist; ihm allein steht das Recht zu, über sie zu urteilen."

6. "Wahlspruch des Königs: 'Kleiner als Gott, aber größer als der Erdball.'"

Absolutismus: Die im 17. und 18. Jahrhundert vorherrschende Form der Monarchie, in der alle staatlichen Hoheitsrechte bei der Krone vereinigt waren und keine innerstaatliche Instanz geduldet wurde, die die politische Macht des Monarchen einschränkte. Charakteristisch für die absolute Monarchie waren die Tendenz zur Zentralisierung aller Entscheidungsbefugnisse, der Aufbau eines bürokratischen Verwaltungsapparates, die Unterhaltung eines Berufsheeres und die politische Entmachtung des Adels, der dafür mit der Bevorzugung im Staats- und Heeresdienst und mit der Erhaltung seiner grundherrlichen Vorrechte entschädigt wurde.

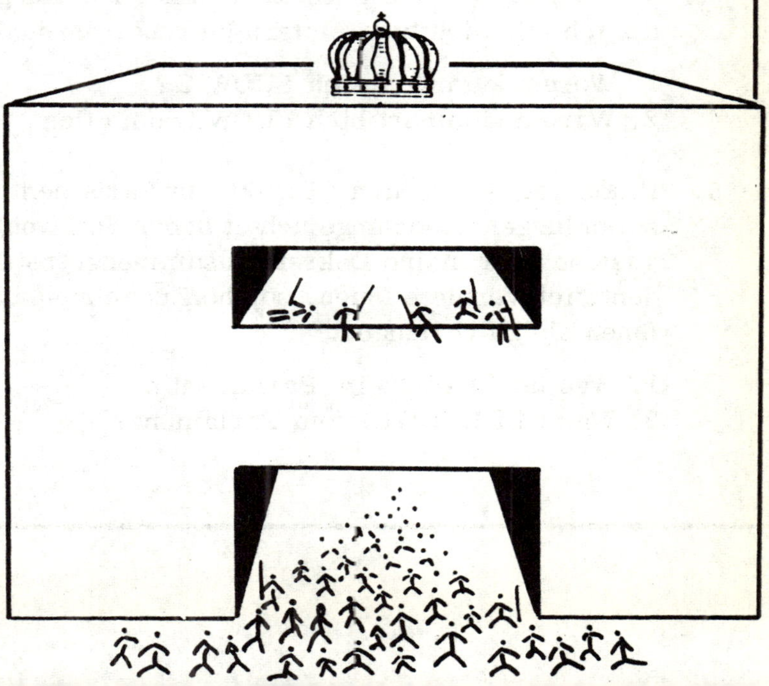

Grundzüge des Absolutismus nach Aussprüchen von LUDWIG XIV:

1. Bereits am Tage nach MAZARINS Tod verkündete der König seinen Ministern: "Meine Herren, ich habe Sie zusammenkommen lassen, um Ihnen zu sagen, daß ich bis jetzt zufrieden war, meine Angelegenheiten durch den verstorbenen Kardinal leiten zu lassen; in Zukunft werde ich selbst mein erster Minister sein. Sie werden mich mit Ihren Ratschlägen unterstützen, wenn ich Sie befrage. Sie Herr Kanzler, ersuche ich, nichts zu siegeln, als was ich Ihnen zu diesem Zweck übergebe. Ihnen, meine Herren, verbiete ich, irgend etwas ohne meinen Befehl zu unterzeichnen, sei es auch nur einen Paß. Sie werden mir jeden Tag persönlich Rechenschaft geben ..."

   1. Welche Aufgaben haben der Kanzler und die Minister?
   2. Welche Stellung mißt sich der König selbst zu?

2. Schon Jahre vor dem Beginn seiner Alleinherrschaft hatte LUDWIG die Sonne als sein Sinnbild gewählt: "Als Symbol wählte ich die Sonne. Durch ihre Einzigartigkeit, durch den Glanz, der sie umgibt, durch das Licht, das sie den anderen Sternen verleiht, die sie wie eine Art Hof umgeben, durch die gleiche und gerechte Verteilung ihres Lichtes auf die verschiedenen Zonen der Welt, durch die wohltätige Wirkung, die sie überallhin ausübt - allerorts Leben, Freude, Tätigkeit hervorrufend - und durch ihren unveränderlichen Lauf, bei dem es keine Abweichung und keine Unterbrechung gibt, ist sie das lebendigste und schönste Abbild eines großen Monarchen."

   1. Mit wem vergleicht LUDWIG seine Herrschaft?
   2. Warum wählte er als Symbol seiner Herrschaft die Sonne?

3. LUDWIG XIV. über sein Herrscheramt: "Gott, der den Menschen Könige gabe, will, daß man sie achte als seine Stellvertreter: ihm allein steht das Recht zu, die Regierungen der Könige zu prüfen. - Ich bin die Sonne meines Landes, ich bin eine geheiligte Person. Die Gottähnlichkeit des Königs von Frankreich muß verehrt werden, daß Gott selbst eifersüchtig auf die erwiesenen Ehrungen sein möchte."

   1. Mit wem vergleicht sich LUDWIG?
   2. Warum ist er niemandem Rechenschaft schuldig?

4. Äußerung LUDWIG XIV.: "Ich bin über alles unterrichtet, höre auch meine geringsten Untertanen an, weiß jederzeit über Stärke und Ausbildungsstand meiner Truppen und über den Zustand meiner Festigungen Bescheid, gebe unverzüglich meine Befehle zu ihrer Versorgung ... Ich regle Einnahmen und Ausgaben des Staates und lasse mir von denen, die ich mit wichtigen Ämtern betraue, persönlich Rechnung geben."

   1. Worum kümmert sich LUDWIG?
   2. Warum kümmert sich LUDWIG um alles?

5. Eines Tages erschien LUDWIG im Parlament und rief aus: "Das Unheil, das Ihre Versammlungen schon angerichtet haben, ist wohlbekannt. Ich befehle Ihnen, diese zur Diskussion über meine Dekrete zusammengetretene Versammlung aufzulösen. Herr Präsident, ich verbiete Ihnen, solche Zusammenkünfte zu gestatten und jedem einzelnen von Ihnen sie zu verlangen."

   1. Was tat LUDWIG im Parlament?
   2. Was hält LUDWIG vom Parlament?

Nach dem Dreißigjährigen Kriege gab es in Deutschland über 300 selbständige Länder. Je nach Art und Größe ihres Besitzes trugen die Herren dieser Länder verschiedene Titel. Schreibe einige hierher!

Jeder dieser Herren regierte ganz nach seinem eigenen Willen, nicht einmal der Kaiser konnte ihre Macht einschränken. Wie nannte man deswegen diese Fürsten?

Diese Art von Macht wird mit dem Fremdwort "absolut" bezeichnet.
Absolut bedeutet ______________________

Versuche in einem Satz zu erklären, wie ein solcher absoluter (oder gesteigert: absolutistischer) Herrscher regierte.

Nenne einen Ausspruch LUDWIG XIV, der diese Machtstellung kennzeichnet:

Seine absolute Macht stützte der König auf drei "Säulen":

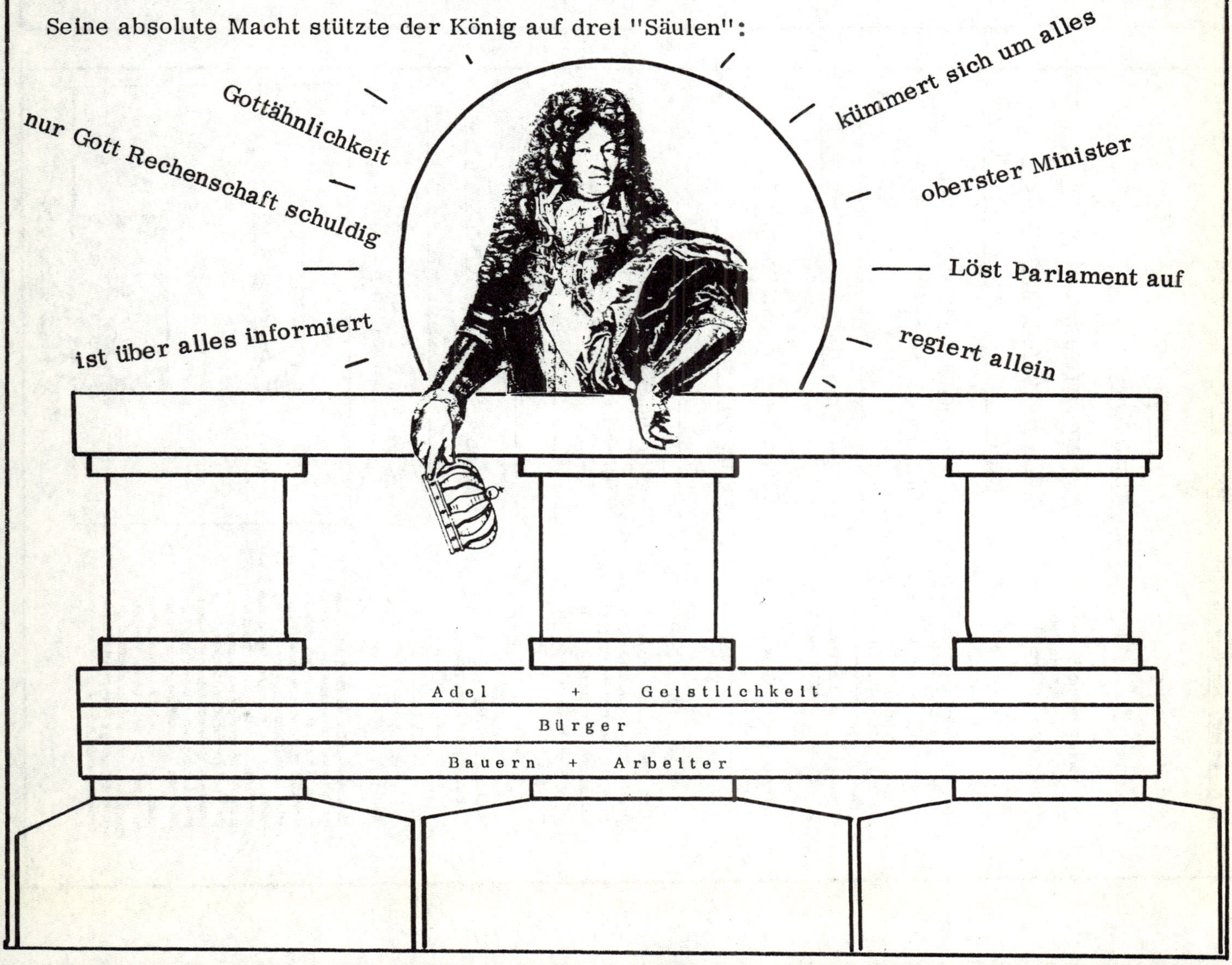

Kennzeichnende Aussprüche des absoluten Herrschers: Ludwig XIV.

1. "Der Staat bin ich!" — *Alleinherrschaft, Machtfülle, Absolutismus*

2. "Sie kennen meine Befehle. Ihre Sache, meine Herren, ist es, sie auszuführen." — *Nur ein Befehlshaber, Zentralstaat, König als Dirigent des Staates*

3. "Ich wählte als Figur die Sonne, die durch ihre Einzigartigkeit, durch den Glanz, der sie umgibt, durch das Licht, welches sie den anderen ... mitteilt ..., sicher das lebendigste und schönste Sinnbild eines großen Herrschers darstellt." — *Verherrlichung seiner Person: Kult um Herrscher*

4. "Ein König - ein Gesetz - ein Glaube!" — *König, Gesetz und Religion werden gleichgesetzt*

5. "Gott, der den Menschen Könige gesetzt hat, will, daß man diesen als seinen Stellvertretern auf Erden Ehrfurcht erweist; ihm allein steht das Recht zu, über sie zu urteilen." — *Königtum von Gottes Gnaden Mißbrauch des Glaubens*

6. "Wahlspruch des Königs: 'Kleiner als Gott, aber größer als der Erdball.'" — *Maßlose Selbstüberhebung*

Absolutismus: Die im 17. und 18. Jahrhundert vorherrschende Form der Monarchie, in der alle staatlichen Hoheitsrechte bei der Krone vereinigt waren und keine innerstaatliche Instanz geduldet wurde, die die politische Macht des Monarchen einschränkte. Charakteristisch für die absolute Monarchie waren die Tendenz zur Zentralisierung aller Entscheidungsbefugnisse, der Aufbau eines bürokratischen Verwaltungsapparates, die Unterhaltung eines Berufsheeres und die politische Entmachtung des Adels, der dafür mit der Bevorzugung im Staats- und Heeresdienst und mit der Erhaltung seiner grundherrlichen Vorrechte entschädigt wurde.

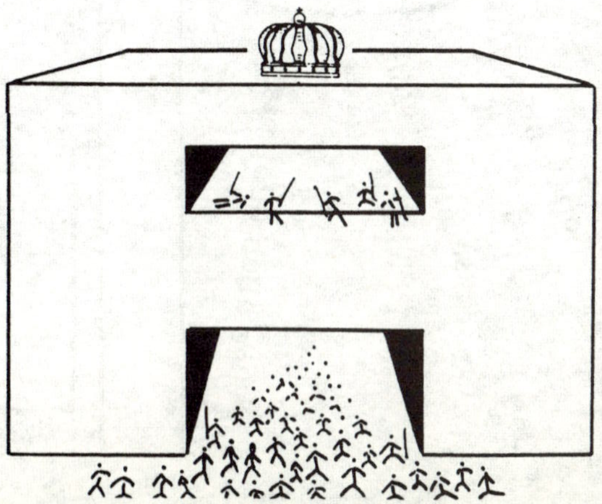

Wie der "Sonnenkönig" LUDWIG XIV. als absoluter Herrscher regierte (1661 - 1715)

Nach dem Dreißigjährigen Kriege gab es in Deutschland über 300 selbständige Länder. Je nach Art und Größe ihres Besitzes trugen die Herren dieser Länder verschiedene Titel., Schreibe einige hierher!

Herzog, Graf, Kurfürst

Jeder dieser Herren regierte ganz nach seinem eigenen Willen, nicht einmal der Kaiser konnte ihre Macht einschränken. Wie nannte man deswegen diese Fürsten?

unabhängige Fürsten

Diese Art von Macht wird mit dem Fremdwort "absolut" bezeichnet.
Absolut bedeutet *von niemanden abhängig*

Versuche in einem Satz zu erklären, wie ein solcher absoluter (oder gesteigert: absolutistischer) Herrscher regierte.

Herrscher vereinigt alle Macht in sich, ist auf niemanden angewiesen, niemandem Rechenschaft schuldig

Nenne einen Ausspruch LUDWIG XIV, der diese Machtstellung kennzeichnet.

Ich bin der Staat

Seine absolute Macht stützte der König auf drei "Säulen"

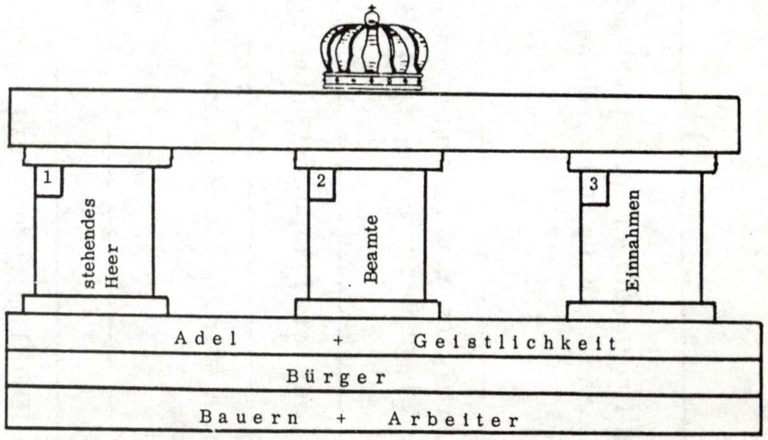

Nenne jeweils die Hauptaufgaben:

zu 1 *Sicherung der Herrschaft, Ausweitung der Macht (Eroberung)*

zu 2 *Verwaltung, Kontrolle, Weitergabe der Befehle des Königs, Beratung*

zu 3 *Sicherung des prunkvollen Lebens, Bau von Schlössern und Palästen*

Wie setzte sich das französische Volk zusammen?

In Frankreich unterschied man schon seit dem Mittelalter drei Stände: die Betenden (die "Geistlichkeit"), die Kämpfenden (den "Adel") und die Arbeitenden (den "Dritten Stand"). Zum "Dritten Stand" gehörten damals gut 15 Millionen Landleute, dazu eine knappe Million Arbeiter, die in den Städten wohnten und ausschließlich von ihrem Lohn lebten, sodann etwa 2 bis 3 Millionen Angehörige der städtisohen "Mittelklasse" - kleine Ladenbesitzer, Handwerksmeister, Leiter kleiner Betriebe. Adel und Geistlichkeit zählten zusammen kaum eine Million Menschen. Die Oberschicht umfaßte rund 100 000 Familien, denen ein Drittel des gesamten Grundbesitzes gehörte, ein weiteres Drittel gehörte der Kirche oder dem König, der Rest war Eigentum von freien Bauern. Der größte Teil der Landbevölkerung bewirtschaftete den Boden von Grundherren.

Ergänze die beiden Schaubilder (du kannst mit Farben arbeiten).

1. Grundbesitz:

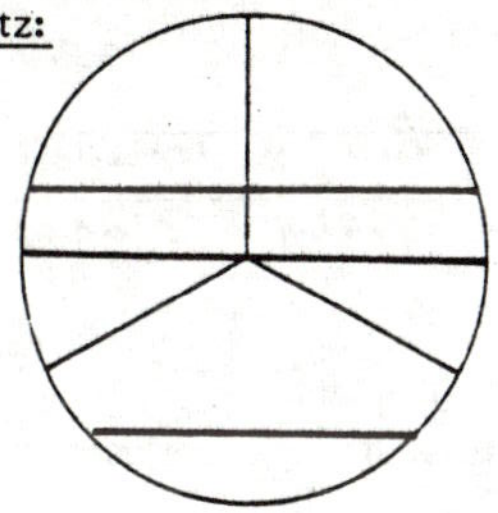

Grundbesitz in Frankreich

2. Bevölkerung

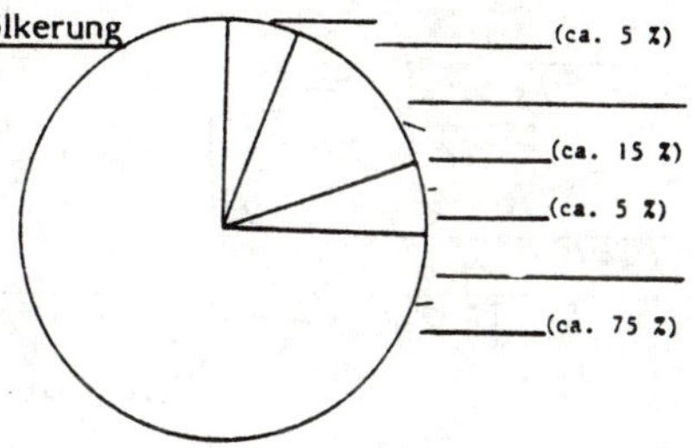

Bevölkerung in Frankreich

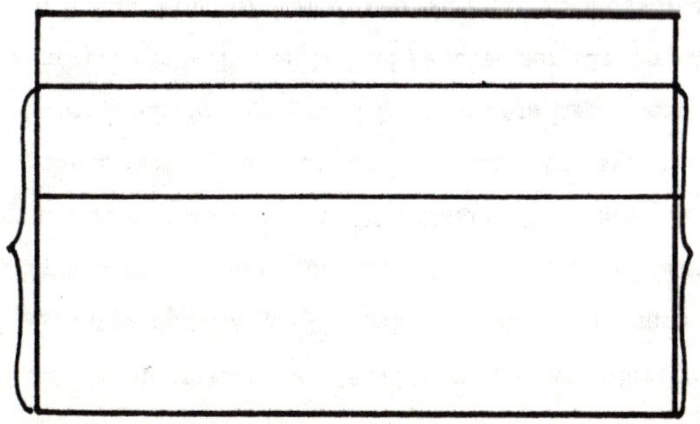

Stände in Frankreich

Wie lebten die Bauern, die Masse des Volkes?

Soziale Unterschiede im Dorf

"Ein Dorf mit hundert Haushalten zählte zu seinen Bewohnern ein oder zwei durch ihre Pflüge, ihre Gespanne, ihr Vieh und ihre Schuldforderungen mächtige Großbauern; etwa zehn Bauern waren mehr oder weniger selbständig, ebenso viele oder etwas mehr arme Teufel, das heißt nur im Besitz einer Hütte, eines Gartens, eines Schafes oder, schlicht gesagt, Bettler; die übrigen - arme Schlucker, Tagelöhner, Lastträger, Winzer, Holzfäller, Weber - waren kleine Leute, die von winzigen Äckerchen und Zwergpachten kümmerlich lebten, sich aber auf alle möglichen kleinen handwerklichen Fertigkeiten verstanden. Die zehn "dicken" Bauern - in manchen Gegenden ein einziger Großbauer im Dorf - waren im Besitz aller Werkzeuge, Gespanne, Viehbestände und der Arbeitsmöglichkeiten, die den anderen wenigstens in guten Jahren zu existieren erlaubten. Nirgends gab es weniger Gleichheit als in einem französischen Dorf."

Trag in die Kästchen die Zahl der entsprechenden Gruppe von Dorfbewohnern ein (bezogen auf 100 Einwohner eines Dorfes).

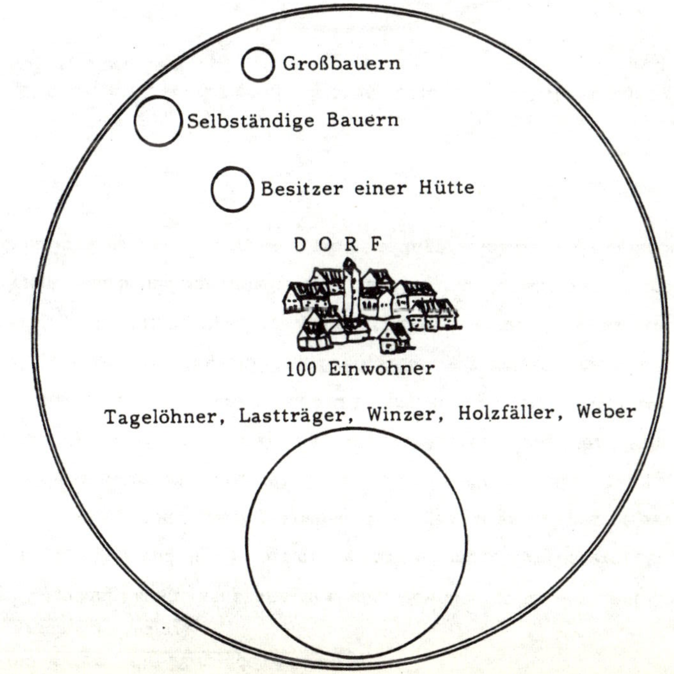

Wie setzte sich das französische Volk zusammen?

In Frankreich unterschied man schon seit dem Mittelalter drei Stände: die Betenden (die "Geistlichkeit"), die Kämpfenden (den "Adel") und die Arbeitenden (den "Dritten Stand"). Zum "Dritten Stand" gehörten damals gut 15 Millionen Landleute, dazu eine knappe Million Arbeiter, die in den Städten wohnten und ausschließlich von ihrem Lohn lebten, sodann etwa 2 bis 3 Millionen Angehörige der städtischen "Mittelklasse" - kleine Ladenbesitzer, Handwerksmeister, Leiter kleiner Betriebe. Adel und Geistlichkeit zählten zusammen kaum eine Million Menschen. Die Oberschicht umfaßte rund 100 000 Familien, denen ein Drittel des gesamten Grundbesitzes gehörte, ein weiteres Drittel gehörte der Kirche oder dem König, der Rest war Eigentum von freien Bauern. Der größte Teil der Landbevölkerung bewirtschaftete den Boden von Grundherren.

Ergänze die beiden Schaubilder (du kannst mit Farben arbeiten).

1. Grundbesitz:

Grundbesitz in Frankreich

2. Bevölkerung

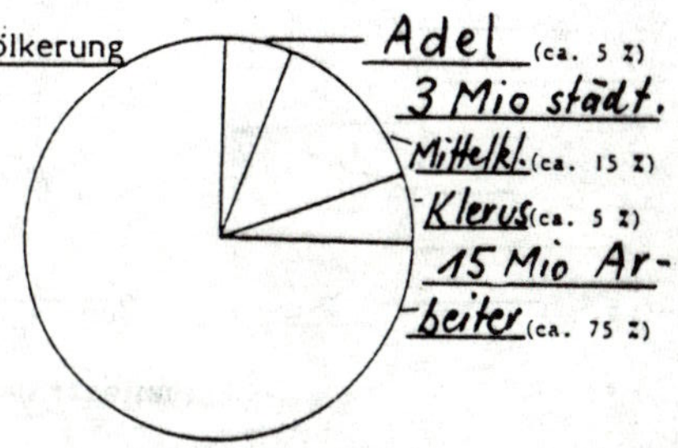

Bevölkerung in Frankreich

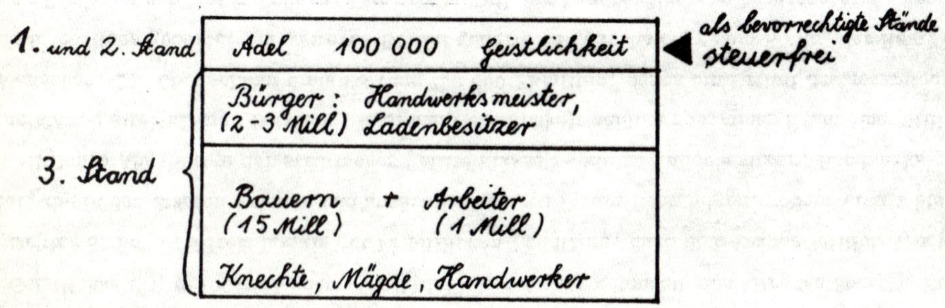

Stände in Frankreich

Wie lebten die Bauern, die Masse des Volkes?

Soziale Unterschiede im Dorf

"Ein Dorf mit hundert Haushalten zählte zu seinen Bewohnern ein oder zwei durch ihre Pflüge, ihre Gespanne, ihr Vieh und ihre Schuldforderungen mächtige Großbauern; etwa zehn Bauern waren mehr oder weniger selbständig, ebenso viele oder etwas mehr arme Teufel, das heißt nur im Besitz einer Hütte, eines Gartens, eines Schafes oder, schlicht gesagt, Bettler; die übrigen - arme Schlucker, Tagelöhner, Lastträger, Winzer, Holzfäller, Weber - waren kleine Leute, die von winzigen Äckerchen und Zwergpachten kümmerlich lebten, sich aber auf alle möglichen kleinen handwerklichen Fertigkeiten verstanden. Die zehn "dicken" Bauern - in manchen Gegenden ein einziger Großbauer im Dorf - waren im Besitz aller Werkzeuge, Gespanne, Viehbestände und der Arbeitsmöglichkeiten, die den anderen wenigstens in guten Jahren zu existieren erlaubten. Nirgends gab es weniger Gleichheit als in einem französischen Dorf."

Trag in die Kästchen die Zahl der entsprechenden Gruppe von Dorfbewohnern ein (bezogen auf 100 Einwohner eines Dorfes).

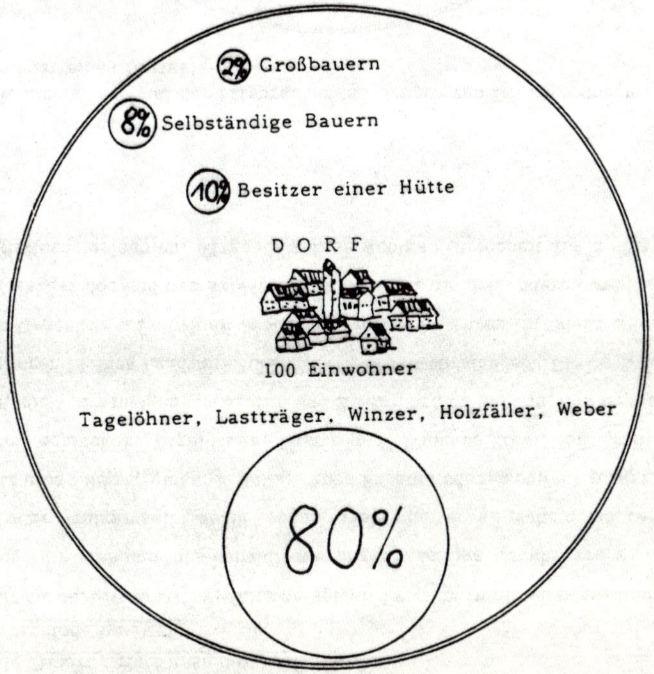

Lehrbereich:

Die europäischen Staaten im Zeitalter des **ABSOLUTISMUS**

Thema:

Wie lebte man am Hof von VERSAILLES?

GROBZIEL: Kenntnis der absolutistischen Herrschaftsform.

FEINZIELE: Die Schüler sollen

- sich selbständig über das Leben am Hofe informieren und mit eigenen Worten darüber berichten können.
- einen Überblick über die Bediensteten im Schloß von Versailles erhalten und erkennen, daß diese Art der Hofhaltung sehr viel Geld verschlang.
- wissen, warum sich der Adel bevorzugt am Hof von Versailles aufhielt.
- einen Einblick in das Hofzeremoniell erhalten.
- zu einer Wertung gegenüber der Hofhaltung Ludwig XIV. angeregt werden.

TAFELBILD ≙ Lösung AB

WIE LEBTE MAN AM HOF VON VERSAILLES?

Die Tagesordnung am Hof:

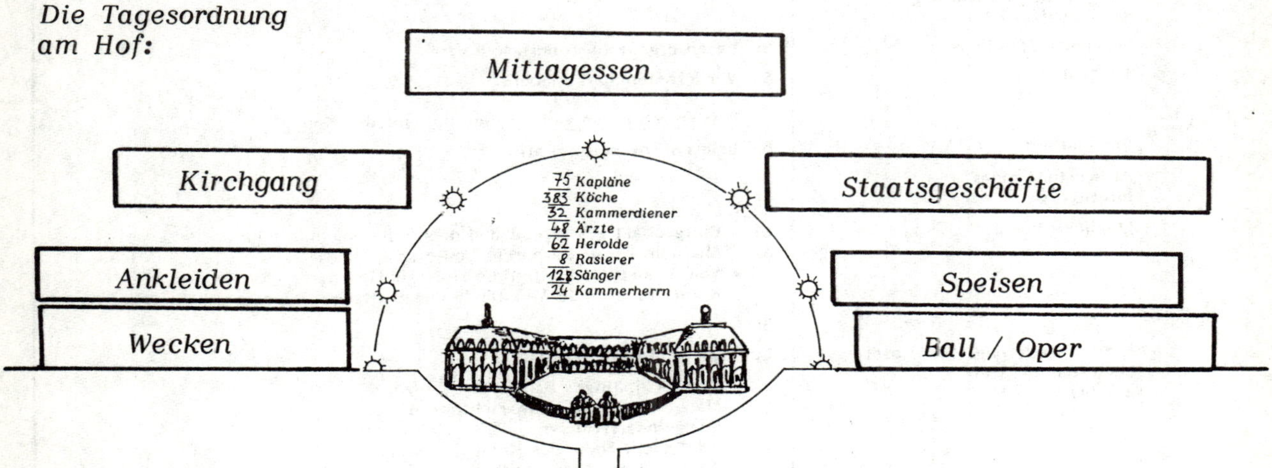

- *Unzweckmäßiges* Bauwerk
- *Mangelnde sanitäre* Anlagen
- *Mangelnde* Hygiene *der Bewohner.*

- *Adel sucht die* Nähe des Königs
- *Adel will am* Hofleben *teilhaben, weil keine politischen* Rechte *mehr vorhanden sind!*

Lösungswörter für Merktext: 40.000, 20.000, 2.000, 60 Milliarden, prunkvolles, steuerfreies, abhängiges, Beamte, stehendes, 400.000, besoldet, Kasernen, einsatzbereit, Steuern, verarmte.

Unterrichtsstufe Zielangabe TZ und (TZ) Zusf.	METHODE Lehr / Lernakte	Medieneinsatz	LERNINHALTE (STOFF) Tafelanschrift (bzw. Folie)	ZEIT
I. HINFÜHRUNG:				
	Allgemeine Wiederholung, KA	Dia	S: Wiederholen LIe von: Ludwig XIV - der Sonnenkönig.	
	Motivation	Dia	L: Zeigt Dia von Versailles	
	Spontanäußerungen		S: ...	
	Zusatzinformation durch L		L: 580 m lang - größtes Barockschloß Europas - 375 Fenster - usw.	
	Zielorientierung		L: Das war das Heim des Sonnenkönigs. Er lebte hier mit einer Menge Adliger. Insgesamt beherbergte das Schloß 60.000 Menschen. Da könnte dich etwas interessieren.	
Zielangabe			Wie lebte man am Hof von Versailles?	
	Problemfixierung	Wandtafel	L: Ergänzt Tafelanschrift	
II. VERGEGENWÄRTIGUNG:				
1. Teilziel:			Ein Arbeitstag im Leben des Sonnenkönigs	
	Informationsaufnahme	Tb, Cassette	L: Spielt Bandaufnahme ein: Ein Arbeitstag des Sonnenkönigs.	
	Einzelarbeit	Folie, OHP	S: Hören Bandaufnahme und bearbeiten die auf Folie gebotenen AAe:	
	Anschließende GA		Gruppe 1, 2: Notiere jeweils mit einem Wort die Tätigkeiten des Königs im Laufe des Tages. Gruppe 3: Welche Personen sind beim Aufstehen des Königs anwesend? Gruppe 4: Wie verhalten sich die Diener während des Gottesdienstes? Gruppe 5: Was ist am Abend dieses Tages alles geboten?	
	Ergebnisfeststellung und -fixierung		S: Tragen Ergebnisse der GA vor.	
		Wandtafel	L: Ergänzt Tafelanschrift:	
	Klassenarbeit			
	TZ-Zusf.	Folie, OHP	L: Legt Folie auf analog Umdruck	
	Klassenarbeit		Ungeordnete Folienwortkarten	
			S: Ordnen Folienwortkarten der entsprechenden Tageszeit zu.	
2. Teilziel:			Der Luxus am Hofe des Sonnenkönigs	
	Auswertung eines Infotextes, EA	AB 2	S: Lesen Infotext auf dem Umdruck und ergänzen Zahlen auf dem Umdruck 1	
	Aussprache und Klärung der Begriffe, UG			
	Ergebnisfeststellung		S: Lesen ergänzten Umdruck 1 vor.	
	TZ-Zusf. KA		S: Wiederholen Tz 2 mündlich.	
3. Teilziel:			Warum lebten so viele Adlige am Hof des Königs?	
	Einzelarbeit	AB	S: Erlesen Textbeispiel still.	
	Auswertung eines Infotextes			
	Mögliche Impulse		L: - Ein großartiges Schloß und doch eine ungemütliche Sache! - Mit dem Essen waren die Leute selten zufrieden. - Von Sauberkeit hielten die Herrschaften nicht viel. - Komisch, so viele Mißstände und trotzdem immer ein volles Haus. S: ...	
	Ergebnisfixierung, begleitende Tafelanschrift	Wandtafel	L: Ergänzt Tafelanschrift: - Unzweckmäßiges Bauwerk - Mangelnde sanitäre Einrichtungen - Mangelnde Hygiene - Adel sucht Nähe des Königs - Adel will am Glanz teilhaben	
	Teil-Zusf.: Einzelarbeit Ergebnisvergleich Klassenarbeit		L: Verdeckt Tafelanschrift S: Ergänzen den Umdruck S: Tragen Ergebnisse vor und vergleichen mit TA!	
III. VERTIEFUNG:				
	Impuls		L: Ganz Europa bewunderte den Sonnenkönig, doch im eigenen Land wurde viel über ihn geschimpft. S: ...	
	Impulsgesteuertes	UG	Herausstellen, daß Versailles und das Heer riesige Summen Geldes verschlangen und daß die gesamte Steuerlast fast ausschließlich der dritte Stand zu tragen hatte.	
		Wandtafel	L: Ergänzt Tafelanschrift: Versailles und das Heer verschlingen riesige Summen Geld.	
IV. GESAMTZUSAMMENFASSUNG:				
	Klassenarbeit		S: Wiederholen mündlich an Hand von Leitfragen des Lehrers.	

Die Tagesordnung am Hof:

Kapläne
Köche
Kammerdiener
Ärzte
Herolde
Rasierer
Sänger
Kammerherrn

Unzweckmäßiges ______

Mangelnde sanitäre ______

Mangelnde ______ *der Bewohner.*

Adel sucht die ______

Adel will am ______ *teilhaben, weil keine politischen* ______ ______ *mehr vorhanden sind.*

Merke:

Als Ludwig XIV. Versailles bauen ließ, waren fast ______ Arbeiter beschäftigt; ______ Menschen umgaben ihn in den ______ Räumen. Die Baukosten betrugen ______ Mark. Auch die Adeligen holte er sich nach Versailles. Sie konnten ein ______ und ______ aber ______ Leben führen. Ihre Aufgaben im Lande übernahmen ______. Den Schutz des Sonnenkönigs übernahm ein ______ Heer. Das heißt: Die ______ Soldaten waren fest ______ in ______ untergebracht und stets ______. Dies kostete viel Geld. Die Folgen waren: 1. Der König verlangte immer höhere ______ und 2. Der dritte Stand ______.

Hier erfährst du einiges über den Luxus am Hofe!

Die prächtige Hofhaltung erforderte einen ungeheuren Aufwand. 4000 Hofbedienstete sorgten allein für das Wohl des Königs. Zu ihnen gehörten 75 Kapläne, 48 Ärzte, 128 Sänger, 62 Herolde, 68 Quartiermeister und 383 Köche. Zur engsten Dienerschaft des Königs zählten 24 Kammerherrn und 24 Pagen, 32 Kammerdiener, 12 Mantelträger, 2 Flintenträger, 5 Uhrmacher, 8 Rasierer, 1 Abreiber und 3 Knüpfer. 10.000 Mann und einige hundert Pferde umfaßte die Leibwache des Königs. Insgesamt waren am Hofe etwa 60.000 Personen beschäftigt. Ein einziges festliches Mahl kostete die Summe von 300.000 Franc. Es war ein prächtiges Schauspiel, das der Sonnenkönig Europa bot. Voll Bewunderung sah die Welt auf seinen Reichtum und seine Macht.

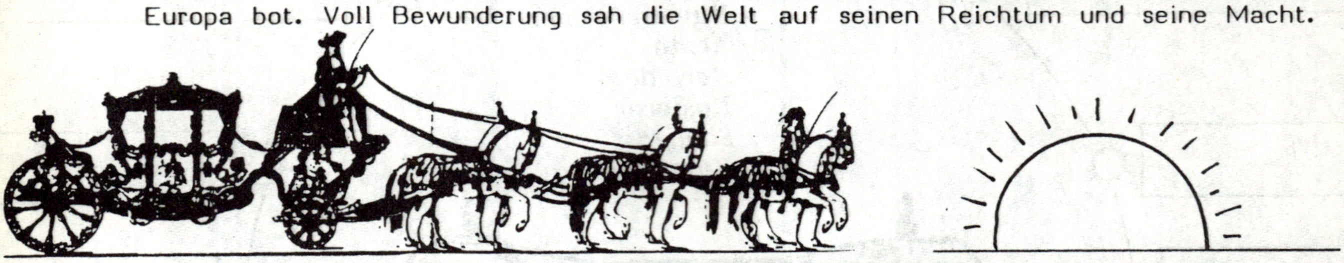

Fast täglich fuhren die adligen Herrschaften mehrspännig mit ihren Karossen vor: die Diplomaten, Fürsten und Grafen, die seiner Majestät ihre Aufwartung machten. Hunderte von Adligen wohnten im Schloß. Dabei war das Schloß höchst unpraktisch eingerichtet. Es gab nur wenige Toiletten, und die vornehmsten Herren verrichteten ihre Notdurft oft auf Treppen und in Kamine. Es fehlten Bäder, doch überdeckten die Damen den Körpergeruch mit starkem Parfum.
Es gab zwar ein Heer von Köchen, Küchenjungen und Kochmamsells, doch das Essen kam häufig kalt auf den Tisch, weil der Speisesaal viel zu weit von der Küche entfernt lag.
Nur wenige Räume konnte man heizen, und überall herrschte ein Gedränge wie in einem Kaninchenstall. Aber wer in Frankreich etwas werden wollte, mußte sich in der Nähe des Königs aufhalten, damit er ihm auffiel. Da die Adligen viele ihrer politischen Rechte verloren hatten, wollten sie wenigstens am luxuriösen Leben am Hof teilhaben.

Morgenempfang des Königs in Versailles

"Der König ist gehalten, den ganzen Adel zu beschäftigen; daher muß er sich fortwährend zeigen und seine Person zur Schau tragen, ... selbst beim Verlassen des Bettes. Des Morgens weckt ihn der erste Kammerdiener zu der von ihm bestimmten Stunde, und der Reihe nach treten fünf Gruppen von Leuten ein, um ihre Aufwartung zu machen. Zuweilen sind die geräumigen Wartesäle nicht genügend, die Menge der Höflinge zu fassen. Zuerst kommt die "vertrauliche Gruppe". Dann folgt die "große Gruppe"; dabei befinden sich der Großkämmerer, der Großmeister und der Meister der Garderobe, die ersten Kammer-Edelleute, die Herzöge von Orleans und Penthievre, einige besonders begünstigte Seigneurs, die Ehren- und Kammerdamen der Königin und Prinzessinnen, sowie Barbiere, Schneider und verschiedene Diener. Man gießt dem König aus einer vergoldeten Schale Franzbranntwein auf die Hände und reicht ihm den Weihkessel; er bekreuzt sich und betet. Dann erhebt er sich vor der ganzen Gesellschaft aus dem Bette, zieht die Pantoffeln und den ihm vom Großkämmerer und vom ersten Kammer-Edelmann gereichten Schlafrock an und setzt sich auf den Ankleidesessel. In diesem Augenblick wird die dritte Gruppe hereingelassen, die teils aus Günstlingen, teils aus einer Menge von Dienstleuten wie Ärzten und Chirurgen, Intendanten der Lustbarkeiten, Vorlesern u.a. zusammengesetzt ist. Im Momente, da man den König anzukleiden beginnt, nähert sich diesem der von einem Ordner benachrichtigte erste Kammer-Edelmann und nennt ihm die Namen der vor der Tür wartenden Edeln. Diese treten als vierte Gruppe ein, die zahlreicher ist als die vorhergehenden. Sie umfaßt außer den Mantel- und Büchsenträgern, den Tapezierern und den übrigen Dienern die meisten hohen Beamten, den Kaplan, den Prediger, den Hauptmann und den Major der Leibgarden, den Obersten und den Major der französischen und den Hauptmann der Schweizer-Garden, den Oberjägermeister, den Oberwolfsjäger, den Großprobst, den Großmeister und den Meister der Zeremonien, den Oberbrotmeister, die Gesandten, die Minister und Staatssekretäre, die Marschälle von Frankreich und ... Die Huissiers bringen Ordnung in die Menge und gebieten Ruhe. Der König wäscht sich die Hände und entkleidet sich allmählich. Zwei Pagen ziehen ihm die Pantoffeln aus; das Hemd wird beim rechten Ärmel vom Großmeister der Garderobe, beim linken vom ersten Diener der Garderobe entfernt und einem andern Garderobe-Beamten übergeben, während noch ein anderer Garderobe-Diener das frische Hemd in weißer Taffet-Hülle herbeibringt. In diesem feierlichen Augenblick, dem Gipfelpunkt der Handlung, wird die fünfte Gruppe eingelassen, die alles umfaßt, was bisher fehlte ... Endlich ist das Hemd überreicht - ein Diener entfernt das alte, der erste Diener der Garderobe den linken Ärmel, während zwei andere Diener den Schlafrock als Vorhang vorhalten, bis das Hemd festsitzt."

nach: H. Taine: Die Entstehung des modernen Frankreich, Bd. 1, o.J., S. 148 ff.

LEHRBEREICH

THEMA **Woher nahm der Sonnenkönig sein Geld?**

LERNZIELE

a) Die Schüler können Beispiele angeben, wie Colbert versuchte, mehr Geld in die Staatskasse zu bekommen.
b) Sie können die Eigenarten des neuen Wirtschaftssystems des Merkantilismus angeben: Einfuhr von Rohstoffen, ... s. Tafel a, b, c, d.
c) Sie können angeben, aus welchen Gründen der Staat trotz besserer Einnahmen immer mehr verschuldete.
d) Sie können Fehler nennen, die von Colbert und vor allem von Ludwig XIV. begangen wurden.
e) Sie können das französische System als Planwirtschaft erkennen und in mindestens einem Punkt von unserer freien Marktwirtschaft unterscheiden.

ARBEITSMITTEL/MEDIEN/LITERATUR

a) Tafelanschrift (siehe Beilage)
b) abgezogenes Arbeitsblatt (siehe Beilage) oder entsprechender Schulfunkausschnitt (s. 1.5)
c) abgezogenes Arbeitsblatt (Beilage)
d) Tonbandaufnahme: Barockmusik
e) Überdeckfolien für den Overhead-projector (s. Beilage)
f) Notizblock der Schüler, Schreibzeug
g) Geschichtsbuch "Wir erleben die Geschichte", Band II, Seite 10 unten (oder anderes Geschichtsbuch mit entsprechendem Inhalt)

TAFELBILD/FOLIE

LITERATUR:

Seit Dezember 1973 steht für das Thema: "Die europäischen Großmächte im Zeitalter der absoluten Monarchie" eine Sendereihe des Schulfunks zur Verfügung. Das abgezogene Arbeitsblatt lehnt sich teilweise (Fragen 1-6) an den entsprechenden Arbeitsbogen des Bayerischen Rundfunks an; der abgezogene Arbeitstext entspricht ihm wörtlich. Siehe auch die Inhaltsangaben der entsprechenden Schulfunksendungen in der Zeitschrift "Schulfunk", Dezember 1973, Süddeutscher Verlag.

Unterrichtsstufe Zielangabe / TZ und (TZ) Zusf.	METHODE Lehr / Lernakte	Medieneinsatz	LERNINHALTE (STOFF) Tafelanschrift (bzw. Folie)	ZEIT
I. HINFÜHRUNG (Einstimmung)			Als Anknüpfung an die vergangene Stunde	
	st. Impuls		Barockmusik	
	spontane SS-Äußerungen		LUDWIG XIV., Versailles ...	
	(zur Wdhlg.)		L: Du erinnerst dich an die Besonderheiten von Leben und Regierung des "Sonnenkönigs"?	
			SS: absolutistisch, Prunk ...	
	Impuls (Überleitung zur Problemfindung) Impuls		L: Das alles (Hofleben, Heer ...) kostete sehr viel Geld, und das stellte LUDWIG XIV. natürlich vor Probleme.	
Problemstellung			SS: Woher nahm er das Geld?	
	(vorbereitete)	TA	Woher nahm der Sonnenkönig sein Geld?	
Zielangabe:			Woher nahm LUDWIG XIV. sein Geld?	
	kurzes Gruppengespräch		eigene Lösungsansätze der Schüler.	
	Auftrag		L: Überlege dir (und besprecht es gruppenweise) wie LUDWIG XIV zu Geld kommen konnte?	
	KIG		Ergebnisse (Vorschläge): ??? Steuern ??	
II. ERARBEITUNG				
	L-Information		L: Ein wichtiger Mann im Staate, der für LUDWIG Geld besorgen mußte, war sein Finanzminister COLBERT	
		TA	COLBERT	
	Auftrag zur EA (Stillarbeit mit AB)		L: Wenn du den folgenden Text durcharbeitest, erfährst du, was alles unternommen wurde, um dem König Geld zu verschaffen.	
	Austeilen von Arbeitstext und	AB	L: Lies den Text genau durch und bearbeite dann die Fragen 1-6 des Arbeitsbogens!	
	Stillarbeit (EA)			
	KIG		Bericht der Ergebnisse	
TZ-Zus.f.				
	Frage mit Hinweis auf Tafelbild SA gleichzeitig Tafelanschrift		Wie half ihm COLBERT, was tat er? Ordnung der Verwaltung Steuereintreibung kontrollieren Herstellung guter Waren Werkstätten ... (je nach Schülerantworten)	
	Erarbeitung L-Erzählung Begriffserklärung		L: Damals entstand eine ganz neue Wirtschaftsform, der sogenannte Merkantilismus (mercantile, mercator)	
	Auftrag zur GA		L: Betrachtet das Schema (4 Bilder) im Geschichtsbuch, Seite 10 unten und überlegt euch, welche vier Gesichtspunkte beim Merkantilismus eine Rolle spielen.	
	KIG gleich als TZ-Zus.f.		Bericht der Ergebnisse	
	mit Tafelanschrift		a) c) b) d) Wirtschaftsform	
LZ-Kontrolle			Überdeckfolien mit Tageslichtprojektor (s. Beilage)	

Unterrichtsstufe Zielangabe – TZ und (TZ) Zusf.	METHODE – Lehr / Lernakte	Medieneinsatz	LERNINHALTE (STOFF) Tafelanschrift (bzw. Folie)	ZEIT
III. GESAMTZUSAMMENFASSUNG				
	Impuls		L: Nun können wir schon genügend Antworten auf unsere Ausgangsfrage geben.	
	SA		Lösungen	
IV. VERTIEFUNG			Beurteilung der "neuen" Situation.	
	KIG		Das Geld reicht nicht.	
	Impuls		L: 1. Auf diese Weise kam viel Geld nach Frankreich.	
	SA		Trotzdem reicht das Geld nicht	
	Impuls		L: Die Ausgaben übersteigen die Einnahmen aus mehreren Gründen.	
	SA		...	
			L: 2. Es wurden Fehler gemacht	
	Impuls notfalls kurzes Partnergespräch		Trotz aller Bemühungen haben LUDWIG XIV und leider auch COLBERT einige Fehler gemacht.	
	SA		Adel und Geistliche von Steuern befreit; Kosten hätten überhaupt gesenkt werden müssen, ...	
V. AUSWEITUNG (Transfer)			"Planwirtschaft"	
	L-Erzählung		L: Im Frankreich LUDWIG XIV. wurde die gesamte Wirtschaft vom Staat aus gelenkt. Auch in unserer Zeit gibt es noch in manchen Staaten diese Art von Wirtschaftsform	
	Impuls			
	SA		Sowjet-Union	
	Impuls		L: Sie hat einen bestimmten Namen	
	SA		Planwirtschaft	
	Impuls		Die Wirtschaftsform der BRD dagegen ist ganz anders.	
	SA		freie Marktwirtschaft, keine Planwirtschaft.	
L Z - K o n t r o l l e				
	bei geschlossener TA			
	EA		Bearbeitung der Fragen 7 und 8	

Im folgenden Arbeitstext könnte der 1. Absatz auch einzeln vor der Problemfindung eingesetzt werden!

Tafelbild:

Woher nahm der Sonnenkönig sein Geld?

Der Merkantilismus

Finanzminister
Colbert

- Ordnung der Verwaltung
- Kontrollierte Steuereintreibung
- Steuervereinheitlichung
- Herstellung guter Waren
- Bau von Werkstätten

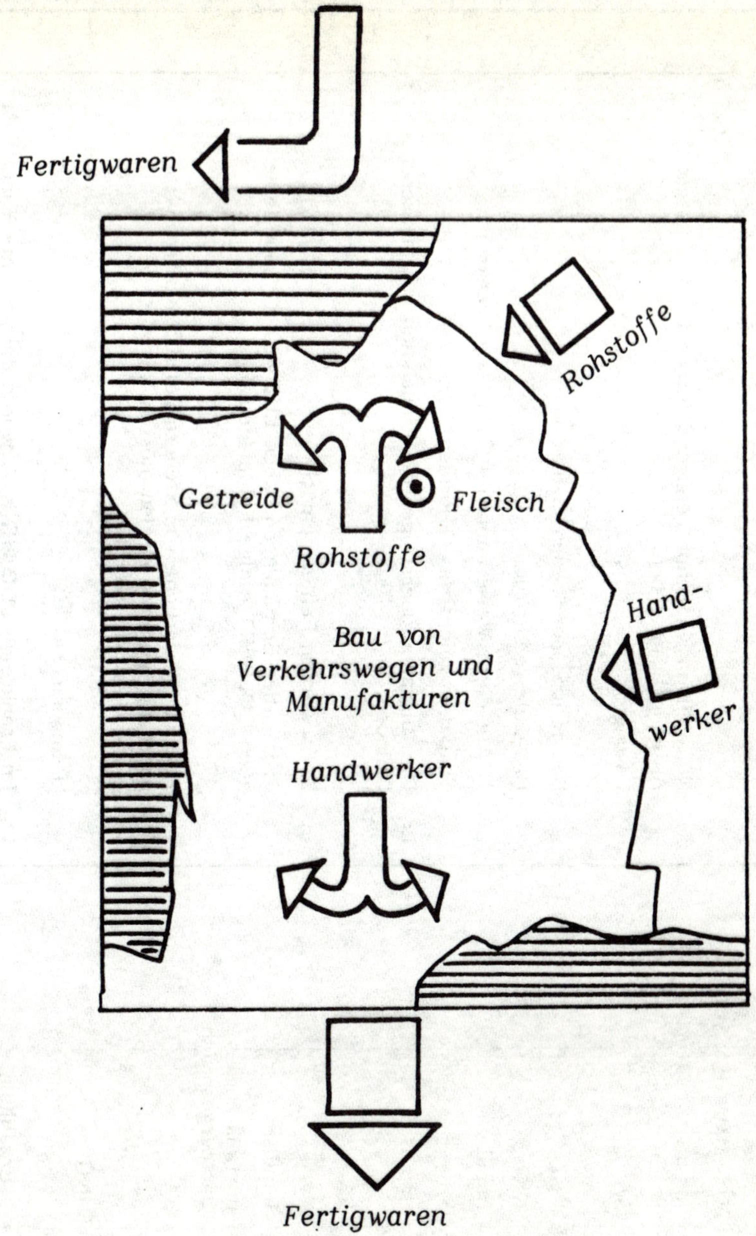

Merkmale:

⊕ Arbeitsteilung

⊕ Spezialisierung

⊕ Export

⊖ Import

⊕ Zölle

Colbert

1. Dein Vater bezahlt Steuern. Diese Steuern werden für öffentliche Aufgaben verwendet. Wenn du dir überlegst, was alle Bürger brauchen, wenn sie krank oder alt werden, wenn sie Kinder haben, wenn sie mit dem Auto von einer Stadt in die andere fahren wollen, dann kannst du solche Einrichtungen nennen, die alle brauchen und die aus den Steuern aller bezahlt werden. Wofür werden die Steuern verwendet, die dein Vater zahlt?

2. Was bezahlt der König von Frankreich im 17. Jahrhundert mit den Steuern seiner Untertanen?

3. Bürger und Bauern müssen in dieser Zeit hohe Abgaben entrichten. Wer hat etwas davon?

4. Was müßte Colbert deiner Meinung nach tun, wenn er die größte Ungerechtigkeit in der Besteuerung der Untertanen beseitigen wollte?

5. Was unternimmt Colbert, um das Geld im Land zu halten?

6. Trotz steigender Einnahmen werden die Staatsschulden jedes Jahr höher. Überlege dir, durch welche Maßnahmen König Ludwig XIV. diese Verschuldung seines Staates selbst verursacht hat!

7. Die neue Wirtschaftsform im Frankreich des 17. Jahrhunderts, der sogenannte M e r k a n t i l i s m u s , wird durch vier Eigenschaften gekennzeichnet:

a. ______ c. ______

b. ______ d. ______

8. Überlege dir! Welche grundsätzlichen Fehler wurden deiner Meinung nach von Colbert und Ludwig XIV. begangen?

Finanzen und Wirtschaft Ludwigs des XIV.

Alle Steuern, die vom Volk aufgebracht werden, gehören dem König.

> "Ich habe das freie Verfügungsrecht über alle Güter, die kirchlichen wie die weltlichen,"

sagte Ludwig. Mit dem Geld seiner Untertanen baut der König Versailles, unterhält seinen Hof, besoldet seine Truppen, läßt Schiffe und Festungen bauen, Geschütze gießen und führt Kriege. Der Mann, der dem König ermöglicht dies alles zu tun, ist sein Finanzminister Colbert.

Colbert ordnet für den König die Verwaltung und die Einkünfte. Es gibt in Frankreich die verschiedensten Steuern, die Salzsteuer, die Kopfsteuer, eine Art Einkommenssteuer. Jede dieser Steuern ist in jeder Provinz verschieden hoch. Außerdem zahlen nicht alle Untertanen des Königs. Der Adel und die Geistlichkeit sind von den Steuern befreit.

Weil der König immer rasch Geld braucht, hat sich eine besondere Unsitte eingebürgert: Reiche Leute strecken dem König die geforderte Steuersumme vor.

> "Diese Steuerpächter zahlen Eurer Majestät eine feste Summe, pressen aber aus den armen Leuten das Doppelte und Dreifache heraus und stecken es in die eigene Tasche. Sie berauben Eure Majestät und richten mit ihren grausamen Methoden die Steuerzahler zugrunde,"

sagt Colbert.
Colbert geht gegen diese ungerechte und unwirtschaftliche Art, Steuern einzuziehen, vor. Er schickt königliche Beamte, die Intendanten, in die Provinzen und läßt die Steuereintreibung kontrollieren. Er bemüht sich, die Steuern zu vereinfachen und die Lasten gleichmäßiger zu verteilen. Aber in diesem letzten Punkt setzt er sich nicht durch. Der König erhält vom Adel das Vorrecht der Steuerfreiheit.
Colbert will, daß das Geld im Land bleibt und immer mehr Geld hereinkommt.

> "Wir geben unser Geld aus für venezianische Spitzen und Spiegel",

kritisiert er.

Die Franzosen sollen lernen, die Waren in eigenen Werkstätten besser herzustellen als das Ausland. Deshalb läßt er Tuchmacher aus Holland, Sticker, Glas- und Spiegelmacher aus Venedig, Seidenhersteller aus Mailand und Metallarbeiter aus Schweden kommen. Trotz Colberts Bemühungen überschreiten die Ausgaben des Königs immer die Einnahmen. Gegen Ende seines Lebens, um 1680, schreibt Colbert an Ludwig:

> "Hinsichtlich der Ausgaben möchte ich Eure Majestät bitten, mir die Bemerkung zu erlauben, daß sie in Krieg und Frieden niemals den Zustand Ihrer Finanzen in Betracht gezogen haben."

Arbeitstexte:

Ein Zeitgenosse berichtet:

"Colbert will Frankreich jedem anderen Lande an Reichtum überlegen machen ... Er unterläßt nichts, um in Frankreich die Industrien anderer Länder heimisch zu machen. Er versucht auf englische Art, die französischen Häute zu gerben, damit sie die englischen Felle ersetzen. Holland hat man die Art der Tuchmacherei entlehnt ... und andere Besonderheiten. Deutschland hat man die Hutmacherei und die Fabrikation der Weißbleche und viele andere industrielle Arbeiten abgesehen, Italien die Spitzen und die Spiegel. Viele Werkmeisterinnen aus Venedig sind hierher gekommen ...
Der Staat setzt die Preise fest, damit die Manufakturen nur niedrige Löhne zu zahlen brauchen ..."

Das beste, was man in allen Weltteilen hat, stellt man jetzt in Frankreich her, und so groß ist die Beliebtheit dieser Erzeugnisse, daß von allen Seiten die Bestellungen einlaufen, um sich damit zu versehen.

Aus Briefen Colberts:
"Die Ausfuhr von Geld ist bei Todesstrafe verboten. Die Kaufleute sollen gefälligst dafür sorgen, daß mehr Waren und weniger Geld das Land verlassen. Um die Einkünfte des Königs zu steigern, muß man den Vorrat an gewägtem Geld vermehren ..."

"Ich bin sehr erfreut gewesen durch den Brief, den Sie mir am 3.7.1670 geschrieben haben, zu erfahren, daß Sie sich bei der Besichtigung der Flüsse ... gekümmert haben, um die Schiffahrt zu unterstützen."

"Achten Sie sorgfältig darauf, mich alle 14 Tage von der Menge Wein zu unterrichten, die auf allen französischen und fremden Schiffen ausgeführt wird."

"Die Kolonien sind der Reichtum Frankreichs. Was wir nicht im eigenen Lande an Rohstoffen gewinnen können, erhalten wir von dort. Wir tauschen bei den Eingeborenen Felle und Häute ein. Die Indianer bekommen dafür Schußwaffen, die sie nicht kannten, und dazu das verderbliche Feuerwasser, 'den Alkohol'."

Arbeitsaufträge:

Gruppe 1/2

Welches Ziel verfolgt Colbert?
- wirtschaftlich
- politisch

Welche Voraussetzungen müssen gegeben sein, daß der Plan Colberts in die Tat umgesetzt werden kann?

Gruppe 3/4

Stelle dir eine Zollschranke um 1670 vor!
Welche Transporte dürfen ohne weiteres die Grenze passieren, welche nicht?
(Lies dazu auch den ersten Abschnitt)

Was war das Ziel des Verbots?

Gruppe 5/6/7

Weshalb kümmert sich Colbert auch um die Flüsse?
(Lies dazu auch die ersten Abschnitte)

Weshalb liegt Colbert etwas an dieser Nachricht?

Frankreich suchte nach neuen Rohstoffquellen.
Mit welchen Maßnahmen wurden sie ins Land geholt?

Thema: ______________________________ Folie Nr.: ☐

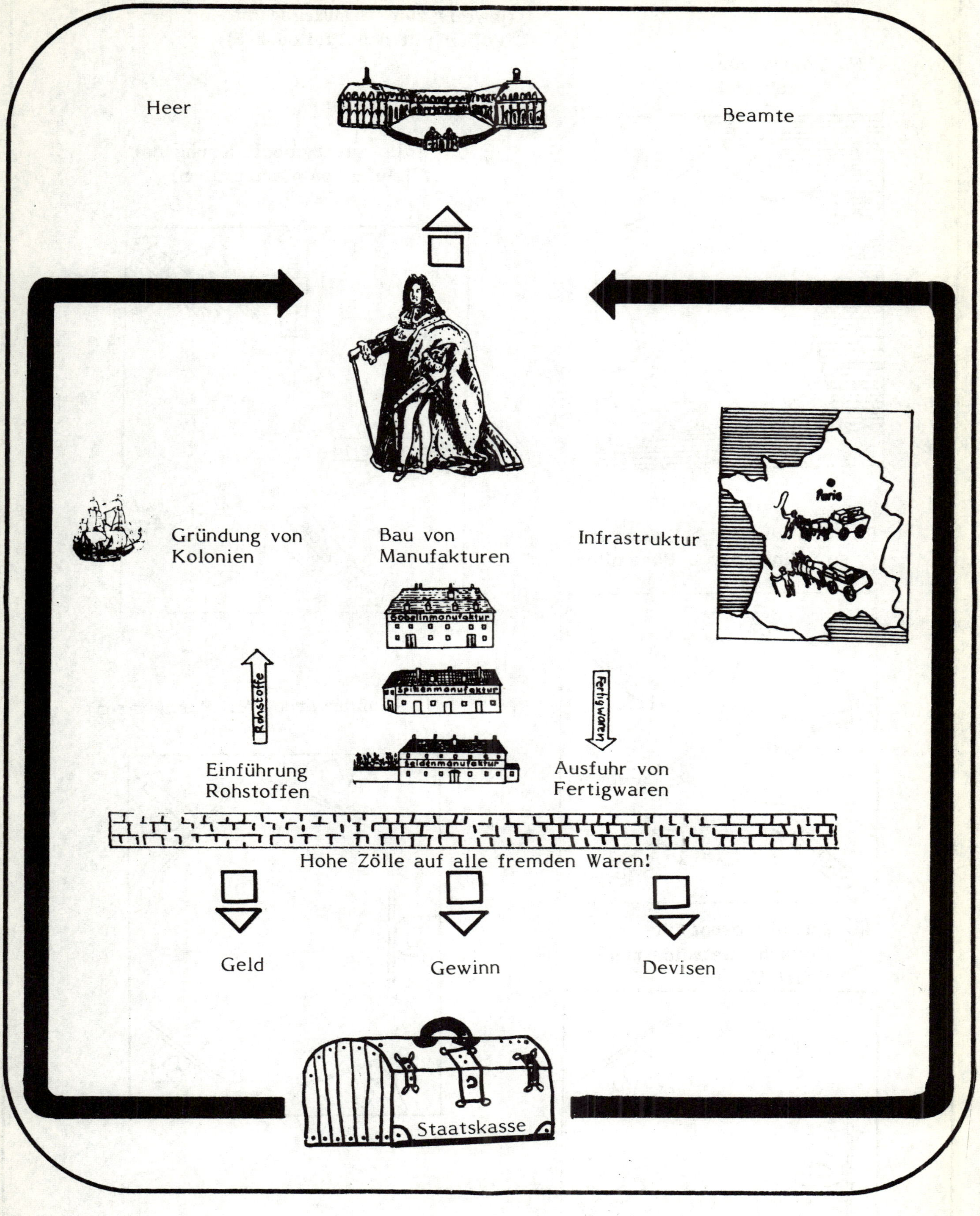

Wie der Sonnenkönig seinen Hofstaat finanziert!

Überdeckfolien (5 Einzelteile) (für den Tageslichtprojektor)

(jeweils zum Drauflegen die Folien mit den Pfeilen 2-5)

(1. Umriß von Frankreich)

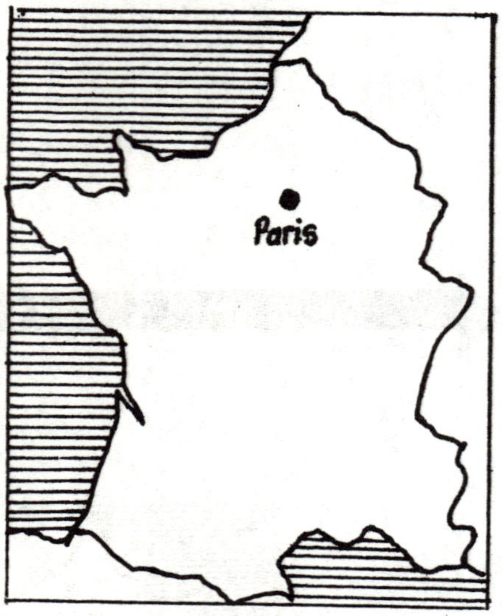

(2. Folie zur Symbolisierung der Ausfuhr von Fertigwaren)

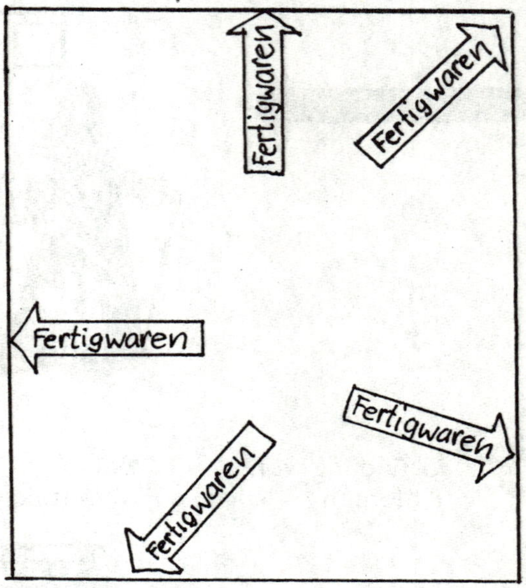

(3. Folie zur Symbolisierung der Einfuhr von Rohstoffen)

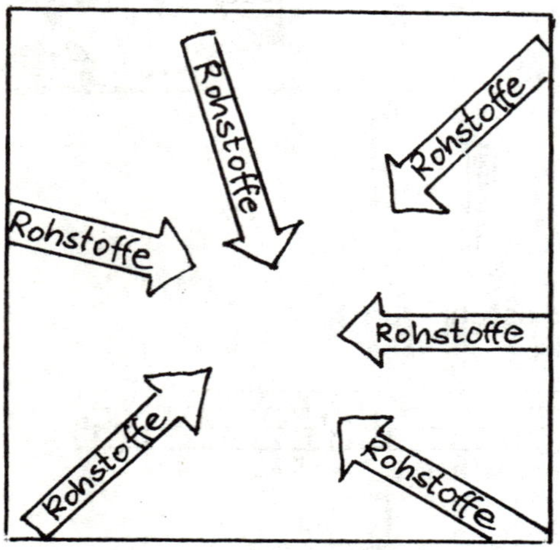

(4. Einfuhrverbot für Fertigwaren)

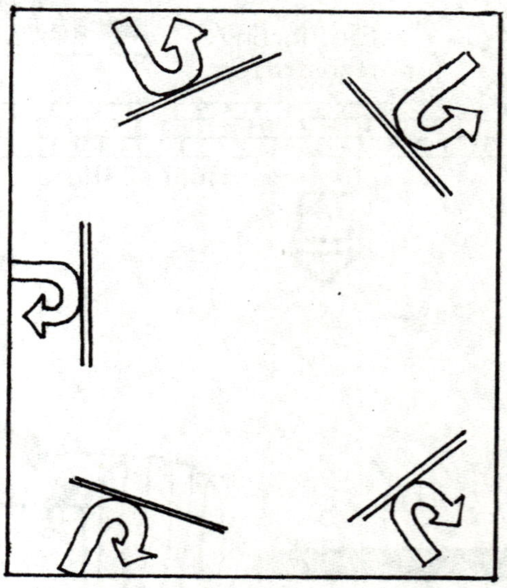

(5. Ausfuhrverbot für Fleisch, Getreide und Rohstoffe)

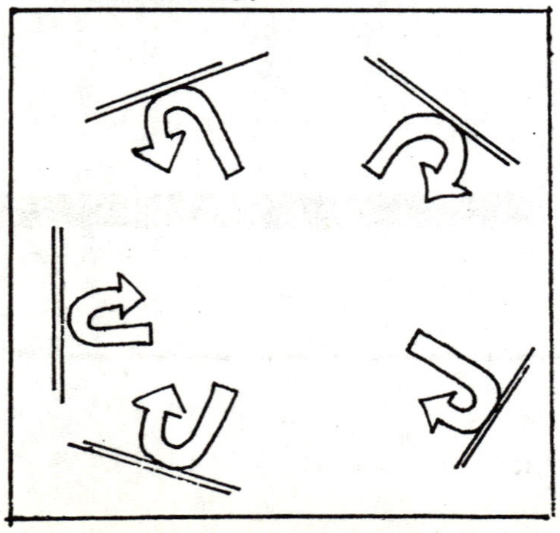

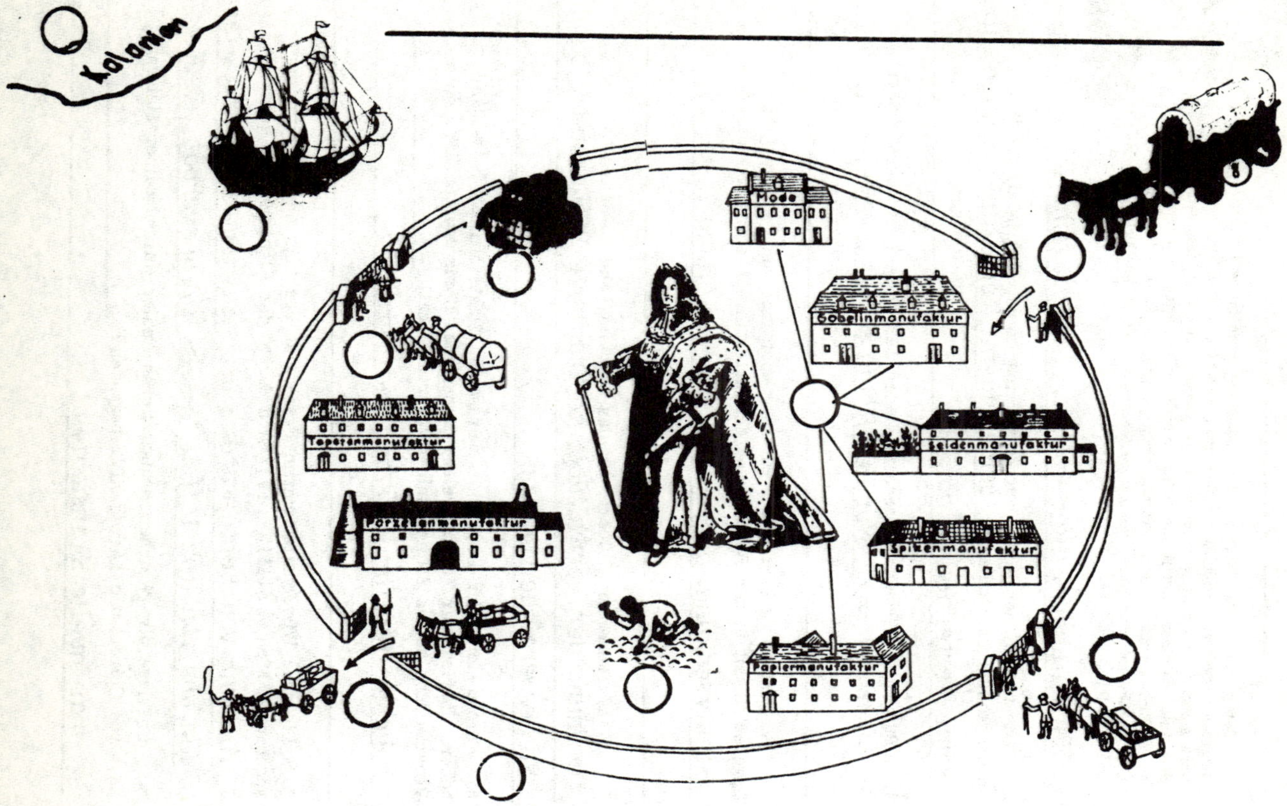

Trage in die entsprechenden Kreise jeweils die Nummern ein!

(1) Zollmauer
(2) Aufbau neuer Industrien (Manufakturen)
(3) Ausbau der Verkehrswege
(4) Erwerb von Kolonien
(5) eigene Handelsflotte
(6) Einfuhr von Rohstoffen (2x)
(7) Ausfuhrverbot für Rohstoffe
(8) Einfuhrverbot für Fertigwaren
(9) Ausfuhr von Fertigwaren

Kannst du jetzt das Schaubild im Zusammenhang erläutern?

Stelle an Hand des Schaubildes eine Tabelle auf, aus der hervorgeht, was im Merkantilismus verboten und was gefördert wurde!

Gibt es auch heute noch Länder mit einer ähnlichen Wirtschaftsform?

Vergleiche den Merkantilismus mit unserer heutigen Wirtschaftsform in der Bundesrepublik!

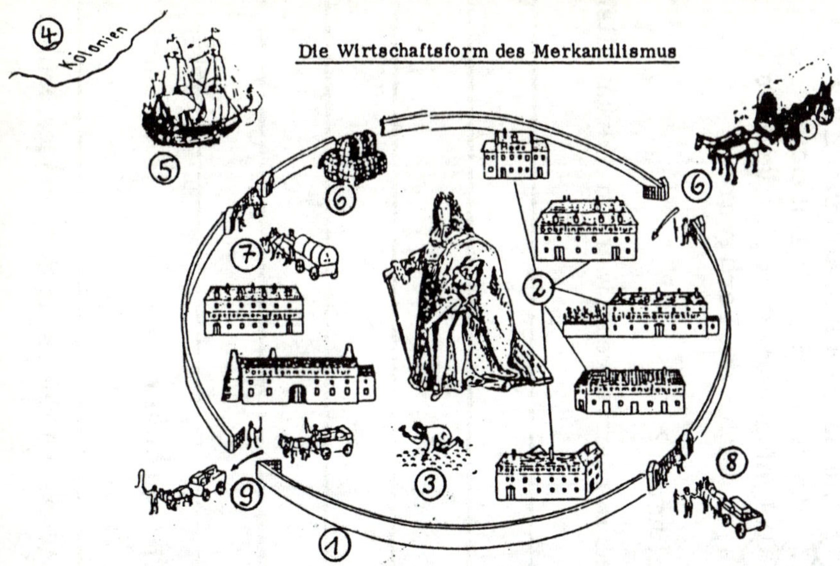

Trage in die entsprechenden Kreise jeweils die Nummern ein!

① Zollmauer
② Aufbau neuer Industrien (Manufakturen)
③ Ausbau der Verkehrswege
④ Erwerb von Kolonien
⑤ eigene Handelsflotte
⑥ Einfuhr von Rohstoffen (2 x)
⑦ Ausfuhrverbot für Rohstoffe
⑧ Einfuhrverbot für Fertigwaren
⑨ Ausfuhr von Fertigwaren

Kannst du jetzt das Schaubild im Zusammenhang erläutern?

Stelle an Hand des Schaubildes eine Tabelle auf, aus der hervorgeht, was im Merkantilismus verboten und was gefördert wurde!

verboten	gefördert
Einfuhr von Fertigwaren	*Einfuhr von Rohstoffen*
Ausfuhr von Rohstoffen	*Bau von Manufakturen*
Wegzug von Handwerkern	*Bau von Verkehrswegen*
	Einreise von Handwerkern

Gibt es auch heute noch Länder mit einer ähnlichen Wirtschaftsform?

Ostblock

Vergleiche den Merkantilismus mit unserer heutigen Wirtschaftsform in der BRD.

Freie Marktwirtschaft ohne Schutzzölle und Einfuhrverboten

Woher nahm der Sonnenkönig sein Geld?

Colbert

1. Dein Vater bezahlt Steuern. Diese Steuern werden für öffentliche Aufgaben verwendet. Wenn du dir überlegst, was alle Bürger brauchen, wenn sie krank oder alt werden, wenn sie Kinder haben, wenn sie mit dem Auto von einer Stadt in die andere fahren wollen, dann kannst du solche Einrichtungen nennen, die alle brauchen und die aus den Steuern aller bezahlt werden. Wofür werden die Steuern verwendet, die dein Vater zahlt?

Einrichtungen, die der Öffentlichkeit gehören

2. Was bezahlt der König von Frankreich im 17. Jahrhundert mit den Steuern seiner Untertanen? *seine eigene Hofhaltung, seinen Luxus, seine Verteidigung, u.a. Bsp.*

3. Bürger und Bauern müssen in dieser Zeit hohe Abgaben entrichten. Wer hat etwas davon? *Nur der König selbst und seine Höflinge.*

4. Was müßte Colbert deiner Meinung nach tun, wenn er die größte Ungerechtigkeit in der Besteuerung der Untertanen beseitigen wollte?

Steuersenkung, gerechte Steuerverteilung ...

5. Was unternimmt Colbert, um das Geld im Land zu halten?

Ordnung der Verwaltung, kontrollierte Steuereintreibung, Steuervereinheitlichung

6. Trotz steigender Einnahmen werden die Staatsschulden jedes Jahr höher. Überlege dir, durch welche Maßnahmen König Ludwig XIV. diese Verschuldung seines Staates selbst verursacht hat!

hohe Kosten für Hofstaat und Herr,

7. Die neue Wirtschaftsform im Frankreich des 17. Jahrhunderts, der sogenannte Merkantilismus, wird durch vier Eigenschaften gekennzeichnet:

a. *Ausfuhr von Fertigwaren*
b. *Einfuhr von Rohstoffen*
c. *Ausfuhrverbot von Fleisch, Rohst*
d. *Einfuhrverbot von Fertigwaren*

8. Überlege dir! Welche grundsätzlichen Fehler wurden deiner Meinung nach von Colbert und Ludwig XIV. begangen?

individuelle S-Ansichten

LEHRBEREICH

THEMA **Barock und Rokoko als Kunst- und Lebensstil**

LERNZIELE

Die Schüler können einige typische Merkmale der Barock- und Rokoko-Kunststile nennen.

Sie kennen Künstler und ihre Werke.

Sie erkennen in der Pracht von Bauwerken dieser Zeit Merkmale absolutistischer Herrschaft.

Sie erkennen, daß Barock und Rokoko auch einen Lebensstil darstellen. (Bsp. Sprache, Mode, Sitten)

ARBEITSMITTEL/MEDIEN/LITERATUR

TAFELBILD/FOLIE

Bekannte BAUWERKE des BAROCKS und ROKOKOS

Die folgende Karte zeigt dir einen Ausschnitt bedeutender Bauwerke im südlichen Raum Deutschlands.

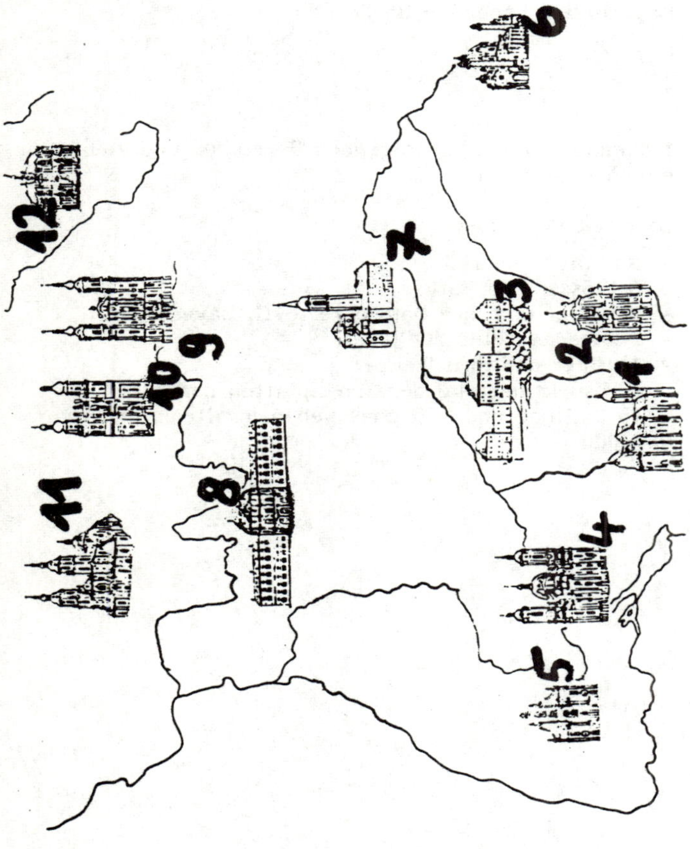

Kannst du jeweils die richtigen Zahlen zuordnen?

1	Wieskirche	5	Zwiefalten	9	Vierzehnheiligen
2	Dießen	6	Karlskirche in Wien	10	Schloß Banz
3	Nymphenburg	7	Weltenburg	11	Fulda
4	Weingarten	8	Residenz Würzburg	12	Zwingor (Dresden)

Berühmte BAUMEISTER und ihre W e r k e. Wer hat was erbaut?

GEBRÜDER ASAM	Weltenburg u. Weingarten
DOMINIKUS ZIMMERMANN	Wieskirche
JOHANN DIENTZENHOFER	Banz u. Fulda
BALTHASAR NEUMANN	Würzburg u. Vierzehnheiligen
DANIEL PÖPPELMANN	Zwinger (Dresden)
J. M. FISCHER	Dießen und Zwiefalten
FISCHER v. ERLACH	Karlskirche (Wien)

Wähle aus, was zutrifft! Fulda und Banz, Wieskirche, Zwinger, Vierzehnheiligen und Würzburger Residenz, Karlskirche, Weingarten und Weltenburg, Dießen.

HINWEISE/NOTIZEN

Unterrichtsstufe Zielangabe – TZ und (TZ) Zusf.	METHODE – Lehr / Lernakte	Medieneinsatz	LERNINHALTE (STOFF) – Tafelanschrift (bzw. Folie)	ZEIT
I. HINFÜHRUNG				
	Bildimpuls		Bauernschrank (mit Bildmotiven) oder z.B. Barockkirche in der Heimatgemeinde	
	UG		Zeitalter des Absolutismus - Heimatbezug	
Zielangabe:			**Das Zeitalter des Barock und Rokoko**	
II. ERARBEITUNG				
1. Teilziel			<u>Barock und Rokoko als Kunstrichtung</u>	
	1. Bildimpulse		Kirchturmformen, Häuserfassaden, Kircheninnenausstattung, Stukkatur u.a.	
	2. Begriffserklärung		Woher kommt "Barock" - "Rokoko"	
	3. L-Erzählung		Bedeutende Künstler und ihre Werke (Beispiel Asam-Kirchen)	
	4. TZ-Zfg.	AB 1	Bekannte Bauwerke des Barocks und Rokokos	
2. Teilziel			<u>Barock und Rokoko als Lebensstil</u>	
	1. Bildimpulse besprechen	AB 2		
	2. Musik hören		z.B. J.S. Bach oder G.F. Händel	
	3. TZ-Zfg.	AB 2	Bayerisches Leben im Barock	
	4. Merksatz			
III. VERTIEFUNG				
	Plakataktion (Collagen) in GA		S sammeln Bilder zu folgenden Bereichen und kleben sie zu einem Poster auf! Barock und Rokoko - im Kirchenbau - Schlösser und Parks - Künstler und ihre Bauwerke (evtl. Bayernkarte) - Asam-Ausstellungs-Plakat - Musiker und ihre Werke (Prospektmaterial der Schallplattenfirmen) - Hofhaltung und höfisches Leben in alten Stichen - Mode	
IV. SICHERUNG				
	Besprechen der Plakate und Anheften an der Wand			
V. AUSKLANG				
	Tanz			

Tafelbild:

Barock und Rokoko als Kunst- und Lebensstil

Kunst	Baudenkmäler	Hofhaltung	Feste	Musik

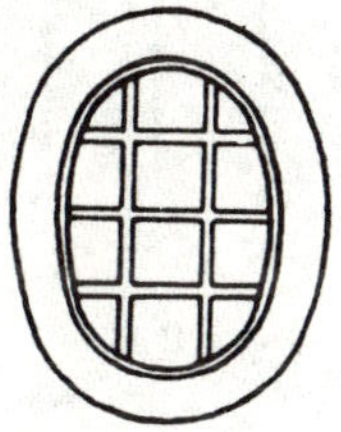

1 Wieskirche
2 Dießen
3 Nymphenburg
4 Weingarten

5 Zwiefalten
6 Karlskirche in Wien
7 Weltenburg
8 Residenz Würzburg

9 Vierzehnheiligen
10 Schloß Banz
11 Fulda
12 Zwinger (Dresden)

GEBRÜDER ASAM
DOMINIKUS ZIMMERMANN
JOHANN DIENTZENHOFER
BALTHASAR NEUMANN
DANIEL PÖPPELMANN
J.M. FISCHER
FISCHER v. ERLACH

Die folgende Karte zeigt dir einen Ausschnitt bedeutender Bauwerke im südlichen Raum Deutschlands.

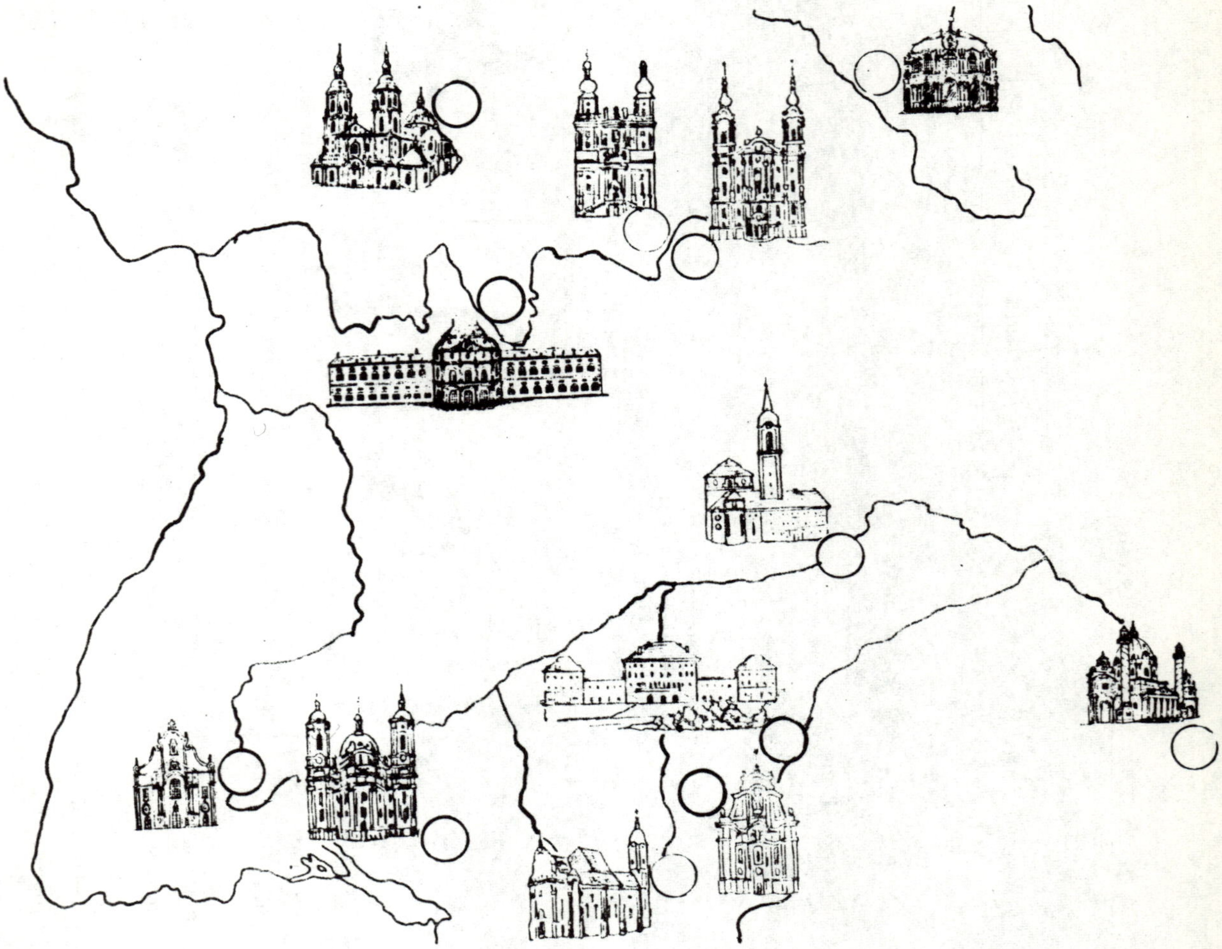

Kannst du jeweils die richtigen Zahlen zuordnen?

1	Wieskirche	5	Zwiefalten	9	Vierzehnheiligen
2	Dießen	6	Karlskirche in Wien	10	Schloß Banz
3	Nymphenburg	7	Weltenburg	11	Fulda
4	Weingarten	8	Residenz Würzburg	12	Zwinger (Dresden)

Berühmte BAUMEISTER und ihre W e r k e. Wer hat was erbaut?

GEBRÜDER ASAM ______________________

DOMINIKUS ZIMMERMANN ______________________

JOHANN DIENTZENHOFER ______________________

BALTHASAR NEUMANN ______________________

DANIEL PÖPPELMANN ______________________

J.M. FISCHER ______________________

FISCHER v. ERLACH ______________________

Wähle aus, was zutrifft! Fulda und Banz, Wieskirche, Zwinger, Vierzehnheiligen und Würzburger Residenz, Karlskirche, Weingarten und Weltenburg, Dießen.

1

Barock und Rokoko waren nicht nur eine ____________________ in Malerei, Bildhauerei und Architektur. Für viele Bürger der ____________________ Schichten war der Hof das unerreichte Vorbild. Man wollte, was Bildung und Kunstgeschmack betraf, diesem nach Möglichkeit __________ ______________.

Die Kleidung war kostspielig, mit teueren __________ und __________ __________ besetzt. Die Herren trugen __________ die Damen steife __________ und sehr hohe __________. Auch das _____ _____ _____ sollte großen Eindruck machen.

2

Im katholischen Süddeutschland blühte damals die Baukunst. Im protestantischen Norden hingegen traten große ________ ________ hervor. Die Opern und Oratorien des ________ ______________ stellen Höhepunkte der Barockmusik dar. Ebenso bedeutend sind die musikalischen Werke von __________ ______________.

In Hamburg wurde 1678 eine deutsche ____________ gegründet. 12 Jahre vorher errichtete man in Wien das ______________ eine Bühne mit 1000 Darstellern: ein Sinnbild für fürstliche Herrlichkeit.

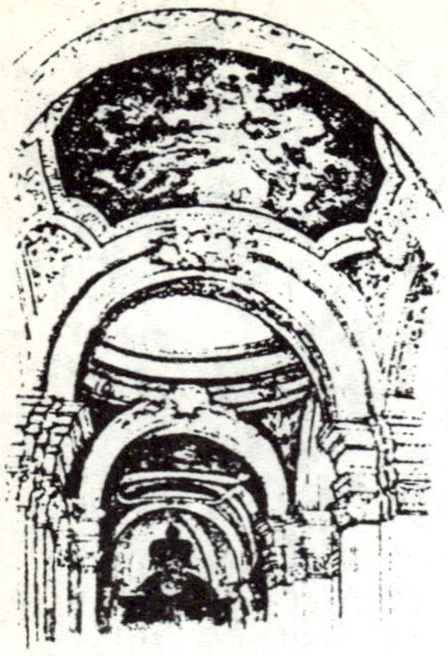

Klosterkirche Weingarten

Dresdener Zwinger

Residenz in Würzburg *(1720–1744), links. Einzelansicht des prunkvollen Treppenhauses von Balthasar Neumann.*

Kleidung

Barock und Rokoko

Barock und Rokoko waren nicht nur eine *Kunstrichtung* in Malerei, Bildhauerei und Architektur. Für viele Bürger der *höheren* Schichten war der Hof das unerreichte Vorbild. Man wollte, was Bildung und Kunstgeschmack betraf, diesem nach Möglichkeit *nacheifern* ____. Die Kleidung war kostspielig, mit teueren *Gold-* und *Seidenstickereien* besetzt. Die Herren trugen *Perücken*, die Damen steife *Mieder* und sehr hohe *Frisuren*. Auch das *Benehmen* sollte großen Eindruck machen.

Im katholischen Süddeutschland blühte damals die Baukunst. Im protestantischen Norden hingegen traten große *Musiker* hervor. Die Opern und Oratorien des *G.F. Händel* stellen Höhepunkte der Barockmusik dar. Ebenso bedeutend sind die musikalischen Werke von *J.S. Bach* ____. In Hamburg wurde 1678 eine deutsche *Oper* gegründet. 12 Jahre vorher errichtete man in Wien das *Hoftheater*, eine Bühne mit 1000 Darstellern: ein Sinnbild für fürstliche Herrlichkeit.

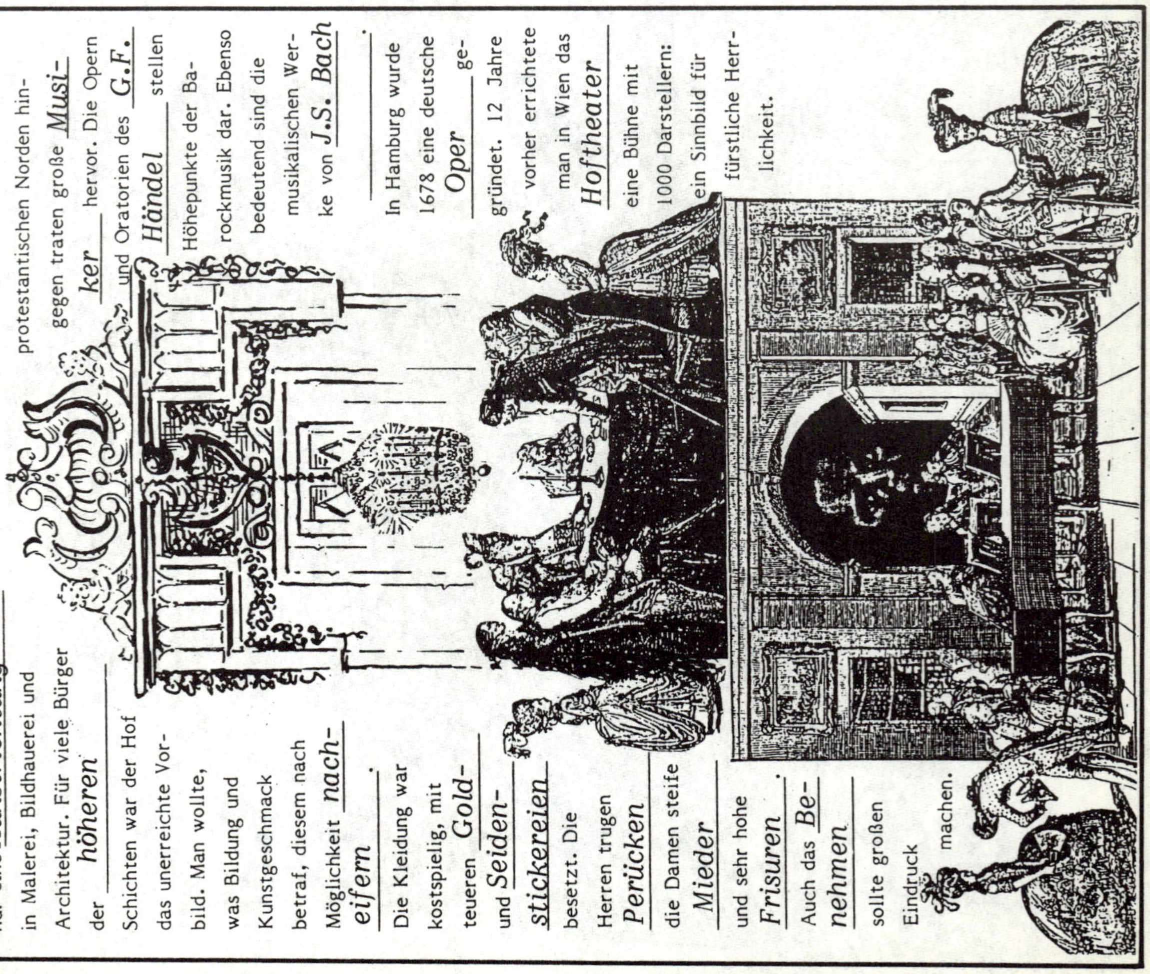

LEHRBEREICH

THEMA **War FRIEDRICH der GROSSE wirklich ein "großer Deutscher"?**

(Beurteilung einer historischen Persönlichkeit - Diskussion)

LERNZIELE

1. Kognitive Lernziele:
   Die positiven und negativen "Leistungen" Friedrichs II.; positive und negative Aspekte seiner Politik; grundsätzliche Schwierigkeiten einer Persönlichkeitswertung.
2. Affektives Lernziel:
   Affektiver Bezug zur Persönlichkeit Friedrichs des Großen; emotionale Einstufung.
3. Psychomotorische Lernziele:
   Auswertung von Quellentexten; Übung der Meinungsbegründung und des Darstellens (Formulieren) eigener Überzeugungen.

ARBEITSMITTEL/MEDIEN/LITERATUR

1. Bild (Episkop): Friedrich der Große besichtigt eine "Wachtparade"
2. Zwei Quellentexte (siehe Beihang)
3. Textauszug aus: Ritter, G.: "Europa und die deutsche Frage" 1948, S. 28/29
4. Schülerbuch: Hofmann/Pelzer: "Geschichte für die Hauptschule" 8. Schülerjahrgang

TAFELBILD/FOLIE

STOFFLICHE VORAUSSETZUNGEN:

Diese Stunde bildet den Abschluß einer dreistündigen UE über Preußen als Großmacht. Vorausgegangen sind die Einzelthemen:

1. Der Aufstieg Preußens (Soldatenkönig Friedrich Wilhelm I.; preußisches Beamtentum, preußischer Militarismus; Friedrich II.: österreichische Erbfolge, der Siebenjährige Krieg)
2. Der aufgeklärte Absolutismus Friedrichs II. (Wirtschaftlicher Wiederaufbau, der Ständestaat, Reform der Rechtspflege, Religions- und Pressefreiheit, Selbstregierung aus dem Kabinett)

LITERATUR:

1. Ackermann, W.: "Wurzeln unserer Gegenwart" (2)-Methodische Anregungen, Kulmbach
2. Ritter/Löffler: "Stundenvorbereitung"-Erdkunde, Geschichte, Politische Bildung; Limburg, 1972

Unterrichtsstufe Zielangabe TZ und (TZ) Zusf.	METHODE Lehr / Lernakte	Medieneinsatz	LERNINHALTE (STOFF) Tafelanschrift (bzw. Folie)	ZEIT
I. EINSTIMMUNG				
	Bildprojektion durch Episkop		"FRIEDRICH II. besichtigt eine Wach parade"	
	L-Impuls		Ein Bild, das in vielen Geschichtsbüchern zu finden ist. Für dich ist dieser Mann kein Unbekannter. Du weißt viel über ihn!	
	SS berichten spontan		FRIEDRICH II.; Inspektionsreisen; "Ich bin der erste Diener meines Staates";	
	Fakten werden noch nicht fixiert, nur genannt		Krieg mit Maria Theresia ... usw.	
Zielangabe:		TA	FRIEDRICH II. wird auch meist FRIEDRICH der GROSSE genannt.	
	L-Gespräch		Wir stellen uns heute vor, wir arbeiten als Redakteure für eine große Zeitschrift. Wir sollen darüber entscheiden, ob FRIEDRICH II. es verdient hat, als "Großer Deutscher" in einer Fortsetzungsserie in unserer Zeitschrift genannt zu werden. Es wird nicht einfach sein, denn man kann über FRIEDRICHS Politik und über ihn selbst sehr verschiedener Meinung sein.	
II. ERARBEITUNG				
	AA		Damit unsere Überlegungen, die ja zu einer Entscheidung führen sollen, auch mit genauem Wissen belegt sind, versuchen wir mit Hilfe des Buches Argumente für und gegen FRIEDRICH II. zu finden.	
	PA (SS notieren ihre gefundenen Punkte auf dem Block) Fixierung der Punkte an der Tafel (die einzelnen Schüler dürfen "ihre" Punkte selbst anschreiben)		Tafelbild: (siehe unten)	
	Zwei Schüler lesen abschließend die Argumente noch einmal vor!			
III. WERTUNG				
	L-Impuls		Jetzt müssen wir uns entscheiden! Können wir es vertreten, daß FRIEDRICH II. in unserer Zeitschrift als "Großer Deutscher" einen würdigen Platz erhält? Begründe deine Meinung!	
	Diskussion SS bringen ihre Ansichten vor		... ...	
	Nach ca. ____ Minuten werden Blätter mit Diskussionsanregungen verteilt			

Tafelbild:

Für	Gegen
Bau von Schulen u.Kanälen; Hilfen für die Bauern; Feldreform; Straßenbau; Pressefreiheit; Religionsfreiheit; Gerichtsreform; Wiederaufbau; Preußen wird durch ihn zur Großmacht Hilfe für Handwerker und Gewerbetreibende "Ich bin der erste Diener meines Staates" Garant für Ordnung und Recht im Staat	Überfall auf Österreich (Schlesien); Überfall auf Sachsen; seine Kriege bringen Preußen an den Rand des Ruins; Soldaten sind für ihn Kanonenfutter; spöttische und abfällige Reden über andere Herrscher; Vorrechte für den Adel; der Mensch hat für ihn nur so viel Wert, als er für den Staat leistet. Mitwirkung bei der Teilung Polens

Unterrichtsstufe Zielangabe TZ und (TZ) Zusf.	METHODE Lehr / Lernakte	Medieneinsatz	LERNINHALTE (STOFF) Tafelanschrift (bzw. Folie)	ZEIT
			Vielleicht helfen uns zwei Meinungen weiter, die von Leuten aus der Zeit FRIEDRICHS stammen! (Siehe Beihang)	
	SS lesen die Texte:		"Aus dem Brief eines Hamburger Kaufmanns" "Aus dem Brief eines englischen Gesandten"	
			L: Was meinst du dazu? Wird unsere Entscheidung leichter?	
	SS interpretieren und verwenden Text für ihre Argumente		... ...	
	Abstimmung (schriftlich; Zettel)		In Redaktionskonferenzen wird abgestimmt. Das wollen wir auch tun.	
IV. AUSKLANG				
	L-Gespräch		Unsere Diskussion hat etwas gezeigt, was ein Geschichtswissenschaftler bereits recht gut festgestellt hat. Ich lese es euch vor:	
	L liest vor: (Siehe Arbeitsmittel Punkt 3)		"Vor allem: die Politik FRIEDRICHS d. GROSSEN war keineswegs einseitig 'militaristisch' - das heißt bloße kriegerische Macht- und Eroberungspolitik. Sie trug, wie die neuere Forschung immer deutlicher gezeigt hat, von Anfang an ein ausgesprochenes Doppelgesicht ... FRIEDRICH wollte nicht bloß Felcherr, sondern zugleich 'erster Diener seines Staates' sein ... Die Schwierigkeit, das eine mit dem anderen zu vereinigen, macht die Problematik seines Lebens und Wirkens aus."	

Tafelbild:

Friedrich II. - ein Herrscher zwischen Absolutismus und Aufklärung

Absolutismus ⇨ *militärische Expansion*, *Vorrechte des Adels* ⇨ *Großmacht*

Ich bin der erste Diener meines Staates

Aufklärung ⇨

- *Religionsfreiheit*
- *Unabhängige Richter*
- *Arbeit für viele*
- *keine Folter*
- *Schulpflicht*
- *Wirtschaftsbelebung*

⇨ *Humanitäre Fortschritte*

FRIEDRICH der GROSSE besichtigt eine Weberei.
(Zeichnung von ADOLPH von MENZEL)

Gebietserweiterung Brandenburg - Preußens

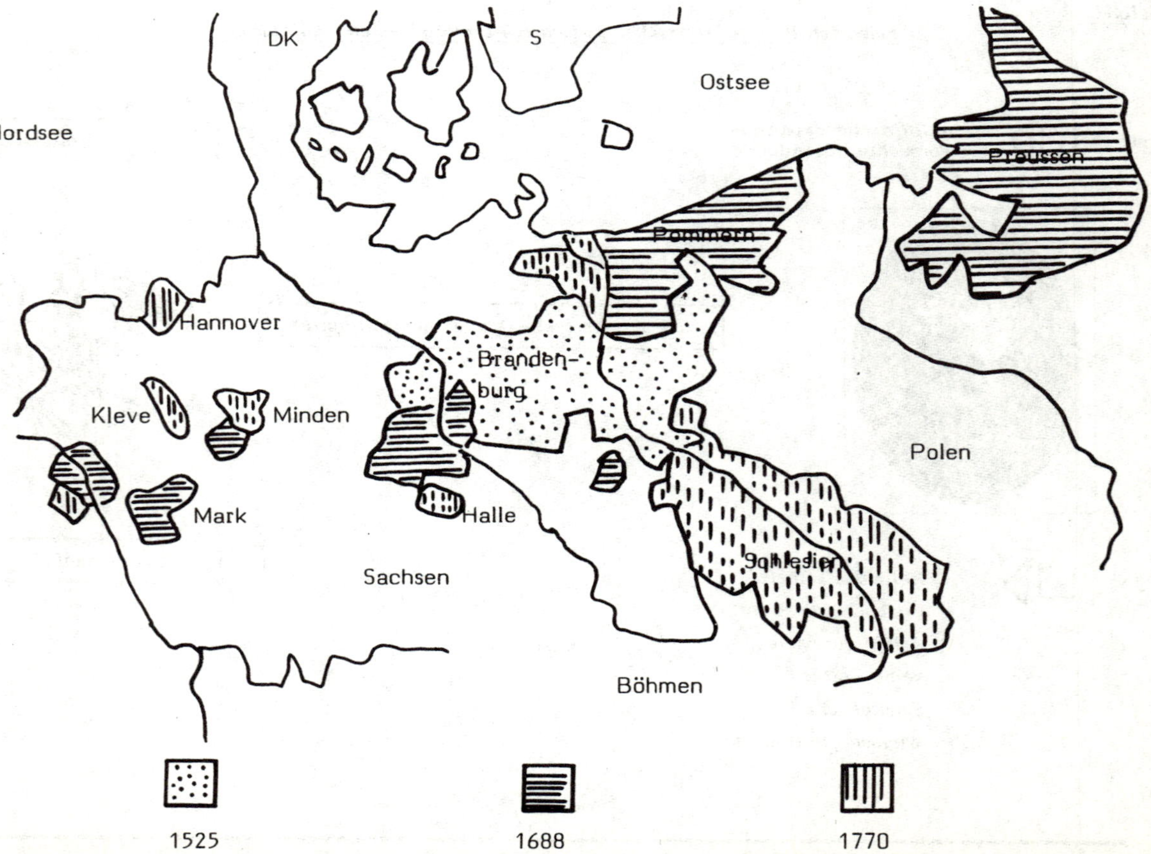

PRO

CONTRA

Merke:

Am Ende seiner Amtszeit kann er für den preußischen Staat eine positive Bilanz ziehen:

	1740	1786
Einwohner		
Heer		
Staatseinnahmen		
Staatsvermögen		

Links: Eine Gruppe von Soldaten, die dem König ihre Beschwerden vortragen wollten, erhalten von diesem die Order zur Umkehr; in typisch preußischer Disziplin machen sie kehrt, ohne ihr Anliegen vorgebracht zu haben.

Rechts: Friedrich der Große, der sich als erster Diener seines Staates sah, hatte des öfteren Begegnungen mit einfachen Leuten aus dem Volk. In Potsdam traf er einst einen Bäcker und einen Bauern an, die sich über zwei Säcke Getreide stritten. Der Monarch entschied den Disput auf der Stelle.

Aus dem Brief eines Hamburger Kaufmanns, 1758:

Schon seit einigen Jahren hat eine erschreckende Hoheit auf dem Gesicht des Königs Platz genommen, mit Verächtlichkeit sieht er auf die meisten Gegenstände herab ...
Die meisten der preußischen Untertanen haben keine Gelegenheit, ihr Anliegen anders zu erreichen, als wenn der König auf der Parade ist. Dies ist so eingeführt, weil die Regierung völlig kriegerisch ist ...
Folglich wird die kriegerische Größe wohl allein diejenige bleiben, worin Seine Königliche Preußische Majestät den Namen des größten Helden, so je gelebt hat, verdienen ...
O grausame Blindheit vernünftiger Menschen! ...
O Gott, gib uns friedliche Regenten und wehreder Vermehrung so großer Helden, die den Krieg zur Grundsäule ihrer Größe machen.

Aus dem Brief eines englischen Gesandten in Berlin:

Der König ist hier gewesen ... Sie können sich nicht vorstellen, wie das Volk sich freute, ihn zu Pferde zu sehen ...
Und doch war nichts geschehen! Keine Pracht, kein Feuerwerk, keine Kanonenschüsse, kein Trommeln und Pfeifen, keine Musik, kein vorangegangenes Ereignis! Nein, nur ein dreiundsiebzigjähriger Mann, schlecht gekleidet, staubbedeckt, kehrte von seinem mühsamen Tagewerk zurück. Aber jedermann wußte, daß dieser Alte auch für ihn arbeite, daß er sein ganzes Leben an diese Arbeit gesetzt und seit fünfundvierzig Jahren noch nicht einen Tag versäumt hatte! Jedermann sah auch die Früchte seiner Arbeiten, nah und fern, rund um sich her, und wenn man auf ihn blickte, so regten sich Ehrfurcht, Bewunderung, Stolz, Vertrauen, kurz, alle edleren Gefühle des Menschen.

Lies die folgenden Äußerungen von FRIEDRICH II. zunächst aufmerksam durch. Hebe das Wichtigste hervor und trage es in das Kästchen ein!

"Ein Herrscher ist nicht zu seinem hohen Rang erhoben, und man hat ihm nicht die höchste Macht anvertraut, damit er in Trägheit lebt. Der Herrscher ist vielmehr der erste Diener des Staates."

"Die erste Bürgerpflicht ist, seinem Vaterland zu dienen."

"Es ist selbstverständlich, daß das Einkommen des Herrschers von den Staatseinnahmen zu trennen ist. Diese müssen geheiligt sein, und ihre Bestimmung darf in Friedenszeiten einzig und allein darin gesehen werden, daß sie dem Wohl der Bürger dienen, sei es zur Urbarmachung des Landes oder zur Errichtung der in den Städten fehlenden Manufakturen oder endlich, um alle Einrichtungen zu festigen und den einzelnen Bürgern vom Edelmann bis zum Bauern das Leben auskömmlicher und behaglicher zu gestalten ..."

"Jeder Fürst, der die Staatsgelder in Vergnügungen und unangebrachter Freigebigkeit vergeudet, gleicht in seinem Haushalt weniger einem Herrscher als einem Straßenräuber, weil er das Geld, das Herzblut seiner Untertanen, in unnützen und oft lächerlichen Ausgaben verbraucht ..."

"Die Richterkollegien müssen wissen, daß der geringste Bauer, ja was noch mehr ist, der Bettler, ebensowohl ein Mensch ist wie der König, dem alle Gerechtigkeit widerfahren muß. Vor der Justiz sind alle Menschen gleich ... Ein Justizkollegium, das Ungerechtigkeiten ausübt, ist gefährlicher und schlimmer als eine Diebesbande."

Kannst du den folgenden Aussagen einen gegensätzlichen Ausspruch gegenüberstellen? Findest du 1 - 2 weitere unterschiedliche Meinungen?

LUDWIG XIV. (Absolutismus)		FRIEDRICH II. (aufgeklärter Absolutismus)
______	⟷	Ich bin der erste Diener meines Staates
"Ein König, ein Gesetz, ein Glaube"	⟷	______
______	⟷	______
______	⟷	______

War FRIEDRICH II. wirklich ein "großer Deutscher"?

PRO	CONTRA
○ Bau von Schulen und Förderung der Schulpflicht	○ Kriegerische Überfälle auf Österreich (Schlesien) und Sachsen
○ Straßenbau, Kanalbauten Trockenlegung von Sümpfen	○ Kriegskosten belasten den Staatshaushalt
○ Feldreform und Fronerleichterung für Bauern	○ Soldaten sind für ihn Kanonenfutter
○ Hilfen für Handwerker und Handel	○ Der Mensch ist für ihn nur so viel wert, als er für den Staat leistet.
○ Gerichtsreform (Abschaffung der Folter)	○ Adel hat Vorrechte
○ Presse- und Religionsfreiheit	○ Mitwirkung bei der Teilung Polens

⇩ Garantie für Ordnung und Recht im Staat

⇩ Durch militärische Expansion wird Preußen Großmacht

Merke: aufgeklärter — Absolutismus

Am Ende seiner Amtszeit kann er für den preußischen Staat eine positive Bilanz ziehen:

	1740	1786
Einwohner	2,5 Mio	6 Mio
Heer	80.000	250.000
Staatseinnahmen	7 Mio	24 Mio
Staatsvermögen	10 Mio	50 Mio

Der aufgeklärte ABSOLUTISMUS

Lies die folgenden Äußerungen von FRIEDRICH II. zunächst aufmerksam durch. Hebe das Wichtigste hervor und trage es in das Kästchen ein!

"Ein Herrscher ist nicht zu seinem hohen Rang erhoben, und man hat ihm nicht die höchste Macht anvertraut, damit er in Trägheit lebt. Der Herrscher ist vielmehr der erste Diener des Staates."

"Die erste Bürgerpflicht ist, seinem Vaterland zu dienen."

Der Herrscher ist der erste Diener des Staates

"Es ist selbstverständlich, daß das Einkommen des Herrschers von den Staatseinnahmen zu trennen ist. Diese müssen geheiligt sein, und ihre Bestimmung darf in Friedenszeiten einzig und allein darin gesehen werden, daß sie dem Wohl der Bürger dienen, sei es zur Urbarmachung des Landes oder zur Errichtung der in den Städten fehlenden Manufakturen oder endlich, um alle Einrichtungen zu festigen und den einzelnen Bürgern vom Edelmann bis zum Bauern das Leben auskömmlicher und behaglicher zu gestalten ..."

Staatseinnahmen dienen einzig und allein dem Wohl der Bürger

"Jeder Fürst, der die Staatsgelder in Vergnügungen und unangebrachter Freigebigkeit vergeudet, gleicht in seinem Haushalt weniger einem Herrscher als einem Straßenräuber, weil er das Geld, das Herzblut seiner Untertanen, in unnützen und oft lächerlichen Ausgaben verbraucht ..."

Ein Fürst, der Staatsgelder vergeudet, gleicht einem Straßenräuber

"Die Richterkollegien müssen wissen, daß der geringste Bauer, ja was noch mehr ist, der Bettler, ebensowohl ein Mensch ist wie der König, dem alle Gerechtigkeit widerfahren muß. Vor der Justiz sind alle Menschen gleich ... Ein Justizkollegium, das Ungerechtigkeiten ausübt, ist gefährlicher und schlimmer als eine Diebesbande."

Vor der Justiz sind alle Menschen gleich

Kannst du den folgenden Aussagen einen gegensätzlichen Ausspruch gegenüberstellen? Findest du 1 - 2 weitere unterschiedliche Meinungen?

LUDWIG XIV. (Absolutismus)		FRIEDRICH II. (aufgeklärter Absolutismus)
Der Staat bin ich	⟷	Ich bin der erste Diener meines Staates
"Ein König, ein Gesetz, ein Glaube"	⟷	Religionsfreiheit, Toleranz "Jeder soll nach seiner Fasson selig werden"
Staatsreligion, Pressezensur	⟷	Pressefreiheit
Eingeschränkte Rechte	⟷	Gleichheit für alle vor dem Gesetz

Das Parlament weigert sich, alte Rechte preiszugeben:

OLIVER CROMWELL
(1599 - 1658)

König KARL I.
(1600 - 1649)

WILHELM von ORANIEN

König JACOB II.
(1633 - 1701)

Das Parlament siegt in der kriegerischen Auseinandersetzung mit dem König.

Es bewilligt ...

Das Volk hat ...

England

wird eine

1. Der Sturz des Königs

Auch in England versuchte der König absolut zu regieren. Aber hier waren Adel und Stände reich und selbstbewußt. London war Handels- und Wirtschaftszentrum Europas. Der Landadel übte in seinem Gebiet die Selbstverwaltung aus und war durch Handelsgeschäfte reich geworden.

Im Jahre 1629 hatte der König das aufbegehrende Parlament aufgelöst. 1640 zwang ihn die leere Staatskasse wieder, Ober- und Unterhaus einzuberufen. Der König mußte 1641 auf sein Recht verzichten, das Parlament gegen dessen Willen aufzulösen. 1642 floh Karl I. aus London, um Truppen gegen das Parlament zu sammeln. Unter Führung des Landedelmanns Cromwell besiegte das Parlamentsheer schließlich den König. Karl I. wurde 1647 gefangen nach London gebracht, zum Tode verurteilt und 1649 hingerichtet. England wurde unter der Leitung Cromwells Republik.

2. Der König von "Volkes Gnaden"

Der Landadel und die reichen Londoner Kaufleute hatten wesentlichen Anteil an der Niederlage und Verurteilung Karl I. Das einfache Volk Londons hatte wichtige Handlangerdienste geleistet.

Die Republik wurde ein Fehlschlag: Gewalt und Unruhe bestimmten die Zeit. Nach Cromwells Tod waren die besitzenden Schichten der Unruhen müde. Das Parlament beschloß die Wiedereinführung der Monarchie.

Auszug aus der "Bill of Rights"

"Die in Westminster versammelten geistlichen und weltlichen Lords und Gemeinen, die gesetzmäßige, vollständige und freie Vertretung aller Stände des Volkes in diesem Königreich, legten am 13. Tag im Februar im Jahr unseres Herrn 1689 Ihren Majestäten, zu der Zeit genannt Wilhelm und Maria, Prinz und Prinzessin von Oranien, die in eigener Person anwesend waren, eine gewisse geschriebene Erklärung vor, welche von oben angeführten Lords und Gemeines ausgestellt wurde:

Die angemaßte Befugnis, Gesetze oder die Ausführung von Gesetzen durch königliche Autorität ohne Zustimmung des Parlaments aufzuheben, ist gesetzwidrig.
Steuern für die Krone oder zum Gebrauch der Krone ohne Erlaubnis des Parlaments für längere Zeit oder in anderer Weise, als erlaubt und bewilligt wurde, zu erheben, ist gesetzwidrig.
Es ist das Recht des Untertans, dem König Bittschriften einzureichen, und jede Untersuchungshaft sowie Verfolgung wegen solch einer Petition ist gesetzwidrig ...
Die Wahl von Parlamentsmitgliedern soll frei sein. Die Freiheit der Rede und der Debatten und Verhandlungen im Parlament darf von keinem Gerichtshof oder sonstwie außerhalb des Parlaments angefochten oder in Frage gestellt werden ...
Im vollen Vertrauen, daß Seine Hoheit der Prinz von Oranien seine diesbezügliche Erklärung erfüllen und sie gegen Verletzung ihrer hiermit zugesicherten Rechte sowie gegen alle sonstigen Angriffe auf ihre Religion, Rechte und Freiheit schützen wird, beschließen die zu Westminster versammelten geistlichen und weltlichen Lords und Gemeinen, daß Wilhelm und Maria, Prinz und Prinzessin von Oranien, König und Königin von England sein und als solche erklärt werden sollen ..."

Wie scheitert der Absolutismus in England?

Das Parlament weigert sich, alte Rechte preiszugeben:

○ *Ohne Zustimmung keine Steuern!*
○ *Ohne Richterurteil keine Verhaftung!*

"Das Parlament hat keine Befugnis, ein Gesetz zu erlassen!"

Alleinherrschaft | *Enthauptung*

○ *Einführung des katholischen Glaubens*
○ *Absolutistische Herrschaft*

Bill of Rights | *Absetzung*

Das Parlament siegt in der kriegerischen Auseinandersetzung mit dem König.

Es bewilligt ...
Gesetze, Steuern
hat Redefreiheit
Immunität

Das Volk hat ...
mehr rechtliche Sicherheit
Freiheitsrechte
aber: keine Beteiligung an der Herrschaft

England *parlamentarische* wird eine *MONARCHIE*

LEHRBEREICH AUFKLÄRUNG und BÜRGERLICHE REVOLUTIONEN

THEMA **Wie kam es zur Unabhängigkeit der Kolonien?**

LERNZIELE

GROBZIEL: Einsicht, daß das Gedankengut der Aufklärung in die Unabhängigkeitserklärung der USA politische Gestalt gewonnen hat.

FEINZIELE:
- Einblick in die Vorgeschichte der Bostoner tea party.
- Haltung und Handlungsweise des englischen Königs kennenlernen und beurteilen.
- Erkenntnis, daß Druck von außen zu stärkerem Zusammenhalt im Innern und zu Gegendruck führt.
- Einsicht in die Gründe der englischen Haltung.
- Informationsentnahme aus Text und Bild.

LERNINHALT:

Nordamerikanische Siedlerstaaten schließen sich zusammen und lösen sich vom Mutterland.

VORARBEIT:

Wiederholen der Besiedlung Nordamerikas (Herkunft der Siedler, Gründe für Auswanderung, Lage und Namen der 13 Kolonien an der Ostküste).

WEITERARBEIT: (Vorschläge)

- Zu Stichpunkten eine Niederschrift schreiben
- Verlauf des Krieges informierend lesen
- ggf. Kurzreferat über die Persönlichkeit von G. WASHINGTON
- Eintrag des Tafelbildes in die Geschichtsmappe.

ARBEITSMITTEL:

- Geschichtskarte, - Arbeitsblatt, - Text umgedruckt,
- Bild "Bostoner tea party" (z.B. Wir erleben die Geschichte, 8. Jg., Ausgabe B, bsv. S. 94), - Episkop

  Kartenmaterial und Grafiken sind entnommen aus:
  Grundriß der Geschichte der Vereinigten Staaten von Amerika, US-Informationsdienst Gad Godesberg 1954

FOLIE

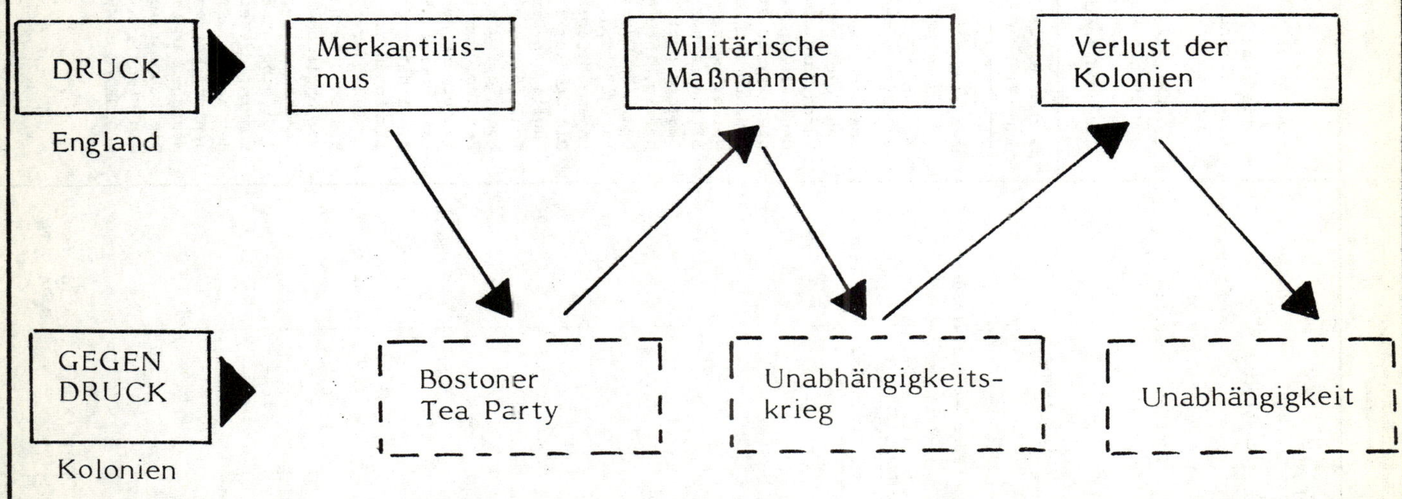

HINWEISE/NOTIZEN

Wir empfehlen "Geschichte mit Pfiff" Nr. 8/1979

METHODE: Unterrichtsstufe	(Teil) Zielangabe und (Teil) Zusammenfassung: Lehr/Lernakte	Medieneinsatz	LERNINHALTE (STOFF) Tafelanschrift (bzw. Folie)	ZEIT
1. ANKNÜPFUNG		Karte	Ostküste der USA	
	Aussprache		- Besiedlung Nordamerikas - Einwanderung: Herkunftsmotive - 13 Kolonien	
	Problemstellung:		L: Diese 13 Kolonien waren bis 1776 dem englischen König untertan. Dann aber lösten sie sich vom englischen Mutterland und erklärten sich für unabhängig.	
	Aussprache	TA	Was führte zur Unabhängigkeit der Kolonien?	
	Problempräzisierung:		durch Wiedergabe der Zielfrage durch SS.	
2. VERGEGENWÄRTIGUNG			Die Bostoner tea party:	
	L-Erzählung	vgl. Text 1	L: Das englische Parlament beschloß, von den Kolonien höhere Steuern zu verlangen. Waren, die aus Europa eingeführt wurden, wie Zucker, Wein, Tee, Glas, Papier wurden sprunghaft teurer. Die Waren aus den Kolonien, z.B. Tabak, Baumwolle, Pelze, sollten aber weiterhin billig nach England geliefert werden. Dagegen protestierten die Siedler ganz heftig, ihre gewählten Vertreter erklärten: "No Taxation without representation", d.h., keine Steuern ohne unsere Mitsprache und unsere Zustimmung. Die Siedler schlossen sich gegen den englischen Druck immer enger zusammen. Schließlich verzichtete der englische König auf die meisten Steuern, nur auf dem Tee, dem Lieblingsgetränk der Engländer und auch der Siedler, sollte eine ganz geringe Steuer bleiben. Aber auch die lehnten die Siedler ab; lieber verzichteten sie auf ihren Tee.	
		Karte	Im Dezember 1773 liegen im Hafen von Boston 3 verhaßte englische Teeschiffe. Der englische Gouverneur befiehlt, die Fracht zu löschen. In der Nache legen 3 dichtbesetzte Ruderboote an mit Bostonern, die sich als Indianer verkleidet hatten. Sie überwältigen die Matrosen und werfen unter dem Jubel der Menschen am Land die Teekisten ins Meer. Die Leute rufen: "18 000 Pfund Tee für ein Fischfrühstück. Wo bleibt König GEORGE, der Gastgeber?"	
	Teil-Wdhlg.	Bild, bsv.8, S.94, TA		
			Druck von außen, Zusammenhalt im Innern:	
			L: Was dann passierte, kannst du dir vielleicht ausmalen!	
	Aussprache		L: Näheres erfährst du aus dem Text Vgl. Text auf AB	
		Text für EA		
	KG, Auswertung			
	Teil-Wdhlg.	TA		
3. BESINNUNGSPAUSE			L: Ihr habt nun Zeit, euch über das bisher Gehörte mit dem Partner zu unterhalten.	
4. BESINNUNG	denkend: a) Aufgreifen evtl. S-Fragen b) Warum bestehen die Engländer auf der minimalen Teesteuer, die finanziell gar nichts brachte?			
	Aussprache		- Dokumentation der Abhängigkeit von England - Dokumentation des Rechts, Steuern festzusetzen	
			L: Die Siedler waren von Herkunft usw. ganz verschieden und in vielen Dingen uneins. Warum schließen sie sich so fest zusammen?	
	Aussprache		- Es geht um ihre Rechte und Freiheiten, - Druck von außen - Zusammenstehen und Gegendruck	
	wertend: a) Hätte der englische König nicht anders reagieren können? b) Hältst du das Vorgehen der Siedler für richtig?			
5. SICHERUNG				
Gesamtwiederholung	Einordnung in die Zeitleiste			

Tafelbild 1:

Wie erreichten die Neuengland-Staaten ihre Unabhängigkeit?

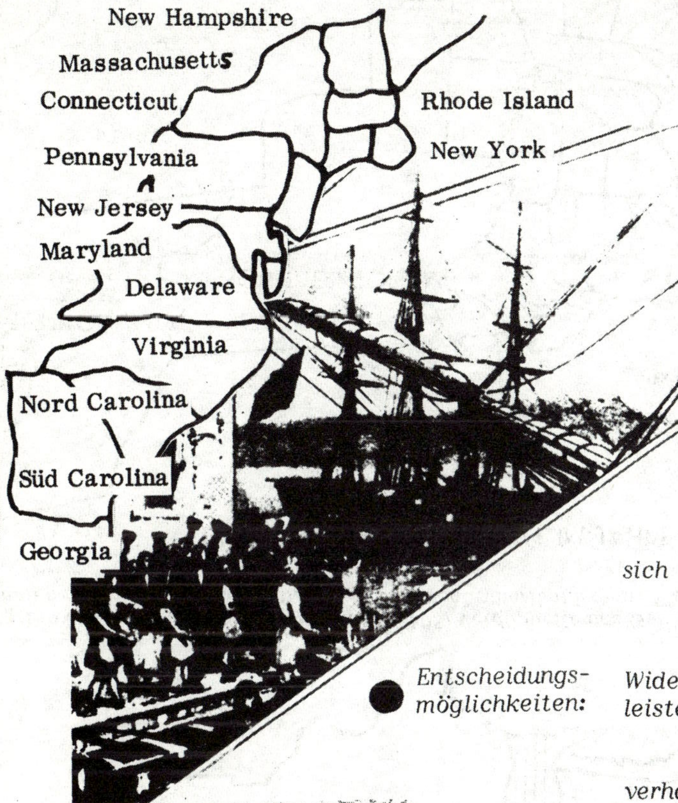

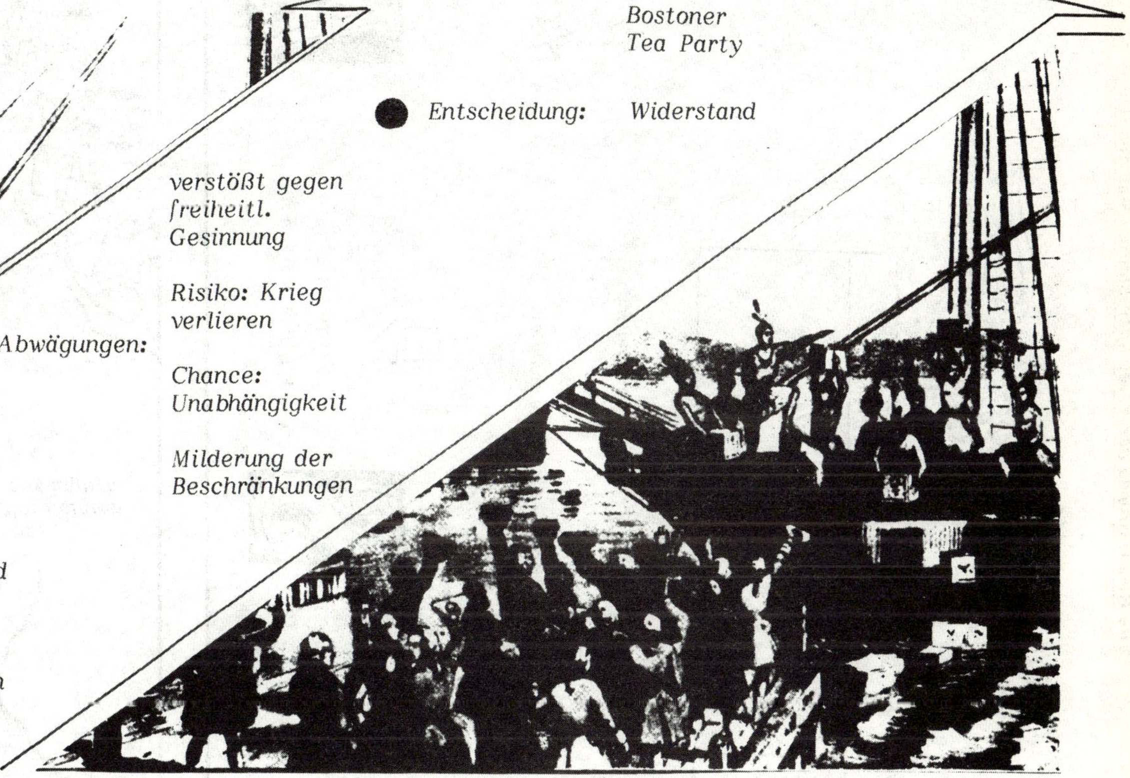

Bostoner Tea Party

- *Entscheidung:* *Widerstand*

- *Abwägungen:*
  - *verstößt gegen freiheitl. Gesinnung*
  - *Risiko: Krieg verlieren*
  - *Chance: Unabhängigkeit*
  - *Milderung der Beschränkungen*

- *Entscheidungsmöglichkeiten:*
  - *Widerstand leisten*
  - *sich fügen*
  - *verhandeln*

Die „Mayflower"

- *Lage der Siedler:*
  - *statt polit. Freiheit jetzt Gouverneure!*
  - *statt Steuerfreiheit jetzt Steuern!*
  - *statt Handelsfreiheit jetzt Beschränkung!*

Tafelbild 2:

Die Geburtsstunde der Vereinigten Staaten von Amerika

Erklärung	*Krieg*	*Verfassung*
4. Juli 1776	*1776 - 1783*	*1789*

Menschenrechte:

☆ *Recht auf Leben, Freiheit und Glück.*

☆ *Gleichheit*

☆ *Sieg über England*

☆ *Anerkennung als Staat*

Moderne Demokratie:

☆ *Gewaltenteilung*

☆ *Alle Macht geht vom Volk aus!*

U N A B H Ä N G I G K E I T

S O U V E R Ä N I T Ä T

A U F K L Ä R U N G

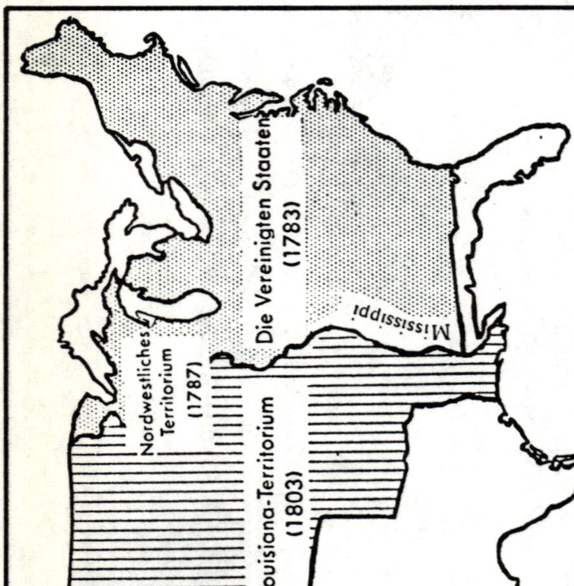

Der Erwerb des Louisiana-Territoriums (1803) verdoppelte das Gebiet der Vereinigten Staaten und machte das Mississippital den amerikanischen Siedlern zugänglich.

DIE VEREINIGTEN STAATEN IM JAHRE 1829

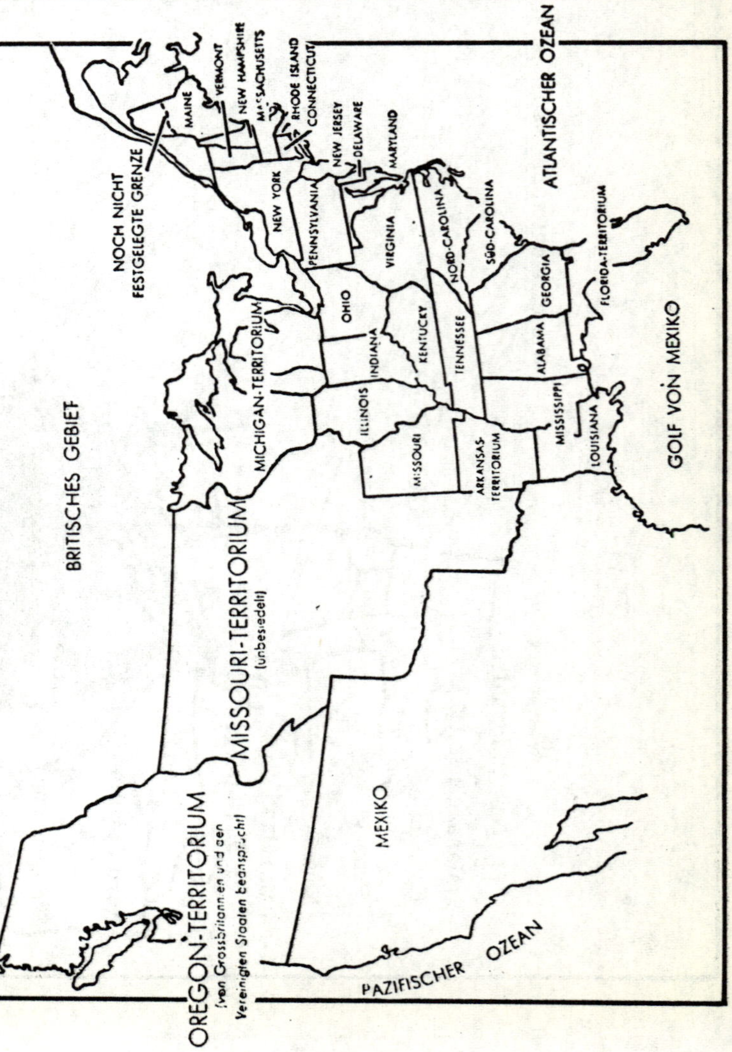

Quellentexte aus der Zeit des Bostoner Teesturms

An wen sind die einzelnen Schriften gerichtet?

Was sollte hauptsächlich ausgesagt werden?

An: ____________

"... Die Kolonien sind im Unterhaus wegen der räumlichen Entfernung nicht vertreten. Niemals wurden uns Steuern auferlegt, noch können sie uns auferlegt werden ...

Wir zahlen keinen Penny, den nicht unsere Volksvertreter festgesetzt haben ..."

Die Kolonisten

(Samuel Adams)

Aussage: ____________

An: ____________

An: ____________

"J e d e r , der aus Großbritannien Tee importiert oder jeder Schiffskapitän, der Tee aus England an Bord nimmt, wird von uns als Landesfeind betrachtet.

Das engl. Parlament besitzt kein Recht, in Amerika Angaben zu fordern, ohne diejenigen vorher zu fragen, die davon betroffen sind. Solange das ungerechte Gesetz nicht abgeschafft ist, werden wir jedes Löschen, Verkaufen und Bezahlen von Tee verhindern."

Versammlung in Boston

Aussage: ____________

An: ____________

Flugblatt am 16. Dez. 1973 in Boston:

"Wir haben feierlich beschlossen, daß hier kein Tee gelöscht werden darf.

Staatsfeindlichen Elementen, die dagegen verstoßen, wird versichert, daß sie als elende Menschen betrachtet werden, die ihres Lebens unwürdig sind. Sie werden die ersten Opfer unseres berechtigten Rachegefühls sein ..."

Das Volk

Aussage: ____________

An: ____________

An: ____________

"Wenn Ihr Euer Geburtsland unbefleckt von der europäischen Verderbnis erhalten wollt, müßt Ihr vor allem eine Trennung vom Mutterland wünschen!
Keine Nation, die im Zustand fremder Abhängigkeit lebt, in ihrem Handel eingeschränkt ist, kann jemals auf eine hohe Stufe gelangen. Erhebt Euch!
Jeder Fleck der alten Welt ist mit Unterdrückung überschwemmt.

Empfangt die Flüchtlinge und bereitet dem menschlichen Geschlecht einen freiheitlichen Zufluchtsort ...!"

Thomas Paine
Kolonist

Aussage: ____________

Eine Karikatur aus der Zeit des Unabhängigkeitskrieges: Das amerikanische Pferd will seinen Reiter, den englischen König nicht länger mehr tragen. – Im Hintergrund ein Fahnenträger mit dem ursprünglichen Sternenbanner.

Quellentexte aus der Zeit des Bostoner Teesturms

An wen sind die einzelnen Schriften gerichtet?
Was sollte hauptsächlich ausgesagt werden?

An: das Unterhaus

"... Die Kolonien sind im Unterhaus wegen der räumlichen Entfernung nicht vertreten. Niemals wurden uns Steuern auferlegt, noch können sie uns auferlegt werden ...

Wir zahlen keinen Penny, den nicht unsere Volksvertreter festgesetzt haben ..."

Die Kolonisten
(Samuel Adams)

Aussage: Volksvertreter sollen allein Steuern bestimmen

An: das engl. Parlament

An: Händler und Kapitäne

"J e d e r , der aus Großbritannien Tee importiert oder jeder Schiffskapitän, der Tee aus England an Bord nimmt, wird von uns als Landesfeind betrachtet.

Das engl. Parlament besitzt kein Recht, in Amerika Angaben zu fordern, ohne diejenigen vorher zu fragen, die davon betroffen sind. Solange das ungerechte Gesetz nicht abgeschafft ist, werden wir jedes Löschen, Verkaufen und Bezahlen von Tee verhindern."
Versammlung in Boston

Aussage: Recht Gerechtigkeit Boykott

An: das Volk

Flugblatt am 16. Dez. 1973 in Boston:

"Wir haben feierlich beschlossen, daß hier kein Tee gelöscht werden darf.

Staatsfeindlichen Elementen, die dagegen verstoßen, wird versichert, daß sie als elende Menschen betrachtet werden, die ihres Lebens unwürdig sind. Sie werden die ersten Opfer unseres berechtigten Rachegefühls sein ..."

Das Volk

Aussage: Zusammenhalt aller, Einigkeit, Brüderlichkeit

An: das Volk

An: alle Flüchtlinge

"Wenn Ihr Euer Geburtsland unbefleckt von der europäischen Verderbnis erhalten wollt, müßt Ihr vor allem eine Trennung vom Mutterland wünschen!
Keine Nation, die im Zustand fremder Abhängigkeit lebt, in ihrem Handel eingeschränkt ist, kann jemals auf eine hohe Stufe gelangen. Erhebt Euch!
Jeder Fleck der alten Welt ist mit Unterdrückung überschwemmt.

Empfangt die Flüchtlinge und bereitet dem menschlichen Geschlecht einen freiheitlichen Zufluchtsort ...!"

Thomas Paine
Kolonist

Aussage: Unabhängigkeit vom Mutterland, Krieg gegen Unterdrückung, Freiheit für alle.

Thema: ______________________ Folie Nr.:

Die gepunktete Fläche bezeichnet die Ausdehnung der englischen Kolonien entlang der Atlantikküste. Die geschlossenen Siedlungen waren im wesentlichen auf die Küstenebene beschränkt und die Binnengrenzen noch nicht abgesteckt. Der Mangel an klaren Grenzen führte später, als der Zug nach dem Westen begonnen hatte, häufig zu Grenzstreitigkeiten.

Die Kolonien erkämpfen ihre Unabhängigkeit

Von 1620 an wanderten Menschen aus fast allen europäischen Staaten nach Amerika ein. Schweden siedelten in Delaware und bauten hier nach dem Vorbild ihrer Heimat die ersten amerikanischen Blockhäuser. Holländer gründeten Neu-Holland mit der Hauptstadt Neu-Amsterdam, das später New York genannt wurde. Franzosen siedelten in Süd-Karolina, Spanier und Griechen ließen sich in Florida nieder, Iren, Schotten und Deutsche in Pennsylvania. Für alle bot das neue Land Raum.
Nach 150 Jahren - 1756 - wohnten über eine Million europäischer Siedler in den 13 Kolonien "Neuenglands" an der Ostküste Nordamerikas.

NH = New Hampshire
NY = New York
MASS = Massachusetts
RI = Rhode Island
CONN = Connecticut
PA = Pennsylvania
NJ = New Jersey
MD = Maryland
DEL = Delaware
NC = Nord Carolina
GA = Georgia
VA = Virginia
SC = Süd Carolina

Kannst du die Abkürzungen richtig in die Skizze eintragen?

Alle 13 englische Kolonien waren voneinander unabhängig, sie hatten sich unterschiedliche Gesetze gegeben. Am größten waren die Unterschiede in Fragen der Religionsfreiheit.

1776 erklärten alle 13 "New-England-Staaten" ihre ______________________ vom Mutterland. Was war der Anlaß?

____

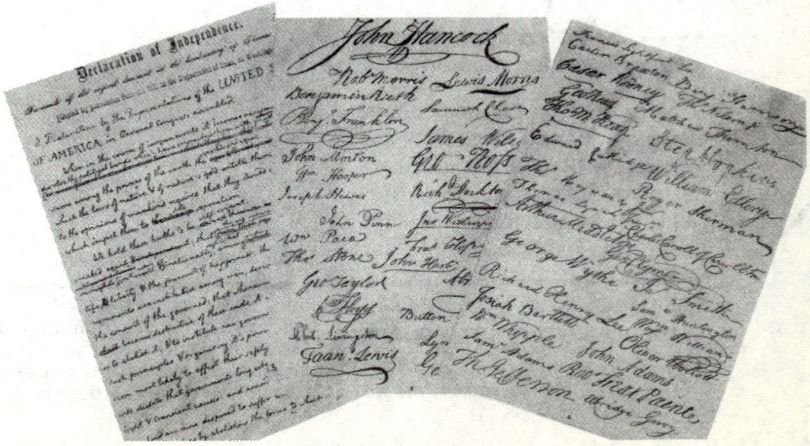

BOSTONER TEA PARTY - DIE REAKTION ENGLANDS

Darauf läßt der englische König den Hafen von Boston durch Kriegsschiffe sperren, hebt die Freiheiten der Siedler auf und stellt sie unter Kriegsrecht. Das bedeutete: Verbot von Versammlungen, Ablieferung der Waffen, Zeitungszensur, Ausgangssperre in der Nacht. Die Siedler reagieren empört "Wir gehören zusammen! Wir sind nicht mehr Virginier und New Yorker und Georgier, wir sind freie Amerikaner!"

Noch gibt es Stimmen, die vor einem Bruch mit England warnen. Als aber der König die Siedler zu Aufrührern erklärte und bei deutschen Fürsten Soldaten kauft für den Krieg gegen die Kolonien, sind die Siedler zum äußersten entschlossen. Sie ernennen George WASHINGTON, einen Tabakpflanzer aus Virginia, zum Oberbefehlshaber des Bundes. 3 hervorragende Männer arbeiten die Unabhängigkeitserklärung aus.

1. Wie reagierte der englische König?

2. Verhalten der Siedler:

3. Wie vollzieht sich die Lösung von England?

George Washington

Friedrich Wilhelm von Steuben

Amerikanischer Unabhängigkeitskrieg

Ein unerbittlicher Krieg entbrannt zwischen dem englischen Königreich und der jungen Republik. Ein französischer Beobachter schrieb: " Die Amerikaner haben Mut und Gottvertrauen, aber keine Disziplin. Sie sind kampfgewohnt durch ihre dauernden Kleinkriege gegen die Indianer, aber sie haben keineArtillerie. Als Offiziere wählen sie häufig trinkfeste biedere Farmer, die aber keine Ahnung haben, wie man eine Befestigung baut ..."

General WASHINGTON stand vor einer schier unlösbaren Aufgabe. Mit einem schlecht ausgebildeten und ausgerüsteten Heer sollte er dem kampferfahrenen Feind gegenübertreten. Oft liefen die Farmer einfach nach Hause, wenn etwas vorgefallen war oder wenn die Ernte eingebracht werden mußte. Ende 1777 schrieb WASHINGTON in einem Brief: "Wir sind ohne Geld, ohne Proviant und ohne jeden ordentlichen Nachschub. Wir sind ohne zureichende Kleidung, und wenn die Dinge so weitergehen, werden wir bald auch ohne Leute sein.... Mir wird es wie ein Wunder sein, wenn wir uns noch länger behaupten können."

Die Vereinigten Staaten fanden in Frankreich einen mächtigen Bundesgenossen. Der französische König schickte Waffen, Truppen, Munition und vor allem Schiffe.

Große Verdienste um die Ausbildung der amerikanischen Soldaten erwarb sich auch der preußische Baron FRIEDRICH von STEUBEN. In amerikanischen Geschichtsbüchern wird er heute noch als "Organisator des Sieges" bezeichnet.

Entscheidend für den endgültigen Sieg 1783 aber war die Entschlossenheit und Opferbereitschaft der Bürger, für ihre Rechte auf Freiheit und Selbstbestimmung alles dranzusetzen.

1. Mit welchen Problemen hatte WASHINGTON zu kämpfen? Schreibe in Stichpunkten auf!

2. Nenne stichpunktartig die entscheidenden Gründe für den Sieg der Siedler!

Aus der Verfassung der USA von 1787

1. Mit der ganzen gesetzgebenden Gewalt soll ein Kongress bekleidet werden, der aus einem Senat und einem Repräsentantenhaus bestehen soll.
Das Repräsentantenhaus soll aus Mitgliedern bestehen, die jedes zweite Jahr von der Bevölkerung der einzelnen Staaten gewählt werden. Niemand soll Abgeordneter werden, der nicht ein Alter von 25 Jahren erreicht hat. Jeder Staat soll wenigstens einen Vertreter haben.
Der Senat soll aus 2 Senatoren jedes Staates gebildet werden, die von dessen Volk auf 6 Jahre gewählt sind.

2. Mit der ausführenden Gewalt solle ein Präsident der Vereinigten Staaten betraut werden. Er soll sein Amt 4 Jahre lang innehaben. Der Präsident soll Oberbefehlshaber der Armee und Flotte sein. Er soll Gesandte und die Richter des obersten Gerichtshofes ernennen.
Er soll von Zeit zu Zeit einen Bericht über den Stand der Dinge erstatten.

3. Die richterliche Gewalt soll einem obersten Gerichtshof und niederen Gerichtshöfen übertragen werden. Die Richter sollen im Amt bleiben, solange ihre Amtsführung einwandfrei ist.

Der Kongress darf kein Gesetz erlassen, das die Einführung einer Religion betrifft oder die freie Ausübung einer Religion verbietet, kein Gesetz, wodurch die Redefreiheit, die Freiheit der Presse oder das Recht des Volkes, sich friedlich zu versammeln und eine Eingabe zwecks Behebung von Mißständen zu machen, beschränkt wird.

"Hier fanden sich Himmel und Erde in glücklicher Harmonie, um Menschen eine Wohnstatt zu bieten."
John Smith, Gründer der Kolonie Virginia, 1607.

"Folgende Wahrheiten halten wir für selbstverständlich: daß alle Menschen gleich geschaffen sind; daß sie von ihrem Schöpfer mit gewissen unveräußerlichen Rechten ausgestattet sind und daß dazu Leben, Freiheit und das Streben nach Glück gehören."
Unabhängigkeitserklärung, 4. Juli 1776.

"Jeder Mensch und jede menschliche Gemeinschaft auf Erden hat das Recht, sich selbst zu regieren."
Thomas Jefferson, 1790.

"Auf nach dem Westen, junger Mann, um dort mit dem Lande zu wachsen."
Horace Greeley, 1850.

"'Ein Haus, so es mit sich selbst uneins wird, mag nicht bestehen. Ich glaube, dieser Staat kann nicht von Dauer sein, wenn ein Teil des Volkes frei, ein anderer versklavt ist."
Abraham Lincoln, Springfield, Illinois, am 17. Juni 1858.

"Wir müssen alles abschaffen, was einer Bevorzugung auch nur ähnlich sieht."
Woodrow Wilson, Botschaft an den Kongreß vom 8. April 1913.

"Stärker denn je zuvor ist die Freiheit Amerikas mit der der übrigen Völker verknüpft."
Dwight D. Eisenhower, Botschaft an die Nation vom 7. Januar 1954.

Alle 13 Kolonien schickten Vertreter nach Philadelphia zu einem Kongreß. Diese beriefen sich in ihrer von JEFFERSON verfaßten Unabhängigkeitserklärung - das geschah erstmals in der Geschichte - auf die allgemeinen

____

Thomas Jefferson

4. Juli 1776:

„Wir halten diese Wahrheiten für in sich einleuchtend:

daß alle Menschen gleich geschaffen sind;

daß sie von ihrem Schöpfer mit gewissen unveräußerlichen Rechten ausgestattet sind, darunter Leben, Freiheit und Streben nach Glück;

daß zur Sicherung dieser Rechte Regierungen unter den Menschen eingesetzt sind, die ihre gerechten Vollmachten von der Einwilligung der Regierten herleiten;

daß, wenn immer eine Regierungsform diesen Zwecken schadet, es das Recht des Volkes ist, sie zu ändern oder abzuschaffen und eine neue Regierung einzusetzen, die sich auf solchen Grundsätzen aufbaut..."

1. Welche unveräußerlichen Rechte bzw. "in sich einleuchtende Wahrheiten" werden aufgeführt?

____

Diese "Wahrheiten" gelten als ______________ oder als ______________ des Menschen in der Gesellschaft

2. Welche Aufgaben hat nach dieser Erklärung eine Regierung?

____

3. Die "Vereinigten Staaten von Amerika" werden abgekürzt als USA bezeichnet. Was heißt diese Abkürzung?

____

4. Ursprünglich waren auf der Fahne 13 Sterne. Wofür standen sie als Sinnbild?

____

Wie viele Sterne sind es heute? ______________

Was erinnert auf der heutigen Fahne noch an die 13 Staaten von 1776?

____

5. Die Amerikaner begehen den 4. Juli als ihren Nationalfeiertag. Warum?

____

BOSTONER TEA PARTY - DIE REAKTION ENGLANDS

Darauf läßt der englische König den Hafen von Boston durch Kriegsschiffe sperren, hebt die Freiheiten der Siedler auf und stellt sie unter Kriegsrecht. Das bedeutete: Verbot von Versammlungen, Ablieferung der Waffen, Zeitungszensur, Ausgangssperre in der Nacht. Die Siedler reagieren empört "Wir gehören zusammen! Wir sind nicht mehr Virginier und New Yorker und Georgier, wir sind freie Amerikaner!"

Noch gibt es Stimmen, die vor einem Bruch mit England warnen. Als aber der König die Siedler zu Aufrührern erklärte und bei deutschen Fürsten Soldaten kauft für den Krieg gegen die Kolonien, sind die Siedler zum äußersten entschlossen. Sie ernennen George WASHINGTON, einen Tabakpflanzer aus Virginia, zum Oberbefehlshaber des Bundes. 3 hervorragende Männer arbeiten die Unabhängigkeitserklärung aus.

1. Wie reagierte der englische König?
   Sperrung des Hafens von Boston - Kriegsrecht - Verbote - erklärt die Siedler zu Aufrührern - kauft dt. Soldaten

2. Verhalten der Siedler:
   Gemeinschaftsgefühl wächst - Zusammenschluß - Unabhängigkeitserklärung

3. Wie vollzieht sich die Lösung von England?
   Allmähliches Abtrennen der Kolonien vom Mutterland

George Washington

Friedrich Wilhelm von Steuben

Amerikanischer Unabhängigkeitskrieg

Ein unerbittlicher Krieg entbrannt zwischen dem englischen Königreich und der jungen Republik. Ein französischer Beobachter schrieb: " Die Amerikaner haben Mut und Gottvertrauen, aber keine Disziplin. Sie sind kampfgewohnt durch ihre dauernden Kleinkriege gegen die Indianer, aber sie haben kein Artillerie. Als Offiziere wählen sie häufig trinkfeste biedere Farmer, die aber keine Ahnung haben, wie man eine Befestigung baut ..."

General WASHINGTON stand vor einer schier unlösbaren Aufgabe. Mit einem schlecht ausgebildeten und ausgerüsteten Heer sollte er dem kampferfahrenen Feind gegenübertreten. Oft liefen die Farmer einfach nach Hause, wenn etwas vorgefallen war oder wenn die Ernte eingebracht werden mußte. Ende 1777 schrieb WASHINGTON in einem Brief: "Wir sind ohne Geld, ohne Proviant und ohne jeden ordentlichen Nachschub. Wir sind ohne zureichende Kleidung, und wenn die Dinge so weitergehen, werden wir bald auch ohne Leute sein.... Mir wird es wie ein Wunder sein, wenn wir uns noch länger behaupten können."

Die Vereinigten Staaten fanden in Frankreich einen mächtigen Bundesgenossen. Der französische König schickte Waffen, Truppen, Munition und vor allem Schiffe.

Große Verdienste um die Ausbildung der amerikanischen Soldaten erwarb sich auch der preußische Baron FRIEDRICH von STEUBEN. In amerikanischen Geschichtsbüchern wird er heute noch als "Organisator des Sieges" bezeichnet.

Entscheidend für den endgültigen Sieg 1783 aber war die Entschlossenheit und Opferbereitschaft der Bürger, für ihre Rechte auf Freiheit und Selbstbestimmung alles dranzusetzen.

1. Mit welchen Problemen hatte WASHINGTON zu kämpfen? Schreibe in Stichpunkten auf!
   - schlecht ausgebildetes Heer
   - Geld- und Nachschubprobleme
   - Kampfmoral der Soldaten
   - ungeeignete Führungskräfte im Heer

2. Nenne stichpunktartig die entscheidenden Gründe für den Sieg der Siedler!
   - F. v. Steuben organisiert das Heer
   - Frankreich unterstützt die V.S.
   - Die Bürger kämpfen für Freiheit und Selbstbestimmung.

Wieder traten die Abgeordneten der ehemaligen 13 Kolonien zu einem Kongreß zusammen um entschlossen dafür zu sorgen, daß nie wieder ein Herrscher über die Bürger nach seiner Willkür gebietet.

Worin bestand die absolute Gewalt der Könige in Europa?

Was mußte vollzogen werden, um eine unbeschränkte Gewalt zu verhindern?

Einer mußte die Gesetze geben
Einer mußte nach diesen Gesetzen regieren, sie durchführen und vollziehen.
Ein Dritter mußte aufpassen, daß jeder - Regierender wie Bürger - sich an die Gesetze hielt.

Von diesen Überlegungen ging der Kongreß bei seinen Beratungen aus und verteilte die Aufgaben auf verschiedene Menschen bzw. Stellen. Er führte die D r e i t e i l u n g d e r G e w a l t e n für das neue Staatswesen durch.

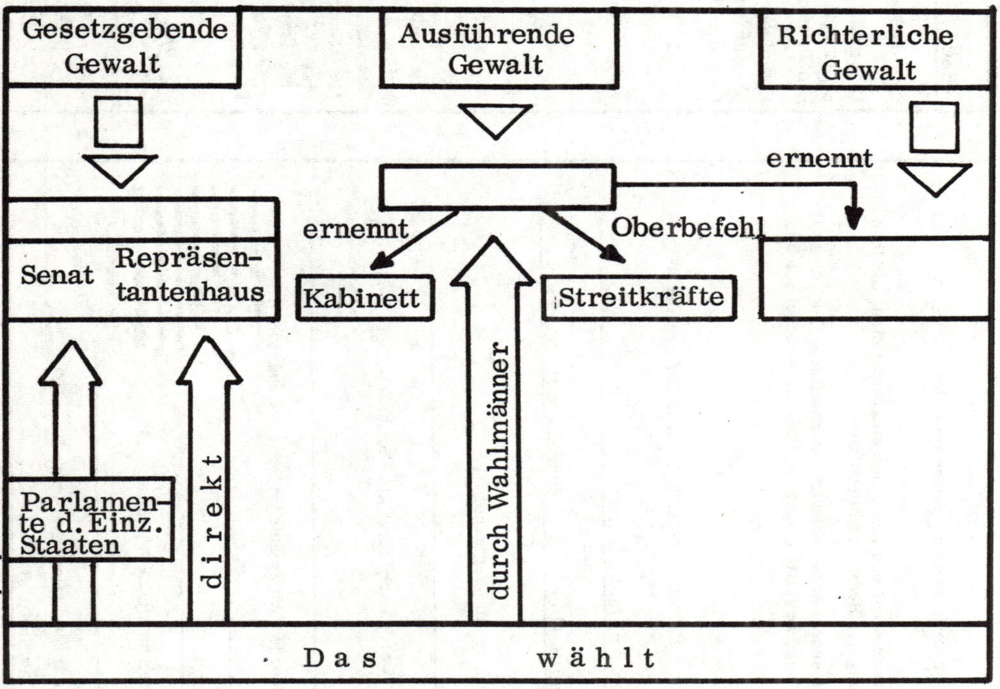

Die Dreiteilung d. Gewalten als Grundlage der amerikanischen Verfassung

1. Versuche, die Verfassung der USA zu erklären!

2. Warum kann diese Verfassung als demokratisch bezeichnet werden? Die Verfassung der USA wurde zum Vorbild aller späteren demokratischen Verfassungen auf der Erde. Auch im Grundgesetz für die Bundesrepublik Deutschland finden wir viele ihrer leitenden Gedanken wieder.

   Welche kennst du?

Alle 13 Kolonien schickten Vertreter nach Philadelphia zu einem Kongreß. Diese beriefen sich in ihrer von JEFFERSON verfaßten Unabhängigkeitserklärung - das geschah erstmals in der Geschichte - auf die allgemeinen *Menschenrechte*

4. Juli 1776:

Wir halten diese Wahrheiten für in sich einleuchtend:

daß alle Menschen gleich geschaffen sind;

daß sie von ihrem Schöpfer mit gewissen unveräußerlichen Rechten ausgestattet sind, darunter Leben, Freiheit und Streben nach Glück;

daß zur Sicherung dieser Rechte Regierungen unter den Menschen eingesetzt sind, die ihre gerechten Vollmachten von der Einwilligung der Regierten herleiten;

daß, wenn immer eine Regierungsform diesen Zwecken schadet, es das Recht des Volkes ist, sie zu ändern oder abzuschaffen und eine neue Regierung einzusetzen, die sich auf solchen Grundsätzen aufbaut..."

1. **Welche unveräußerlichen Rechte bzw. "in sich einleuchtende Wahrheiten" werden aufgeführt?**

   Gleichheit, Freiheit, Leben, Streben nach Glück

   Diese "Wahrheiten" gelten als *unveräußerlich* oder als *Grundlage* des Menschen in der Gesellschaft

2. Welche Aufgaben hat nach dieser Erklärung eine Regierung?

   Sicherung dieser Rechte

3. Die "Vereinigten Staaten von Amerika" werden abgekürzt als USA bezeichnet. Was heißt diese Abkürzung?

   United States of America

4. Ursprünglich waren auf der Fahne 13 Sterne. Wofür standen sie als Sinnbild?

   13 Gründerkolonien

   Wie viele Sterne sind es heute? *50*

   Was erinnert auf der heutigen Fahne noch an die 13 Staaten von 1776?

   13 Querstreifen (rot-weiß)

Die Flagge der USA, das „Sternenbanner"

5. Die Amerikaner begehen den 4. Juli als ihren Nationalfeiertag. Warum?

   Verkündung der Unabhängigkeitserklärung

Wie werden die VEREINIGTEN STAATEN von AMERIKA regiert?

Wieder traten die Abgeordneten der ehemaligen 13 Kolonien zu einem Kongreß zusammen um entschlossen dafür zu sorgen, daß nie wieder ein Herrscher über die Bürger nach seiner Willkür gebietet.

Worin bestand die absolute Gewalt der Könige in Europa?

z.B. Macht in einer Hand! Sie konnten allein Gesetze geben, diese Gesetze kontrollieren u. bei Nichteinhaltung strafen. (Könige = Staatsgewalt)

Was mußte vollzogen werden, um eine unbeschränkte Gewalt zu verhindern?

Einer mußte die Gesetze geben
Einer mußte nach diesen Gesetzen regieren, sie durchführen und vollziehen.
Ein Dritter mußte aufpassen, daß jeder - Regierender wie Bürger - sich an die Gesetze hielt.

Von diesen Überlegungen ging der Kongreß bei seinen Beratungen aus und verteilte die Aufgaben auf verschiedene Menschen bzw. Stellen. Er führte die D r e i t e i l u n g d e r G e w a l t e n für das neue Staatswesen durch.

Die Dreiteilung d. Gewalten als Grundlage der amerikanischen Verfassung

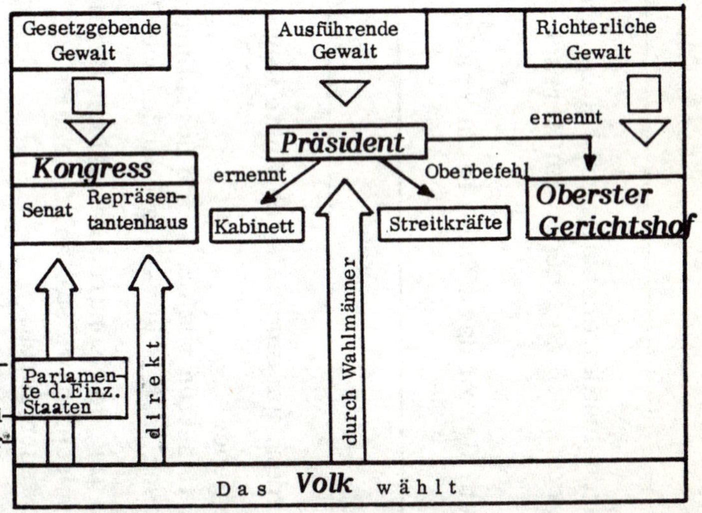

1. Versuche, die Verfassung der USA zu erklären!

   z.B. die Staatsgewalt (= Macht) geht vom Volk aus! Gewaltenteilung!

2. Warum kann diese Verfassung als demokratisch bezeichnet werden? Die Verfassung der USA wurde zum Vorbild aller späteren demokratischen Verfassungen auf der Erde. Auch im Grundgesetz für die Bundesrepublik Deutschland finden wir viele ihrer leitenden Gedanken wieder.

   Welche kennst du?

   z.B. Bundestag - Bundeskanzler und Regierung - Bundesverfassungsgericht / Religions-, Presse- u. Versammlungsfreiheit

Thema:

Am Vorabend der "Französischen Revolution"

GROBZIEL:

Einsicht, daß die Französische Revolution durch die Spannungen zwischen veralteten und neuen wirtschaftlichen, sozialen und politischen Verhältnissen und Vorstellungen zum Ausbruch kommt.

Bereitschaft, für soziale Gerechtigkeit einzutreten (29).

Feinziele:
- Überblick über die ständisch gegliederte Ordnung des absolutistischen Staates
- Erkennen der sozialen Ungerechtigkeiten des Besitz-, Abgabe- und Steuersystems
- Einblick in die herrschenden Verhältnisse, die zur Unzufriedenheit und schließlich Auflehnung beim 3. Stand führten
- Fähigkeit, eine Karikatur zu interpretieren
- Fähigkeit, statistische Schaubilder zu lesen, zu vergleichen und daraus bestimmte Schlüsse zu ziehen.

Arbeitsmittel:

- Wortkarten: Revolution;
  Adel, Geistliche, Bürger, Bauern;
  soziale Ungerechtigkeit;
- Bildkarten: Flagge (Trikolore) und Jakobinermütze (Tafelbild)
- Informationsblatt mit statistischen Schaubildern (Anhang)
- Folie mit Text der Gruppenaufträge (Stundenverlauf)
- Folie mit Text " Finanznot und soziale Ungerechtigkeit" (Anhang)

Tafel, Arbeitsprojektor, Schreibblock, Arbeitsblatt (als Hefteintrag), Episkop, Schülerbuch

TAFELBILD ≙ Lösung AB

Am VORABEND der FRANZÖSISCHEN REVOLUTION

(Ursachen, die zur Revolution führen)

Umsturz; Aufstand; Kampf; Befreiung; Tote und Verletzte; Jubel

- GESELLSCHAFTLICHE GLIEDERUNG:

Adel + **Geistliche** ▶◀ **Bürger** **Bauern**

Verschwendung, Reichtum; Vorrechte, Steuerfreiheit, Finanzkrise d. Staates

Armut; Hunger; Steuerjoch; politisch machtlos

- FORDERUNGEN DES 3. STANDES

- Freiheit
- Gleichheit
- Brüderlichkeit

● *ERKENNTNIS:* ⟶ *Einigen wenigen im Staat geht es recht gut, weil viele Arme für sie zahlen!*

SOZIALE UNGERECHTIGKEIT

Sinnbild:

(Jakobinermütze)

Fahne: (Trikolore)

Unterrichtsstufe Zielangabe — METHODE — TZ und (TZ) Zusf.	Lehr / Lernakte	Medieneinsatz	LERNINHALTE (STOFF) Tafelanschrift (bzw. Folie)	ZEIT
I. HINFÜHRUNG				
1. Einstimmen auf die historische Situation;	Stummer Impuls		Anhängen der Wortkarte "Revolution" an die Tafel	
	evtl. Hilfsimpuls		L: Dazu fällt dir sicher etwas ein!	
2. Brainstorming zum Begriff "Revolution";	L notiert brauchbare Begriffe an der Tafel		Umsturz; Volksaufstand; Tote und Verletzte; Kampf; Befreiung; Jubel ...	
II. PROBLEMKONFRONTATION				
1. Erwecken einer Fragehaltung	Impuls		L: Einer unserer Nachbarstaaten machte vor etwa 200 Jahren eine bedeutende Revolution durch.	
			S: Frankreich!	
	Provokation		L: Sie wirkt heute noch täglich auf mich und dich ein!	
			S: keine Königsherrschaft mehr; Demokratie; alle Menschen sind gleich; Menschenrechte ...	
	Ankündigen des Stundenthemas	TA	L: Warum das so ist, wirst du heute und in den nächsten Stunden erfahren. Heute werden wir versuchen, eine Antwort auf die Frage zu geben: "Wie kommt es zur Revolution?" Wir gehen also gedanklich in die Zeit vor der Revolution.	
Zielangabe:		TA	Am Vorabend der Französischen Revolution	
III. PROBLEMLÖSUNG				
1. Teilziel			Die gesellschaftliche Gliederung in Frankreich vor der Revolution	
	Illustration des Neuen; Darbietung einer Karikatur	Episkop		
	Impuls		L: Wer gut beobachten kann, wird sicher einiges dazu sagen können!	
	vermutete S-Antworten		S: Personen stellen Bevölkerungsschichten dar; der Adel und die Geistlichen erschrecken, weil sich die Armen von den Fesseln befreien, sie fürchten vielleicht die Rache ...	
	Detaillieren des Neuen;			
	L-Gespräch		L: Es gab also drei Schichten, Gruppen oder Klassen von Menschen:	
	Während des Sprechens werden die Wortkarten an die Tafel gehängt (Siehe Tafelbild)		1. Stand: Adelige 2. Stand: Geistliche 3. Stand: Bürger und Bauern Damit die Zusammenhänge richtig dargestellt sind, muß ich aber diese Zeichen setzen: Du weißt sicher, was sie bedeuten! Adel und Geistlichkeit gehören zusammen; sie stehen im Gegensatz oder im Streit mit den Bürgern und Bauern.	
	Rückführung zum Problem; Überleitung:		Warum das so ist, erfährst du aus diesen Schaubildern.	
2. Teilziel			Die soziale Situation	
	S lesen still und werten in Gruppen aus; arbeitsteilige GA	Folie/Arbeitsprojektor (Info-Blatt)	(Siehe Anhang: Statistik) G 1/2: Vergleicht Bevölkerungsgliederung und Eigentumsverhältnisse! G 3/4: Vergleicht den Staatshaushalt mit den Steuereinnahmen! G 5/6: Vergleicht die Eigentumsverhältnisse mit den Steuereinnahmen! G 7/8: Vergleicht das Bevölkerungsdiagramm mit den Steuereinnahmen!	
	Auftrag		L: Schreibt euere Erkenntnis in ein oder zwei Sätzen auf!	
	Abruf der Ergebnisse; S lesen Sätze vor			
	Anschauliche Ergänzung; Lesen eines Textes zur sozialen Situation	Folie oder Info-Blatt	Text: "Finanznot und soziale Ungerechtigkeit" (Anhang)	

Unterrichtsstufe Zielangabe TZ und (TZ) Zusf.	METHODE Lehr / Lernakte	Medieneinsatz	LERNINHALTE (STOFF) Tafelanschrift (bzw. Folie)	ZEIT
	Fixierung der Ergebnisse an der Tafel (durch zwei SS, diktieren abwechselnd)		(Siehe Tafelbild) L: Einigen wenigen im Staat geht es sehr gut, weil ... S: ... viele Arme für sie zahlen!	
	Anhängen der Wortkarte		soziale Ungerechtigkeit	
3. Teilziel	Lehrgespräch und Fixierung an der Tafel		Forderungen des 3. Standes Die Führer des 3. Standes forderten, daß diese Mißstände abgeschafft werden müssen. Sie faßten ihre Forderungen in drei Schlagwörtern zusammen:	
		TA	Freiheit Gleichheit Brüderlichkeit	
		Bildkarten	Ihre Fahne wurde die Trikolore. Ihr Sinnbild die Jakobinermütze. Genaueres hierzu erfahrt ihr in den nächsten Stunden.	
IV. VERTIEFUNG	Überlegungen zum Problem		L: Der Adel und die Geistlichkeit waren nicht schlau! Wie hätten sie nach deiner Meinung eine Revolution verhindern können?	
	SS-Vermutungen		S: Etwas nachgeben in der Haltung: Steuererleichterungen; Verzicht auf einige Vorrechte; Volk in einigen Bereichen mitbestimmen lassen ...	
V. ERGEBNISSICHERUNG	Ausfüllen des AB bei geschlossener Tafel; Ergebniskontrolle durch Öffnen der Tafel			
VI. AUSKLANG	Nochmaliges Einblenden der Karikatur		L: Du findest jetzt sicher eine passende Überschrift oder Erklärung zu diesem Bild!	
Anmerkung:	Das Arbeitsblatt (als Hefteintrag) für die Schüler ist analog dem Tafelbild gestaltet.			

Informationsblatt: **Am Vorabend der Französischen Revolution**

(Statistisches Zahlenmaterial)

1. Bevölkerungsgliederung der 26 Millionen Franzosen:

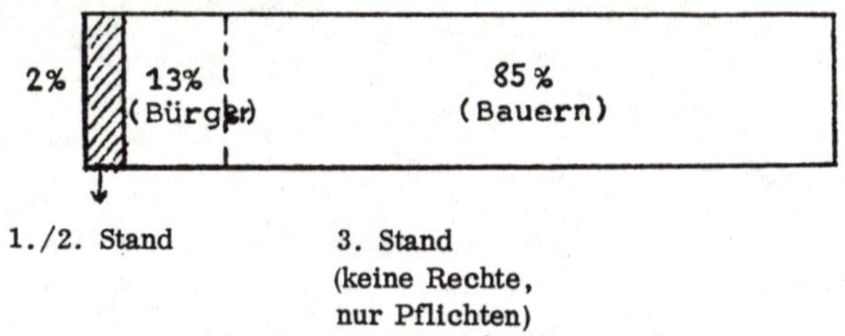

2. Eigentum an Grund und Boden:

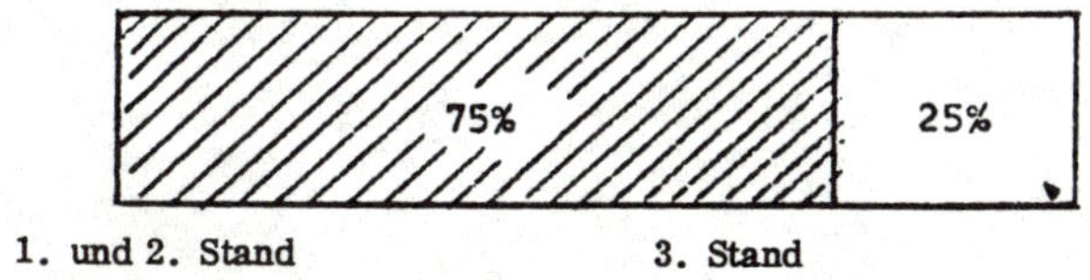

3. Steuereinnahmen:

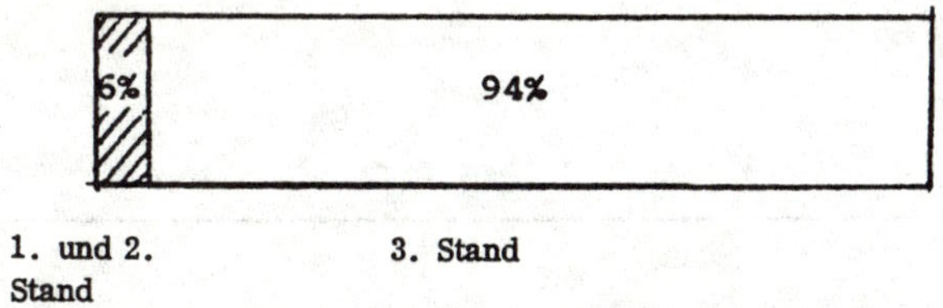

4. Staatshaushalt:

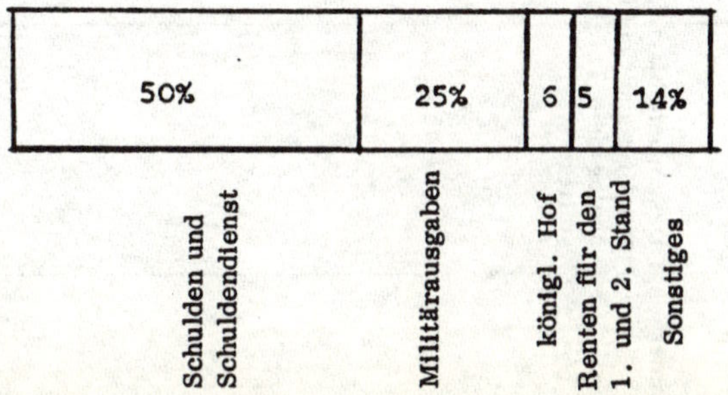

Karikatur:

Text: " Finanznot und soziale Ungerechtigkeit"

Der Nachfolger des Sonnenkönigs (Ludwig XIV.), Ludwig XV. herrschte fast 60 Jahre lang zum Unheil des Volkes mit ungeheurer Verschwendungssucht. Die Hofgesellschaft lebte in Ausschweifung und Ausgelassenheit. Nach der Zukunft fragte niemand. "Nach uns die Sintflut!"

Der Leichtsinn und die maßlose Verschwendung am Hofe verbitterten das Volk. Die Bauern konnten nur mit äußerster Mühe die Abgaben und Steuern aufbringen. Der Adel dagegen kümmerte sich nur um sein persönliches Wohlergehen. Er ließ die Steuern durch Steuerpächter eintreiben. Diese schreckten vor Betrügereien nicht zurück. Sie achteten weder auf Mißernten noch auf Teuerungen, so daß die bäuerliche Bevölkerung in drückender Armut leben mußte. Auch die Städter stöhnten unter der Steuerlast. Abgaben wurden so ziemlich für alles erhoben. Selbst für Die Fenster an der Straßenseite war eine Gebühr zu entrichten.

1774 kam Ludwig XVI. an die Regierung. Er wurde vom Volke freudig begrüßt. Leider mußte die Bevölkerung nur allzu rasch erkennen, daß der neue Herrscher schwach und gleichgültig war. Er kümmerte sich nicht um die Regierungsgeschäfte. Die Schuldenlast des Staates nahm zu, die Verschwendung am Hofe ging weiter, die Mißstände in der Verwaltung, in der Rechtssprechung und in der Armee blieben bestehen. Für Geld konnte man alles kaufen, sogar Adelstitel und günstige Gerichtsurteile.

Ursachen, die zur Revolution führen

Gesellschaftliche Gliederung:

1. Stand: + 2. Stand: 3. Stand:

Erkenntnis:

Einigen wenigen im Staat geht es recht gut, weil

Forderungen:

Sinnbild: (Jakobinermütze)

Fahne: (Trikolore)

Thema: ______________________ Folie Nr.: ☐

Warum erwachte der dritte Stand ?

1.	Adel	120.000			
2.	Hohe Geistliche	80.000	2/3 Besitz	1/8 Steuern	
3.	Bauern Tagelöhner Handwerker	25 Mill.	1/3 Besitz	7/8 Steuern	

BESITZVERHÄLTNISSE UND STEUERLAST

Rousseau:
"Alle Menschen sind gleich"
"Man darf einen schlechten Herrscher absetzen ..."

AUFKLÄRUNG

Verbote, Zwangsarbeit, Willkür, Schikane, Ungerechtigkeit

UNTERDRÜCKUNG

Bauer 1: Meine Felder liegen im Jagdgebiet des Königs. Ich darf sie vom 1. Mai bis 24. Juni nicht betreten, um die brütenden Rebhühner nicht zu stören.

Bauer 2: Wir mußten im vorigen Jahr 198 Tage an den Straßen des Königs arbeiten und konnten die Felder nicht bestellen.

Bauer 3: Mein Vater ist von den Wildhütern des Königs niedergeschossen worden, weil er ein Kaninchen erschlug, das auf seinem Feld wühlte.

Bauer 4: Wir mußten im Sommer jede Nacht den Schloßteich mit Ruten schlagen, damit die Frösche nicht lärmten und die Herrschaften schlafen konnten.

Bauer 5: Wir mußten über ein Drittel an Steuern zahlen, während der Graf und das Kloster steuerfrei blieben.

Der Franzose ____________________ erklärte:

"Der Mensch ist frei geboren und kann auf seine Freiheit nicht verzichten."

Ein anderer Franzose, ____________________, forderte:

"Alle Staatsgewalt darf nicht in einer Hand liegen, sondern muß geteilt werden, damit die Macht nicht mißbraucht werden kann!"

Schreibe in zwei Worten nieder, was diese beiden "Fortschrittler" in Frankreich damals anstrebten:

____________________ ____________________

LUDWIG XVI. war ehrlich bemüht, Abhilfe zu schaffen und rief 1789 die Vertreter der drei Stände zusammen. Adelige und Geistliche wollten aber auf ihre Vorrechte nicht verzichten. Da erklärten sich die Vertreter des dritten Standes zur alleinigen Volksvertretung, nannten sich ____________________ und schworen, nicht eher auseinanderzugehen, bis sie eine Verfassung durchgesetzt hätten. Indessen aber hungerte das Volk von Paris. Es rottete sich auf den Straßen zusammen und berauschte sich an den Worten der Volksredner. Diese riefen:

" Der König hat ____________________ versprochen, aber es geschieht nichts. Wir bleiben ____________________, wie wir schon immer waren. Laßt es euch nicht gefallen, werdet ____________________! Hat nicht auch das Volk von ____________________ seine ____________________ mit unserer Hilfe erkämpft? Nun müssen wir uns selber ____________________!" (Freiheit, frei, unterdrückt, helfen, Amerika, Besserung)

Merke:

Da erstürmte das Volk am

____

das verhaßte Staats gefängnis, die

____

mit dem Schlachtruf:

____

Der STURM auf die BASTILLE (= königliche Festung)

Die Aktivitäten am Hof, die Truppenansammlung in Paris und die steigenden Brotpreise verursachten große Unruhe in der Pariser Bevölkerung. Da die Lage bedrohlich war und die Nationalversammlung zu schwach zum Handeln, griff die Pariser Bevölkerung zum Mittel der Selbstorganisation. Die Wahlmänner von Paris bildeten einen ständigen Ausschuß und schufen eine Bürgermiliz. An einem Tag wurden um 13 200 Bürger aus den städtischen Volksklassen bewaffnet. Um an Munition zu gelangen, wurde u.a. beschlossen, die Herausgabe des in der Bastille gelagerten Pulvers zu fordern. In dieser Absicht wurde eine Delegation an den Gouverneur die Festung, de Launay, entsandt. Die Bastille, das Pariser Gefängnis, galt auch in der Bevölkerung als Symbol des königlichen Absolutismus.
Die Verhandlungen dauerten mehrere Stunden. Inzwischen wurde die Volksmenge von 800 - 900 Menschen unruhig. Daher kletterten zwei Männer über die Mauer und ließen die Brücke zum inneren Hof herab. Da der Gouverneur an einen Angriff glaubte, ließ er auf die Menge schießen. Es gab 98 Tote und 73 Verwundete unter den Angreifen; von den Verteidigern wurde nur einer getroffen...
Der Gouverneur wollte sich nach einiger Zeit ergeben, unter der Bedingung, daß die Garnison verschont bliebe; doch die wütende Menge wollte von Bedingungen nichts wissen, und die Belagerung wurde fortgesetzt. Nun scheint der Gouverneur den Kopf verloren zu haben: Er drohte, die Festung in die Luft zu sprengen. Seine Leute hielten ihn jedoch davon ab, und in der Verzweiflung gab er Befehl, die große Zugbrücke herabzulassen. So fiel die Bastille ... Die Sieger der Bastille', wie sie schließlich genannt wurden, zählten 800 bis 900 Personen ...
Der Gouverneur wurde zunächst festgenommen, allerdings unterwegs von der Volksmenge erschlagen.
Die Erstürmung der Bastille hatte weitreichende politische Folgen. Die Nationalversammlung war dadurch gerettet und wurde vom König anerkannt.
Der Sturm auf die Bastille war das Signal. Ganz Frankreich wurde von der revolutionären Entwicklung ergriffen. Überall strömten die Bauern zusammen und stürmten die Herrensitze. Sie holten die Besitzpapiere und Urkunden für den Grund und Boden aus den Ämtern und verbrannten sie. Steuerbeamte wurden davongejagt und die Zahlungen eingestellt.

1. Nenne Gründe, warum die Volksmenge die Bastille belagerte und erstürmte !

____

____

2. Warum wurde wohl gerade der Sturm auf die Bastille zum Signal für ganz Frankreich?

____

____

3. Welche wichtige politische Folge hatte die Erstürmung?

____

____

Die VERKÜNDUNG der Menschenrechte

Im August 1789 wurden durch die Nationalversammlung eine Erklärung der Menschenrechte für das französische Volk verabschiedet. Diese Menschenrechte - sie entsprachen den Bestimmungen der Verfassung der USA - wurden zur Grundlage der französischen Verfassung.

Die wichtigsten Artikel:

1. Die Menschen werden frei und an Rechten gleich geboren und bleiben es.
2. Der Zweck jeder staatlichen Vereinigung ist die Erhaltung der natürlichen und unverjährbaren Menschenrechte. Das sind die Rechte auf Freiheit, Eigentum, Sicherheit und Widerstand gegen Unterdrückung.
3. Der Ursprung jeder Herrschaft liegt seinem Wesen nach beim Volk.
4. Die Freiheit besteht darin, alles tun zu können, was einem anderen nicht schadet; die Ausübung der natürlichen Rechte eines jeden Menschen hat also nur die Grenzen, die den anderen Gliedern der Gesellschaft den Genuß der gleichen Recht sichern.
5. Das Gesetz ist der Ausdruck des allgemeinen Willens. Alle Bürger haben das Recht, bei seinem Zustandekommen entweder persönlich oder durch ihre Vertreter mitzuwirken. Es muß dasselbe sein für alle ...
6. Niemand darf außer in den durch das Gesetz bestimmten Fällen angeklagt, verhaftet oder gefangengehalten werden ...; aber jeder Bürger, der kraft des Gesetzes vorgeladen oder ergriffen wird, muß auf der Stelle gehorchen; durch Widerstand macht er sich strafbar.
7. Jeder Mensch ist für schuldlos anzusehen, solange kein Schuldspruch erfolgt ist.
8. Niemand darf wegen seiner Überzeugung, auch wegen der religiösen nicht, belangt werden.
9. Die freie Äußerung der Gedanken und Meinungen ist eines der wertvollsten Rechte des Menschen; daher darf jeder Bürger frei sprechen, schreiben, denken.
10. Die allgemeine Steuer muß auf alle Bürger nach ihrem Vermögen gleich verteilt werden.

1. Versuche, die angeführten Rechte jeweils durch ein Beispiel zu verdeutlichen!
2. Die Forderungen der Französischen Revolution waren: Freiheit - Gleichheit - Brüderlichkeit. Wo werden diese Forderungen in den Menschenrechten berücksichtigt?

   Bei einem Punkt werden sie aber auch eingeschränkt. Warum?
3. Gibt es von diesen zehn Rechten welche, die heute in unserem Staat nicht gelten?

Ursache: Sturm auf die Bastille

Lage: Thron des Königs schwankt

Entscheidungsmöglichkeiten:

- dem Volk nachgeben
- mit Hilfe der europäischen Könige kämpfen

Abwägungen:

- das Ansehen im Ausland verlieren
- die Macht teilweise verlieren
- die Macht behalten
- die Macht ganz verlieren

Fluchtversuch

PROZESS GEGEN KÖNIG LUDWIG XVI. am 17.1.1793:

A N K L Ä G E R

57 Anklagepunkte:

u.a.: Landesverrat, Verschleuderung des Staatsvermögens, Unterjochung des Volkes, Widerstand gegen die Befreiung der Bauern ...

"Wir haben ihn weniger zu richten als zu bekämpfen. Regieren an und für sich ist schon ein Verbrechen, das ein Volk nur zu seiner Schmach erduldet ..."

V E R T E I D I G E R

Die Verteidiger führten zugunsten des Angeklagten aus:

"Das Volk wollte die Abschaffung der Fronarbeit, Ludwig schaffte sie ab;

das Volk forderte die Aufhebung der Leibeigenschaft, Ludwig hob sie auf;

das Volk begehrte die Bürgerrechte, Ludwig verlieh sie ihm; das Volk wollte die Freiheit, Ludwig schenkte sie ihm ..."

Pfeifen und Johlen unterbricht die Verteidiger, obwohl jeder weiß, daß sie die Wahrheit sagen.

Abstimmung:

361 Stimmen für den Tod des Königs

Abstimmung:

360 Stimmen gegen den Tod des Königs

VOLLSTRECKUNG DES URTEILS am 21.1.1793

Vier Tage nach dem Urteilsspruch durch die Nationalversammlung bestieg Ludwig XVI. das Blutgerüst. Seine letzten Worte waren: "Franzosen, ich sterbe unschuldig. Ich vergebe meinen Feinden und wünsche, daß auch Gott ihnen vergebe, und daß mein Tod das Wohl Frankreichs fördern möge."

Der STURM auf die BASTILLE (= königliche Festung)

Die Aktivitäten am Hof, die Truppenansammlung in Paris und die steigenden Brotpreise verursachten große Unruhe in der Pariser Bevölkerung. Da die Lage bedrohlich war und die Nationalversammlung zu schwach zum Handeln, griff die Pariser Bevölkerung zum Mittel der Selbstorganisation. Die Wahlmänner von Paris bildeten einen ständigen Ausschuß und schufen eine Bürgermiliz. An einem Tag wurden um 13 200 Bürger aus den städtischen Volksklassen bewaffnet. Um an Munition zu gelangen, wurde u.a. beschlossen, die Herausgabe des in der Bastille gelagerten Pulvers zu fordern. In dieser Absicht wurde eine Delegation an den Gouverneur die Festung, de Launay, entsandt. Die Bastille, das Pariser Gefängnis, galt auch in der Bevölkerung als Symbol des königlichen Absolutismus.
Die Verhandlungen dauerten mehrere Stunden. Inzwischen wurde die Volksmenge von 800 - 900 Menschen unruhig. Daher kletterten zwei Männer über die Mauer und ließen die Brücke zum inneren Hof herab. Da der Gouverneur an einen Angriff glaubte, ließ er auf die Menge schießen. Es gab 98 Tote und 73 Verwundete unter den Angreifen; von den Verteidigern wurde nur einer getroffen...
Der Gouverneur wollte sich nach einiger Zeit ergeben, unter der Bedingung, daß die Garnison verschont bliebe; doch die wütende Menge wollte von Bedingungen nichts wissen, und die Belagerung wurde fortgesetzt. Nun scheint der Gouverneur den Kopf verloren zu haben: Er drohte, die Festung in die Luft zu sprengen. Seine Leute hielten ihn jedoch davon ab, und in der Verzweiflung gab er Befehl, die große Zugbrücke herabzulassen. So fiel die Bastille ... Die Sieger der Bastille', wie sie schließlich genannt wurden, zählten 800 bis 900 Personen ...
Der Gouverneur wurde zunächst festgenommen, allerdings unterwegs von der Volksmenge erschlagen.
Die Erstürmung der Bastille hatte weitreichende politische Folgen. Die Nationalversammlung war dadurch gerettet und wurde vom König anerkannt.
Der Sturm auf die Bastille war das Signal. Ganz Frankreich wurde von der revolutionären Entwicklung ergriffen. Überall strömten die Bauern zusammen und stürmten die Herrensitze. Sie holten die Besitzpapiere und Urkunden für den Grund und Boden aus den Ämtern und verbrannten sie. Steuerbeamte wurden davongejagt und die Zahlungen eingestellt.

1. Nenne Gründe, warum die Volksmenge die Bastille belagerte und erstürmte !

Erhöhung der Brotpreise - Hunger - Truppenansammlung

in der Stadt - Unzufriedenheit ...

2. Warum wurde wohl gerade der Sturm auf die Bastille zum Signal für ganz Frankreich?

Bastille - ein Symbol des königlichen Absolutismus.

Sturm auf die Bastille = Sturm auf den Absolutismus.

3. Welche wichtige politische Folge hatte die Erstürmung?

Die Nationalversammlung wird vom König anerkannt.

CHAOS und TERROR nach der REVOLUTION

Herzog von Braunschweig (Oberkommandierender der österreichisch-preußischen Truppen):
Aufruf an das französische Volk am 26. Juli 1782:

"Die Stadt Paris und alle ihre Bewohner ohne Unterschied sind gehalten, sich auf der Stelle und ohne Verzug ihrem König zu unterwerfen, diesen Fürsten in die volle Freiheit zu setzen und ihn wie alle königlichen Personen der Unverletzlichkeit und der Achtung zu sichern, die nach Natur- und Völkerrecht die Pflicht der Untertanen gegen die Herrscher gebietet ... Dabei erklären die genannten Majestäten auf ihr kaiserliches und königliches Ehrenwort, daß, wenn das Schloß der Tuilerien gestürmt oder sonst verletzt, wenn die mindeste Gewalttat oder Beleidigung Ihren Majestäten dem König, der Königin und der ganzen königlichen Familie widerfährt, wenn nicht unmittelbar für ihre Sicherheit, ihr Leben und ihre Freiheit gesorgt wird, sie eine exemplarische und für alle Zeiten denkwürdige Rache nehmen und die Stadt Paris einer militärischen Exekution und einer gänzlichen Vernichtung, die Empörer selbst, die diese Attentate verschuldet haben, dem verdienten Tod überliefern werden."

abgedruckt in der Pariser Zeitung "Monituer" am 3. August 1792

Straßenanschlag in Paris vom 10. August 1792:

"Fürchtet die Reaktion! wiederhole ich euch. Eure Feinde werden euch nicht schonen, wenn der Würfel wieder zu ihren Gunsten fällt, deshalb keine Gnade! ... Um die Pflichten der Menschlichkeit mit der Sorge für das öffentliche Wohl zu versöhnen, schlage ich euch vor, die revolutionsfeindlichen Mitglieder der Nationalversammlung zu dezimieren. Wenn ihr davon zurückscheut, so wird das heute vergossene Blut umsonst geflossen sein, und ihr werdet für die Freiheit nichts erreicht haben. Vor allem aber haltet den König, sein Weib und seinen Sohn als Geiseln fest! Und da es nur von ihm abhängt, unsere Feinde für immer zu entfernen, erklärt ihm, daß, wenn die Österreicher nicht binnen 14 Tagen 20 Meilen von der Grenze entfernt sind, sein Kopf ihm vor die Füße rollen wird."

Robespierre im Nationalkonvent 3. Dezember 1792:

"Aber ein entthronter König im Schoße einer Revolution, die noch weit davon entfernt ist, durch gerechte Gesetze verankert zu sein, ein König, dessen Namen allein schon die Geißel des Krieges auf die erregte Nation herabbeschwört: dessen Dasein kann weder durch Haft noch durch Verbannung für das öffentliche Wohl gleichgültig werden. Mit Schmerz spreche ich die verhängnisvolle Wahrheit aus: es ist besser, daß Ludwig stirbt, als daß 100.000 tugendhafte Bürger umkommen: Ludwig muß sterben, weil das Vaterland leben muß."

Beschluß des Nationalkonvents vom 20. Januar 1793:

"Der Nationalkonvent erklärt Ludwig Capet, letzten König der Franzosen, der Verschwörung gegen die Freiheit der Nation und der Verletzung der öffentlichen Sicherheit des Staates für schuldig. Der Nationalkonvent bestimmt, daß Ludwig Capet die Todesstrafe erleiden soll."

Die Revolution entartet zur Schreckensherrschaft

Die hitzigsten unter den Revolutionären waren die JAKOBINER; ihren Namen bekamen sie von dem verstaatlichten Kloster St. Jakob, wo sie ihre Beratungen abhielten. Als äußeres Zeichen trugen sie die rote Jakobinermütze mit einem blau-weiß-roten Abzeichen. Noch heute zeigt die französische Fahne, die sogenannte ______________ die Farben:

____

die in ______________ Streifen angeordnet sind.

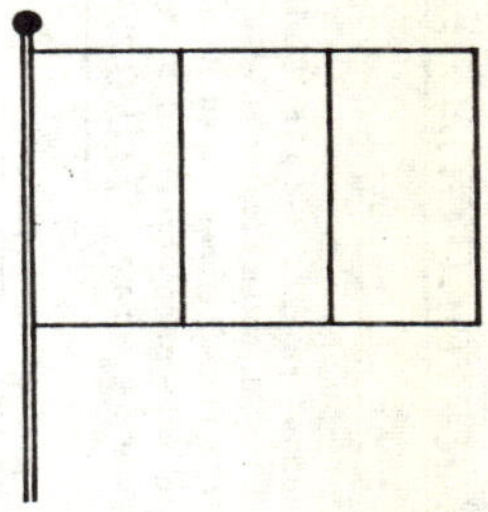

Die redegewandtesten ______________:

______________ ______________ ______________

hetzten nun weiter das Volk auf, mordeten Tausende und ließen schließlich auch den ______________ und die ______________ hinrichten.

Für diese Hinrichtungen hat ein französischer Arzt namens GUILLOT in die nach ihm benannte Tötungsmaschine erfunden; sie heißt ______________

Die Anführer der Revolution konnten wohl Angst und Schrecken verbreiten, aber den Hunger und die Not nicht beseitigen. So beschuldigten sie sich schließlich gegenseitig und brachten einander um. Was dazu ein Zeitgenosse sagte, sollst du dir aus den nachstehenden Wörtern selbst zusammensetzen. Richtig geordnet, ergeben diese einen sinnvollen Satz, den du dir merken solltest!!

Die - Kinder - ihre - Revolution - eigenen - frißt

Schreibe hier den Satz: ______________

Die Revolution wird über den Rhein getragen

Die Französische Revolution wurde a n f a n g s von der Bevölkerung der Nachbarländer, insbesondere auch vom deutschen Volk, begrüßt. Frage dich, warum das so war, und warum es sich später änderte! ?

____

____

____

____

____

____

Wie bricht die Revolution aus?

Der Franzose *Rousseau* erklärte:

"Der Mensch ist frei geboren und kann auf seine Freiheit nicht verzichten."

Ein anderer Franzose, *Montesquieu*, forderte:

"Alle Staatsgewalt darf nicht in einer Hand liegen, sondern muß geteilt werden, damit die Macht nicht mißbraucht werden kann!"

Schreibe in zwei Worten nieder, was diese beiden "Fortschrittler" in Frankreich damals anstrebten:

Menschenrechte *Gewaltenteilung*

LUDWIG XVI. war ehrlich bemüht, Abhilfe zu schaffen und rief 1789 die Vertreter der drei Stände zusammen. Adelige und Geistliche wollten aber auf ihre Vorrechte nicht verzichten. Da erklärten sich die Vertreter des dritten Standes zur alleinigen Volksvertretung, nannten sich *Nationalversammlung* und schworen, nicht eher auseinanderzugehen, bis sie eine Verfassung durchgesetzt hätten. Indessen aber hungerte das Volk von Paris. Es rottete sich auf den Straßen zusammen und berauschte sich an den Worten der Volksredner. Diese riefen:

" Der König hat *Besserung* versprochen, aber es geschieht nichts. Wir bleiben *unterdrückt*, wie wir schon immer waren. Laßt es euch nicht gefallen, werdet *frei*! Hat nicht auch das Volk von *Amerika* seine *Freiheit* mit unserer Hilfe erkämpft? Nun müssen wir uns selber *helfen*!" (Freiheit, frei, unterdrückt, helfen, Amerika, Besserung)

Merke:

- **Staatsbankrott**
- *Einberufung der Generalstände* (nach 175 Jahren!)
- *3. Stand erklärt sich zur Nationalversammlung*
- *Ballhausschwur*

Da erstürmte das Volk am *14. Juli 1789* das verhaßte Staats gefängnis, die *Bastille* mit dem Schlachtruf: *Freiheit, Gleichheit, Brüderlichkeit*

Die FRANZÖSISCHE REVOLUTION

Die Revolution entartet zur Schreckensherrschaft

Die hitzigsten unter den Revolutionären waren die JAKOBINER; ihren Namen bekamen sie von dem verstaatlichten Kloster St. Jakob, wo sie ihre Beratungen abhielten. Als äußeres Zeichen trugen sie die rote Jakobinermütze mit einem blau-weiß-roten Abzeichen. Noch heute zeigt die französische Fahne, die sogenannte *Trikolore* die Farben: *blau - weiß - rot* die in *senkrechten* Streifen angeordnet sind.

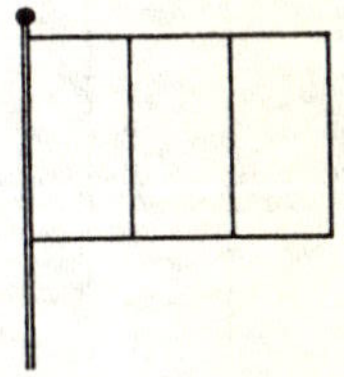

Die redegewandtesten *Revolutionäre* : *DANTON MARAT u. ROBESPIERRE*

DANTON

MARAT

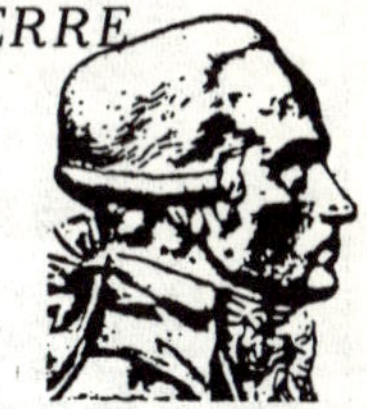

ROBESPIERRE

hetzten nun weiter das Volk auf, mordeten Tausende und ließen schließlich auch den *König* und die *Königin* hinrichten.

Für diese Hinrichtungen hat ein französischer Arzt namens GUILLOT in die nach ihm benannte Tötungsmaschine erfunden; sie heißt *Guillotine*

Die Anführer der Revolution konnten wohl Angst und Schrecken verbreiten, aber den Hunger und die Not nicht beseitigen. So beschuldigten sie sich schließlich gegenseitig und brachten einander um. Was dazu ein Zeitgenosse sagte, sollst du dir aus den nachstehenden Wörtern selbst zusammensetzen. Richtig geordnet, ergeben diese einen sinnvollen Satz, den du dir merken solltest!!

Die - Kinder - ihre - Revolution - eigenen - frißt

Schreibe hier den Satz: *Die Revolution frißt ihre eigenen Kinder*

Die Revolution wird über den Rhein getragen

Die Französische Revolution wurde a n f a n g s von der Bevölkerung der Nachbarländer, insbesondere auch vom deutschen Volk, begrüßt. Frage dich, warum das so war, und warum es sich später änderte!?

○ *Fortschrittliche Ideen, Beachtung der Menschenrechte, Freiheit, Gleichheit, Abbau der Rechte von Adel und Geistlichkeit*

○ *Maßlosigkeit der Revolutionäre, Gutshöfe und Kirchen wurden zerstört, Christentum bedroht, keiner fühlte sich mehr sicher.*

Lehrbereich:

Aufklärung und **bürgerliche Revolutionen**

Thema:

Wer war NAPOLEON?

GROBZIEL: Einblick in den Weg Frankreichs unter NAPOLEON

FEINZIELE: Die Schüler sollen

- an Hand eines Informationstextes wichtige Eigenschaften Napoleons erkennen und fixieren können,
- den Aufstieg Napoleons beschreiben können,
- wissen, daß Napoleon durch einen Staatsstreich an Macht kam,
- erklären können, welche Umstände zum Gelingen des Putsches beitrugen,
- Bereitschaft zu einer wertender Aussage über die Person Napoleons zeigen.

TAFELBILD ≙ Lösung AB

WER WAR NAPOLEON ?

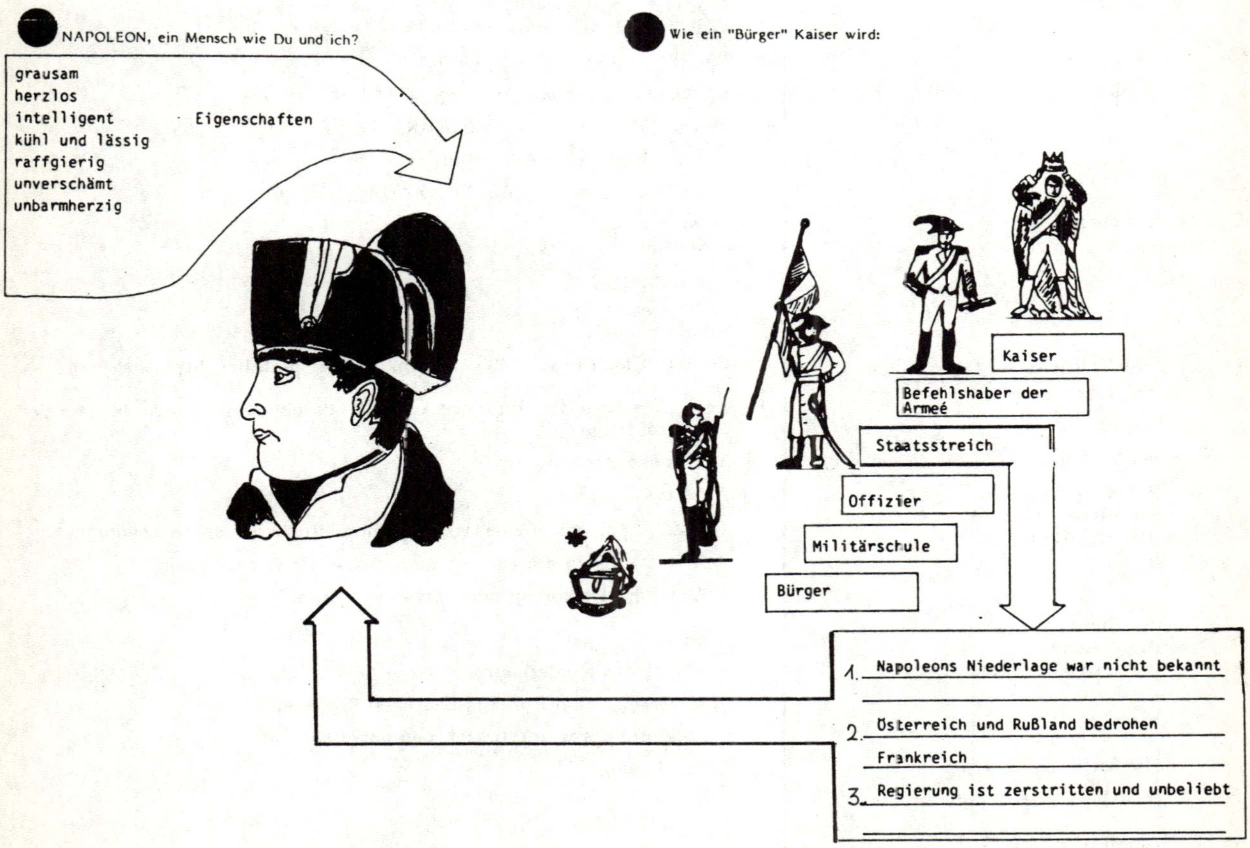

Unterrichtsstufe Zielangabe – TZ und (TZ) Zusf.	METHODE – Lehr / Lernakte	Medieneinsatz	LERNINHALTE (STOFF) – Tafelanschrift (bzw. Folie)	ZEIT
I. EINSTIEG:				
	Motivation	Episkop, Buch: Wir erleben die Geschichte		
	Stummer Impuls		Zeitgenössische Darstellung Napoleons in seinem Arbeitszimmer (Louis David)	
	Spontane Schüleräußerung		S: NAPOLEON	
	Mögliche Impulse zur Bildbetrachtung		L: - Der Herr scheint sich gerade den Bauch zu kratzen! - Der Herr ist Dir doch sympathisch? - Zitat: "Finster, ja sogar wild, fast immer verschlossen, stets allein für sich, ein Feind aller Spiele, überhaupt allen kindlichen Vergnügens. In einem Teil des Gartens, den er möglichst unzugänglich machte, brütete und studierte er unausgesetzt, und wehe dem, der ungerufen herantrat."	
Zielangabe:			Wer war NAPOLEON?	
II. ERARBEITUNG: 1. Teilziel:			<u>NAPOLEON, ein Mensch wie Du und ich?</u>	
	Einzelarbeit/Partnerarbeit	AB	Welche Eigenschaften muß ein Mensch haben, - der bei einem Aufstand 4.000 Menschen niederschießen läßt? - der bereits mit 26 Jahren Befehlshaber einer Armee ist? - der sich als Feldherr eine halbe Stunde vor einer wichtigen Schlacht hinlegt, um noch etwas zu schlafen? - von dem eine Königin sagt: "Er ist ohne alle Mäßigung, und wer nicht maßhalten kann, verliert das Gleichgewicht und fällt." - der den Papst nach Paris kommen läßt, um sich krönen zu lassen, ihm dann die Krone aus der Hand nimmt und sie sich selbst aufsetzt?	
	Sammeln der Ergebnisse in Klassenarbeit, begleitende Tafelanschrift		S: <u>Rücksichtslos</u> - <u>ehrgeizig</u> - <u>kaltblütig</u> - <u>maßlos</u> - <u>überheblich</u> - unbarmherzig - arrogant - strebsam;	
	TZ-Zusf.		Ein oder zwei SS werden mit Napoleon verglichen. Ergebnis: N. war außergewöhnlich!	
2. Teilziel:			<u>Wie ein "Bürger" Kaiser wird:</u>	
	Klassenarbeit	Folie, OHP	L: Versuche, Napoleons Aufstieg zu ordnen! OFFIZIER MILITÄRSCHULE KONSUL (Staatschef) KAISER BEFEHLSHABER d. Armee	
	Ergebnis:		S: - Kaiser - Konsul - ________ - Befehlshaber - Offizier - Militärschule	
	Lehrerfrage		L: Da fehlt doch etwas? Wie wird ein Soldat plötzlich Staatschef?	
	SS-Hypothesen		L: Dein Arbeitsblatt gibt Dir Auskunft darüber. Bitte beantworte die Arbeitsaufträge!	
	SS-Vortrag		Text siehe Arbeitsblatt	
	Beantwortung der Arbeitsaufträge in Partnerarbeit		Arbeitsaufträge: 1. War Napoleons Niederlage bei seiner Rückkehr schon bekannt? 2. Wie sah es zu dieser Zeit an Frankreichs Grenzen aus? 3. Über die Regierung auch etwas erfahren!	
	Sammeln der Ergebnisse begleitende Tafelanschrift		Ergebnisse: 1. Napoleons Niederlage war nicht bekannt. 2. Österreich und Rußland bedrohen Frankreich. 3. Regierung war zerstritten und unbeliebt.	
	TZ-Zusf.		Wiederholung	
	Klassenarbeit, mdl.			
III. GESAMTZUSAMMENFASSUNG:				
	Einzelarbeit	AB	Siehe Tafelbild!	

NAPOLEON, ein Mensch wie Du und ich?

Wie ein "Bürger" Kaiser wird:

1.

2.

3.

1. Welche Eigenschaften muß ein Mensch haben,

   - *der bei einem Aufstand 4.000 Leute niederschießen läßt?* ______________
   - *der bereits mit 26 Jahren Befehlshaber einer Armee ist?* ______________
   - *der sich als Feldherr eine halbe Stunde vor einer wichtigen Schlacht hinlegt, um noch etwas zu schlafen?* ______________
   - *von dem eine Königin sagt: "Er ist ohne alle Mäßigung, und wer nicht maßhalten kann, verliert das Gleichgewicht und fällt?"* ______________
   - *der den Papst nach Paris kommen läßt, um sich krönen zu lassen, ihm dann die Krone aus der Hand nimmt und sie sich selbst aufsetzt?* ______________

   Schreibe hinter jede Aussage ein für diese Person treffendes Eigenschaftswort!

2. Kriegsruhm wollte NAPOLEON auch in Ägypten erlangen. Dort sollten die englischen Kolonien erobert werden. Der Plan schlug fehl. Während NAPOLEON im Landesinneren kämpfte, zerstörten die Engländer seine Flotte.
   NAPOLEON allein gelang es, nach Frankreich zurückzukehren. Dort wußte man noch nichts von seiner Niederlage und feierte ihn als Sieger.
   Während seiner Abwesenheit war einiges geschehen. Österreich und Rußland bedrohten Frankreich. Unter den Regierungsdirektoren herrschte Neid und Streit. Sie waren unbeliebt geworden, weil sie hohe Steuern erzwangen.
   NAPOLEON nutzt die Situation, stürzt die Regierung mit Waffengewalt und ernennt sich selbst zum Konsul.

a) Warum wurde NAPOLEON nach seiner Rückkehr gefeiert?

____

____

____

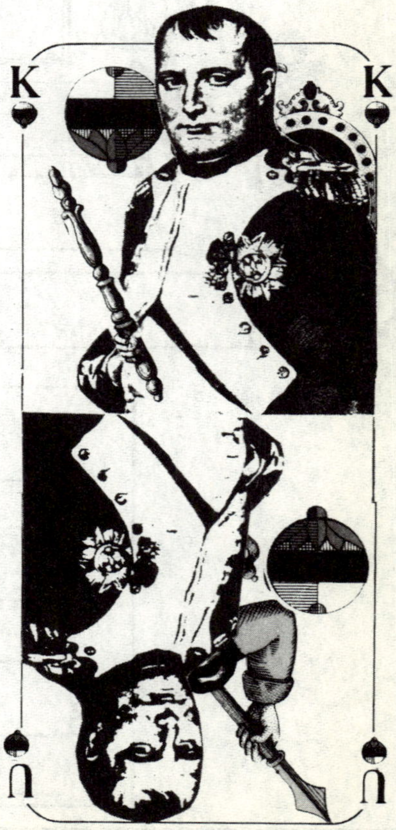

b) Wie sah es zu dieser Zeit an Frankreichs Grenzen aus?

____

____

____

c) Über die Regierungsdirektoren hast Du auch etwas erfahren:

____

____

1. Unter NAPOLEON entwickelte sich Frankreich zum mächtigsten Staat in Europa.

Frankreich

Frankreichs Ausdehnung (1812)

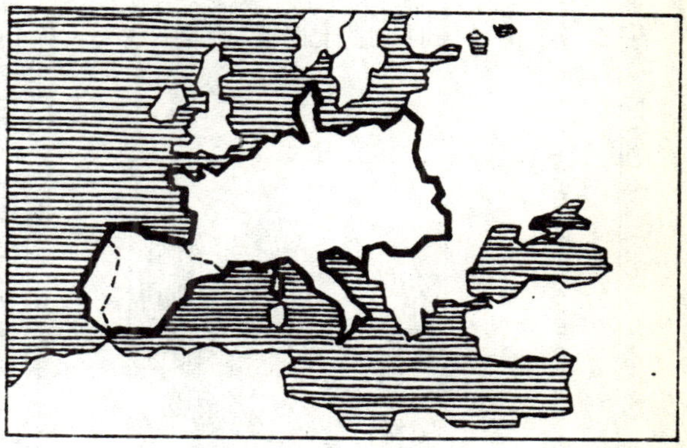

Zwei Ereignisse führten mit zum Aufstieg NAPOLEONS bei. Was geschah?

Dreikaiserschlacht in Austerlitz (1805): ______

Jena und Auerstedt (1806): ______

2. Durch die Siege NAPOLEONS verloren die deutschen Fürsten ihren Besitz links des Rheins. NAPOLEON setzte 1803 die S ä k u l a r i s a t i o n der kirchlichen Güter durch.

Was heißt Säkularisation? ______

Was wollte NAPOLEON mit der Säkularisation erreichen?

______

Welche deutschen Länder wurden dadurch besonders stark vergrößert?

______

1806 wurde der RHEINBUND gegründet. Was weißt du darüber?

______

Welches Ereignis zog dieses Bündnis nach sich?

______

NAPOLEON hatte sich die Beherrschung ganz Europas zum Ziel gesetzt. Dazu war es vor allem erforderlich die See- und Kolonialmacht von ______ zu brechen.

Um auch diesen Staat in die Knie zu zwingen, verhängte NAPOLEON eine Handelssperre über die Insel. Das europäische Festland (= Kontinent) wurde von England abgesperrt, englische Waren wurden nicht hereingelassen. Wie heißt die Sperre? ______

Warum schadete die Sperre der Bevölkerung des Festlandes mehr als den Engländern selbst?

______

______

1. Welche Eigenschaften muß ein Mensch haben,
   - *der bei einem Aufstand 4.000 Leute niederschießen läßt?* kaltblütig
   - *der bereits mit 26 Jahren Befehlshaber einer Armee ist?* machtbesessen
   - *der sich als Feldherr eine halbe Stunde vor einer wichtigen Schlacht hinlegt, um noch etwas zu schlafen?* kaltblütig
   - *von dem eine Königin sagt: "Er ist ohne alle Mäßigung, und wer nicht maßhalten kann, verliert das Gleichgewicht und fällt?"* maßlos
   - *der den Papst nach Paris kommen läßt, um sich krönen zu lassen, ihm dann die Krone aus der Hand nimmt und sie sich selbst aufsetzt?* selbstherrlich

   Schreibe hinter jede Aussage ein für diese Person treffendes Eigenschaftswort!

2. Kriegsruhm wollte NAPOLEON auch in Ägypten erlangen. Dort sollten die englischen Kolonien erobert werden. Der Plan schlug fehl. Während NAPOLEON im Landesinneren kämpfte, zerstörten die Engländer seine Flotte.
   NAPOLEON allein gelang es, nach Frankreich zurückzukehren. Dort wußte man noch nichts von seiner Niederlage und feierte ihn als Sieger.
   Während seiner Abwesenheit war einiges geschehen. Österreich und Rußland bedrohten Frankreich. Unter den Regierungsdirektoren herrschte Neid und Streit. Sie waren unbeliebt geworden, weil sie hohe Steuern erzwangen.
   NAPOLEON nutzt die Situation, stürzt die Regierung mit Waffengewalt und ernennt sich selbst zum Konsul.

a) Warum wurde NAPOLEON nach seiner Rückkehr gefeiert?

Das französische Volk glaubte an seinen Sieg gegen England.

b) Wie sah es zu dieser Zeit an Frankreichs Grenzen aus?

Österreich und Rußland bedrohten Frankreich.

c) Über die Regierungsdirektoren hast Du auch etwas erfahren:

Wegen hoher Steuern waren sie beim Volk unbeliebt.

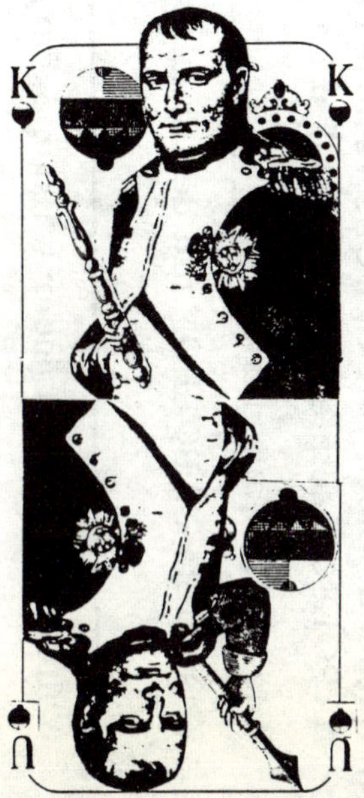

NAPOLEON beherrscht fast ganz Europa

1. Unter NAPOLEON entwickelte sich Frankreich zum mächtigsten Staat in Europa.

Frankreich

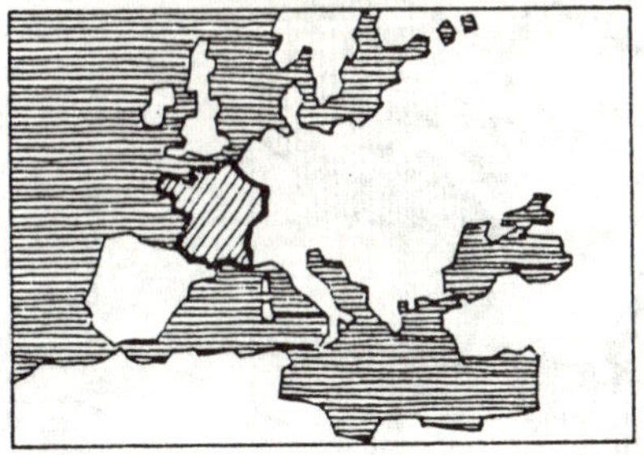

Frankreichs Ausdehnung (1812)

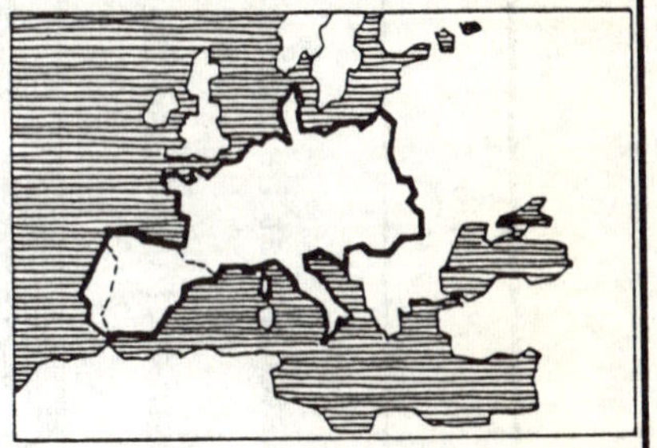

Zwei Ereignisse führten mit zum Aufstieg NAPOLEONS bei. Was geschah?

Dreikaiserschlacht in Austerlitz (1805): Sieg über Rußland und Österreich

Jena und Auerstedt (1806): Sieg über Preußen

2. Durch die Siege NAPOLEONS verloren die deutschen Fürsten ihren Besitz links des Rheins. NAPOLEON setzte 1803 die S ä k u l a r i s a t i o n der kirchlichen Güter durch.

Was heißt Säkularisation? Verweltlichung von Kirchenbesitz

Was wollte NAPOLEON mit der Säkularisation erreichen?

Enteignete Besitzungen der Kirche als Entschädigung für Reichsfürsten

Welche deutschen Länder wurden dadurch besonders stark vergrößert?

Bayern, Württemberg, Baden, Preußen

1806 wurde der RHEINBUND gegründet. Was weißt du darüber?

Vereinigung von 16 west- u. süddeutschen Staaten unter Führung Napoleons

Welches Ereignis zog dieses Bündnis nach sich?

Ende des "Heiligen Römischen Reiches Deutscher Nation"

NAPOLEON hatte sich die Beherrschung ganz Europas zum Ziel gesetzt. Dazu war es vor allem erforderlich die See- und Kolonialmacht von England zu brechen.

Um auch diesen Staat in die Knie zu zwingen, verhängte NAPOLEON eine Handelssperre über die Insel. Das europäische Festland (= Kontinent) wurde von England abgesperrt, englische Waren wurden nicht hereingelassen. Wie heißt die Sperre? Kontinentalsperre

Warum schadete die Sperre der Bevölkerung des Festlandes mehr als den Engländern selbst?

Handel unterbrochen, keine Luxusgüter und Genußmittel mehr

Lehrbereich:

Aufklärung und bürgerliche Revolutionen

Thema:

NAPOLEONS Feldzug nach Rußland

Lernziele:

- Die Schüler sollen erkennen, daß man bei historischen Konflikten zwischen "Ursache" (Machtstreben) und "Anlaß" (Bruch der Kontinentalsperre) unterscheiden muß,
- daß (scheinbare) Überlegenheit nicht zwangsläufig zum Sieg führen muß,
- daß die Menschen in Kriegen als Opfer für egoistische Bestrebungen "verheizt" werden.

Stundenverlauf:

Der Unterricht ist in drei Abschnitte eingeteilt, die sich vom Stoff her anbieten:

- Die Vorbereitung des Feldzuges und seine Hintergründe.
- Der Feldzug nach Moskau
- Der Rückzug und Zusammenbruch der "großen Armee"

Es wird versucht, anhand von Quellentexten die Situation möglichst konkret darzustellen, um die Sinnlosigkeit dieses Unterfangens aufzuzeigen und den Starrsinn Napoleons zu werten.

Arbeitsmittel:

Als Arbeitsmittel stehen Texte, Bilder und Arbeitsblätter zur Verfügung. Die Texte sind zum Großteil überarbeitete Quellentexte, die Bilder stammen - von zeitgenössischen Malern,
- aus dem Rußlandfeldzug Hitlers

Folgende Arbeitsblätter werden eingesetzt:
Eine Skizze Europas, in die der Weg der Armee und die wichtigsten Schlachtorte eingetragen werden sollen, ein Text aus dem Lesebuch über die Schwierigkeiten des Feldzuges mit Arbeitsaufgaben, ein Arbeitsblatt mit historischen Aussprüchen Napoleons, das der Schlußzusammenfassung dient.
Dazu kommt eine Wandkarte von Europa während der franz. Revolution sowie eine Photographie vom Obelisken in München (Denkmal für die Opfer des Feldzuges aus Bayern)

Literatur: (Beltz-Verlag, Weinheim)

"Geschichte in Erzählungen", Heft 54, Zeitalter Napoleons.
"Wir erleben die Geschichte", Band 2, Bayer. Schulbuchverlag, München.
"Die Vergangenheit lebt", Bd. 3, Oldenbourg Verl. München.
Orthbandt, Deutsche Geschichte, Pfahlverlag, Baden.
Valentin, Weltgeschichte, Bertelsmann Verlag, Braunschweig.

Zeit	Methodischer Aufbau	Stoffplanung
oo Min.	Einstieg:	Tafelbild als stummer Impuls 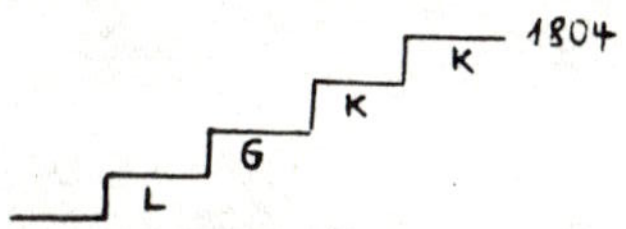 Napoleons Aufstieg zum Kaiser (1804) wird kurz wiederholt
o5 Min.	Stufe der Vorbereitung (Wiederholung)	
	Impuls:	Bild von Napoleon als Kaiser von Frankreich - Hinweis: "Jetzt hat Napoleon neue Ziele!"
	Schüler:	.... will seine Macht festigen, ... will sein Reich vergrößern, ... will Europa beherrschen.
	Impuls:	Die Geschichtskarte zeigt dir, wo sich ihm Probleme stellen könnten.
	Schüler:	.... England und Rußland sind stark genug, sich ihm zu widersetzen.
	Impuls:	Erinnere dich, wie er die beiden Mächte kleinkriegen wollte!
	Schüler:	.... England: Kontinentalsperre .... Rußland: Frieden von Tilsit
	Lehrerdarbietung:	"Napoleon erfährt durch seine Vertrauensleute, daß Rußland die Kontinentalsperre ständig brach: Rußland schmuggelte Weizen nach England, vor allem, um nicht selbst in Finanznot zu kommen. Ganz Europa litt nämlich unter der Kontinentalsperre". Überlege dir, wie Napoleon auf diesen Bruch seiner Bestimmungen reagiert haben könnte!
	Schüler:	.... droht England und Rußland, ... beruft seine Generäle ein, ... überlegt sich Maßnahmen

Zeit	Methodischer Aufbau	Stoffplanung
	Stufe der Vergegenwärtigung:	
	1. Teilziel: Napoleon bereitet den Feldzug nach Rußland vor	
	Tafelanschrift:	Napoleon: "In fünf Jahren werde ich Herr der Welt sein, nur Rußland bleibt noch, aber auch dieses werde ich vernichten". (1811)
	Aussprache über den Satz	
	Arbeitsauftrag:	Überlegt euch, wie die Franzosen diesen Feldzug vorbereiten mußten (Truppen - woher? Ausrüstung, Proviant?, Entfernungen: Geschichtsatlas oder Skizze (siehe Anlage) ...)
2o Min.	Gruppenarbeit	
25 Min.	Aussprache	Besondere Probleme: Versorgung für Riesenarmee, Weg durch andere Länder, Transportfrage ...
3o Min.	Lesen (dazu)	Augenzeugenberichte in Scherl-Schwandner S. 70
	Ergänzende Lehrerdarbietung:	"Am 28. Mai 1812 hält Napoleon Heerschau in Ostpreußen (Karte) Stimmung sehr optimistisch, Truppen aus ... (Bilder dazu im Geschichtsbuch)
35 Min.	Teilzusammenfassung:	Der bayerische Fußsoldat Benzinger aus ... kannte die genauen Zusammenhänge nicht, er war einfach abkommandiert worden. Du aber weißt jetzt einige Gründe, warum Napoleon diesen Krieg vorbereitet hatte. Notiere.
4o Min.	Stichpunktnotizen Ergänzende Tafelskizze	Mac Donald: Preußen + Franzosen — Napoleon: Hauptstreitmacht in Bayern — Fürst Schwarzenberg: Österreicher - Sachsen
	2. Teilziel: Napoleons Zug nach Moskau	
	Lehrerdarbietung:	Zug über die Memel (Anfang Juni) Kein Widerstand. - Russen greifen die Riesenarmee nicht an. Dafür andere Probleme.

	Stillarbeit	Erlesen des Textes auf dem Arbeitsblatt - Arbeitsaufgaben für schnelle Leser
	Klassengespräch	Aussprache über den Text: Ziel - Erkenntnis, daß Napoleon ohne Rücksicht auf die hohen Verluste weiterzieht. Ausspruch: "Ich weiß, daß die Lage der Armee furchtbar ist ... (siehe eigenes Blatt)
5o Min.		
	Lehrerdarbietung: (Zahlen a.d. Tafel)	15. - 18.8. - Schlacht bei Smolensk, Napoleon siegt
		7.9. - Borodino - heftige Gegenwehr der Russen - Napoleon siegt, aber 70.000 Tote
		14.9. - Moskau ist erreicht von 350.000 Man leben nur noch 90.000
	Arbeitsauftrag: (Partnerarbeit)	Überlege: a) Napoleons Gedanken b) Die Gedanken der Soldaten
	Kurze Aussprache	
	Darbietung:	"Geschichte in Erzählungen" S. 23 - 25
	Aussprache darüber	
	Darbietung:	Napoleon: "Ihre eigene Hauptstadt wollen sie vernichten, um uns zum Rückzug zu zwingen? Was für Menschen! ... (siehe eigenes Blatt) Schließlich macht N. ein Friedenangebot: "Ich will den Frieden ... (siehe eigenes Blatt) Alexander reagiert nicht darauf, darauf befiehlt Napoleon den Rückzug am 19.10.
60 Min.		
	Teilzusammenfassung	Stelle die Skizze fertig (Arbeitsblatt). Trage den Weg und die Namen der Orte ein.
65 Min.	**3. Teilziel: Der Rückzug**	
	Darbietung:	Seit dem 13.10. hat es geschneit. Die Russen versperren den Weg über Kaluga. Aber sie greifen nicht an!
	Stillarbeit (Partnerarbeit)	Lesen: "Wir erleben die Geschichte" S. 71 Mitte - Bildbetrachtung
	Aussprache	
	Darbietung (Zahlen a.d. Tafel)	25. - 27.11 Übergang über die Beresina (Text: S. 66 in Bilder aus der dt. Geschichte) - Russen greifen an - Die "große Armee" wird restlos aufgerieben. 3.12. Heeresbericht: "Das Befinden seiner Majestät war noch nie so gut!" 5.12. Napoleon verläßt den Rest seiner Armee und flieht über Dresden nach Paris, um neue Truppen zu sammeln. "Mit Mann und Roß und Wagen ..." von 500.000 Mann spricht die Verlustliste, nur 2000 Bayern kommen zurück
75 Min.	Bildimpuls: "Obelisk in München"	
	Aussprache	
	Stufe der Besinnung	
	Stillarbeit: Gruppenarbeit	a) Warum hat Napoleon diesen Krieg geführt? - Herr von Europa b) Warum hat er ihn verloren? c) Parallele zu Hitler 1941 - 1942 (3 Bilder Feldzug im Schlamm, Feldzug im Schnee, Einsamer Soldat)
	Aussprache über die Stillarbeit	
90 Min.	Zusammenfassung:	Schüler erhalten Arbeitsblatt mit Aussprüchen NAPOLEONS.

NAPOLEON in RUSSLAND

Treibjagd quer durch Rußland!

Eine Jagd über anderthalbhundert Meilen, über Stock und Stein, über reißende Flüsse und versumpfte Wege, in brennender Sonne und in plätscherndem Regen, durch Wälder und Wüsten, tiefer und tiefer hinein in das riesige, fremde Land.

Genau einen Monat braucht NAPOLEON, um von Wilna nach Witebsk zu kommen: umsonst. Nirgends hat er den Feind stellen können, um seine Kraft mit ihm zu messen. Als er in Witebsk gezwungen innehält, um Atem zu schöpfen und den bösen Ernst der Lage zu erwägen, erlebt er obendrein noch die Enttäuschung, die Vereinigung der beiden russischen Heere mit ansehen zu müssen, ohne sie hindern zu können.

Aber ein noch schlimmerer Feind als die Truppen, die er verfolgt, ist ihm das Land selbst.

Seine Karten sind unbrauchbar oder schlecht. Er orientiert sich mit der größten Schwierigkeit in einem Lande, dessen Sprache er nicht versteht, dessen Bewohner vor ihm ausweichen, als wäre er die Pest.

Die Bauern vernichten alle Lebensmittel, die sie nicht mit sich nehmen können. Sie flüchten mit ihrem Vieh, folgen dem russischen Heere oder verstecken sich in den großen Wäldern. Überall liegen sie auf der Lauer und überfallen die Verpflegungskommandos. Sie hauen sie nieder und holen sich ihr Vieh zurück.

Der Rückzug der Russen zwingt die Verfolger, den gleichen Straßen zu folgen. Die Russen wissen es, nichts wird verschont, nicht einmal die Wasserbrunnen. Sie leiten die Mistpfützen hinein oder verpesten sie mit dem Aas. Weit und breit sind die Felder abgeweidet, als wäre ein Heuschreckenschwarm über sie hingezogen, ohne dem nachfolgenden Schwarm einen Halm zu lassen. Die Pferde sind ohne Nahrung.

Will MURAT (Marschall der Reiterei und Schwager NAPOLEONS) Futter für seine Reiter, muß er die Dächer von den Bauernhäuser reißen lassen und den Pferden das alte, schwarze, trockene Stroh zu fressen geben. Zu tausenden fallen die Tiere. Ihre Kadaver liegen herum und vergiften die schwüle Luft. Schon in Wilna muß der Kaiser Befehl geben, die stinkenden Leichen im Umkreis von zwei Meilen einzugraben.

Immer schneller schmelzen die Truppenkörper zusammen. Schon fehlt beim Appell ein Drittel der Mannschaften. Bald ist die große Armee auf weniger als die Hälfte zusammengeschrumpft. Die Kranken sinken in der Sonnenhitze längs der unfruchtbaren Landstraße nieder. Andere wanken weiter, bis ein fernes Kornfeld sie aufnimmt. Da kauern und liegen sie zwischen den Roggenhalmen und reiben in der Hand aus Ähren die grünen Körner und kauen sie gierig.

Un der Kaiser lauscht den zahllosen Klagen, die Tag um Tag wachsen und ihn schließlich umsummen, wie ein Schwarm lästiger Schmeißfliegen.

(SOPHUS MICHAELIS)

(Aus: Wir lesen, Sachlesebuch, Band 3, 1966, S. 349/350, KÖSEL/OLDENBOURG, München)

Überlege:
1. Welche Schwierigkeiten hat die große Armee bei ihrem Vormarsch (Notiere!)?
2. Warum greift die russische Armee immer noch nicht an?
3. Wie wird sich der Kaiser NAPOLEON entscheiden?
   (Schreibe deine Vermutung auf! Benütze dazu die Kartenzeichnung.)

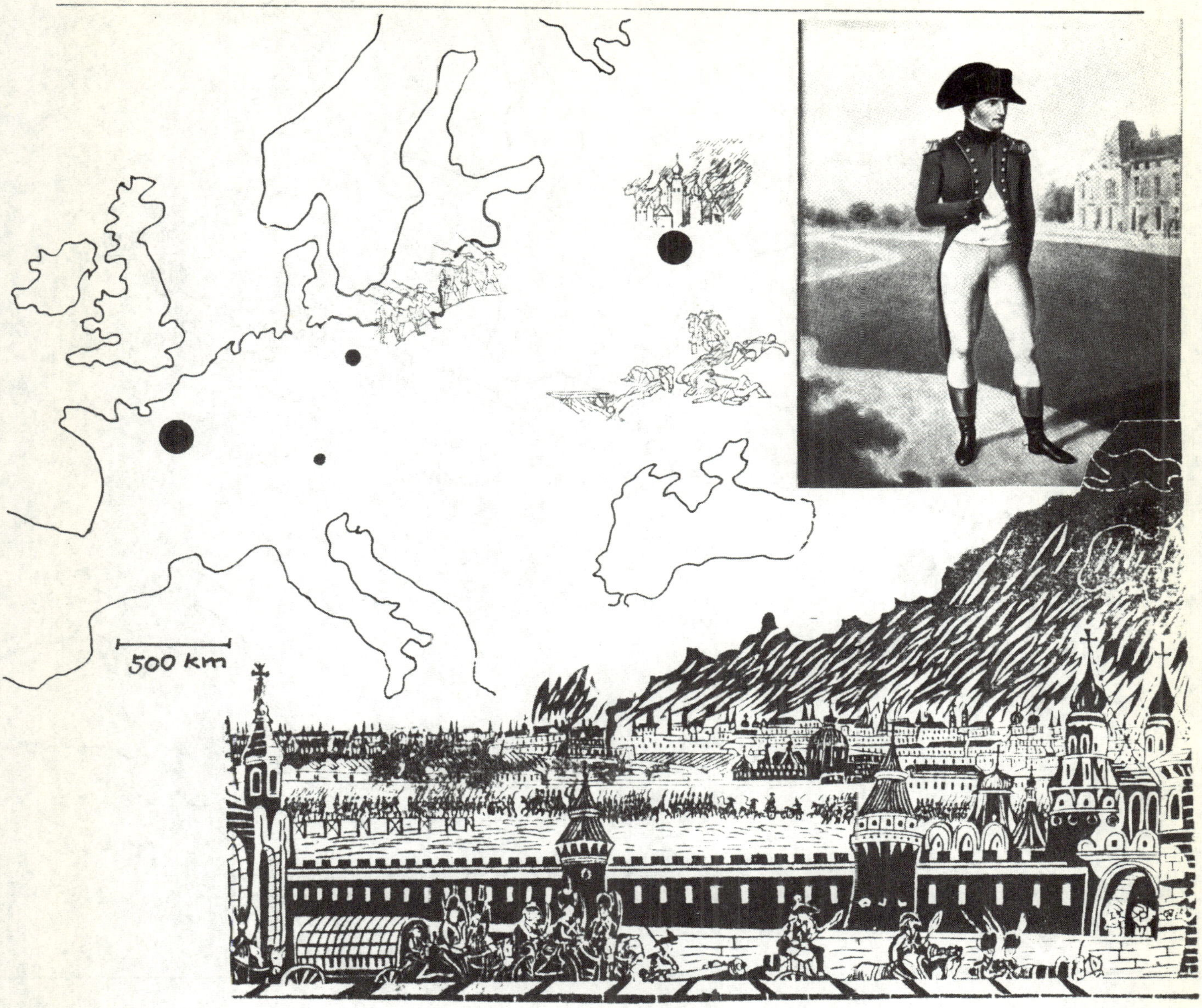

Aussprüche Napoleons zu Beginn, während und am Ende des Rußlandfeldzuges

( ) "Ihre eigene Hauptstadt wollen sie vernichten, um uns zum Rückzug zu zwingen? Was für Menschen! Was für Menschen! Es sind Barbaren!"

( ) "Ich will den Frieden; ich brauche den Friedem um jeden Preis, retten Sie Unsere Ehre!"

( ) "In fünf Jahren werde ich der Herr der Welt sein, nur Rußland bleibt noch, aber auch dieses werde ich vernichten!"

( ) "Ich weiß, daß die Lage der Armee furchtbar ist, bei Wilna ist bereits die Hälfte der Armee zurückgeblieben, jetzt habe ich nur noch ein Drittel. Es ist keine Zeit zu verlieren. Wir müssen den Frieden herbeiführen, wir finden ihn in Moskau."

( ) "Ich werde gegen Alexander zu Felde ziehen mit zweitausend Kanonen und mehr als fünfhunderttausend Mann. Ich werde ihn schlagen und nach Asien zurückwerfen."

( ) "Das Befinden Seiner Majestät ist nie besser gewesen."

Versuche die Aussprüche in der richtigen Reihenfolge zu numerieren!

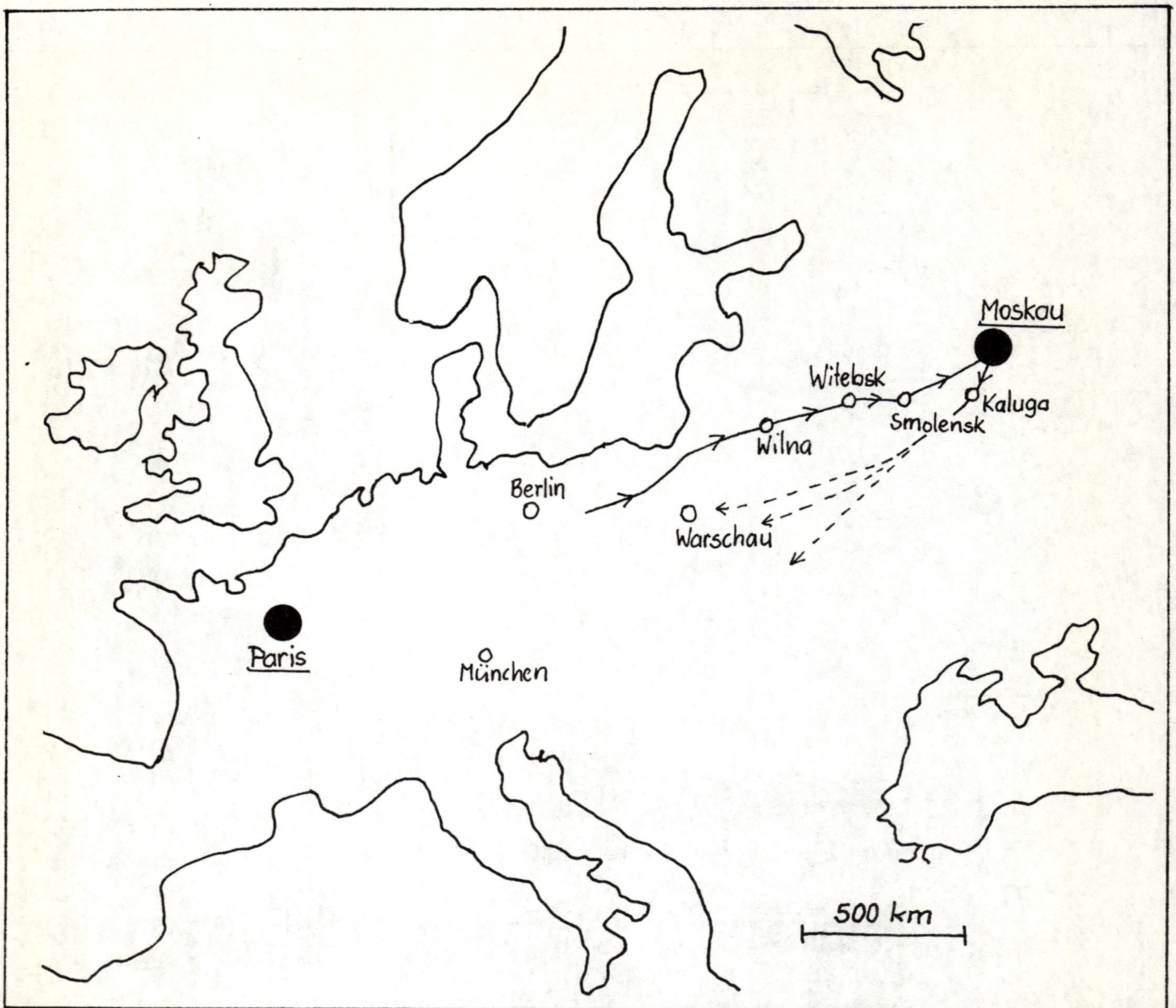

A u f s t i e g und U n t e r g a n g von NAPOLEON

Das Schaubild zeigt dir wichtige Stationen im Leben von Napoleon. Jede Stufe bezeichnet einen wichtigen Abschnitt. Kannst du die Jahreszahlen und die dargestellten Ereignisse nennen ?

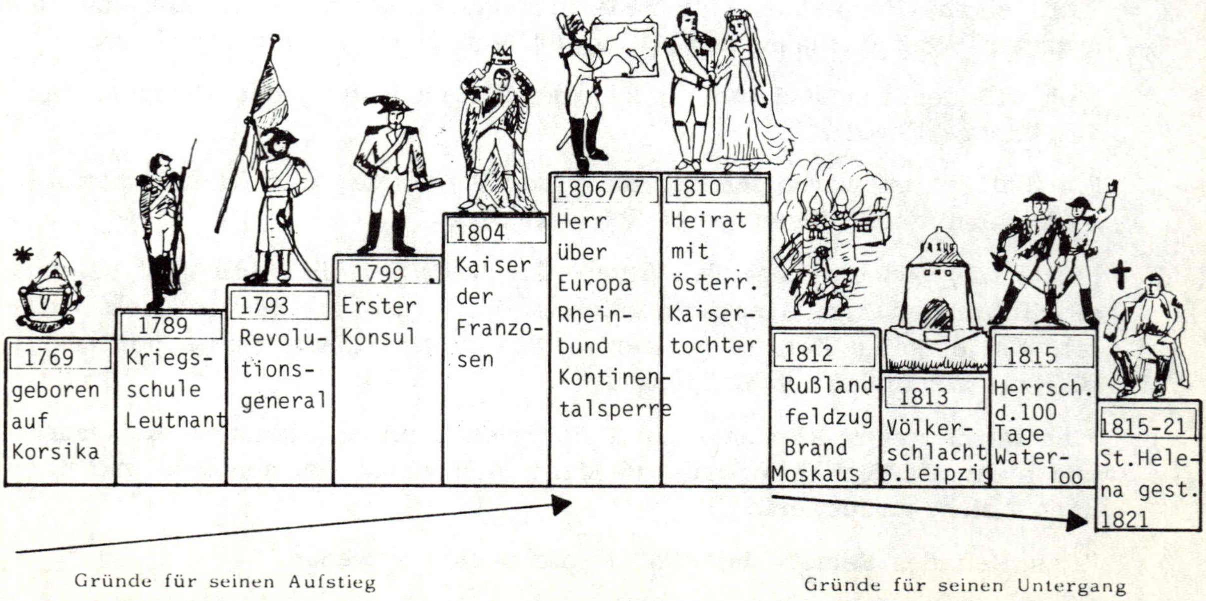

Das Schaubild zeigt dir wichtige Stationen im Leben von Napoleon. Jede Stufe bezeichnet einen wichtigen Abschnitt. Kannst du die Jahreszahlen und die dargestellten Ereignisse nennen ?

Gründe für seinen Aufstieg

Gründe für seinen Untergang

Stolz zog am 14. September 1812 die Große Armee in Moskau ein. Am nächsten Tag ging die russische Hauptstadt in Flammen auf. Der Nachschub der Franzosen brach zusammen; enttäuscht begannen sie den Rückzug.

Der Rückzug der "Großen Armee"

Lehrbereich:

Aufklärung und **bürgerliche Revolutionen**

Thema:

Was wurde auf dem **Wiener Kongreß** beschlossen?

GROBZIEL: Überblick über Ende und Auswirkungen der napoleonischen Herrschaft in Europa.

FEINZIELE: Die Schüler sollen
- das Geschehen unter Napoleon verbalisieren können.
- die Ergebnisse des Wiener Kongresses aufzählen können.
- erkennen, warum die Völker mit diesen Ergebnissen nicht zufrieden waren.
- wichtige Staatsmänner und ihre Nationalität nennen können.

Tafelbild: ***Was wurde auf dem Wiener Kongreß beschlossen?***

Europa 1815 nach dem Wiener Kongress

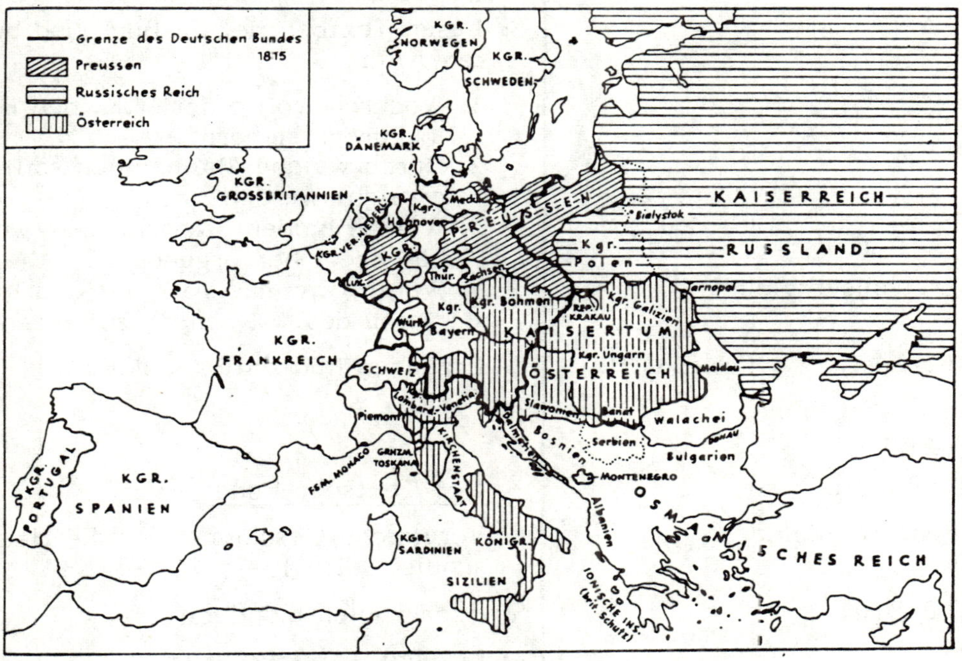

Neuordnung Europas ← **Wiener Kongreß** → *Der deutsche Bund*

Neuordnung Europas:
- *neue Grenzen (1789)*
- *Wiedereinführung der Monarchien*
- *Heilige Allianz*
- *Militärbündnis sichert Ergebnisse*

Der deutsche Bund:
- *eine lose Vereinigung aus 35 Monarchen und 4 freien Reichsstädten*
- *Gesandte bilden den Bundestag in Frankfurt*
- *nicht einmal einheitliche Maße und Gewichte*

Lösungswörter: Frieden - Napoleons - Wien - Französische Revolution - Grenzen Monarchie - Revolutionen - Bevölkerung

STUNDENSKIZZE

METHODE Unterrichtsstufe (Teil) Zielangabe und (Teil) Zusammenfassung	Lehr / Lernakte	Medieneinsatz	LERNINHALTE (STOFF) Tafelanschrift (bzw. Folie)	ZEIT
I. EINFÜHRUNG:				
	Motivation	Folie OHP	L: Legt Folie mit Karte Europas auf	
	Sachimpuls		L: Du weißt, zu welcher Zeit Europa so aussah ...	
		Folie, OHP	S: ... wiederholen Epoche Napoleons	
	Problematisierung	Westermann Gesch.-Atlas, Seite 30	S: Äußern Vermutungen bezüglich der Veränderung der Grenzen	
	Hilfsimpuls		L: 1815 wurde Napoleon verbannt	
Zielangabe			Der Wiener Kongreß	
II. VERGEGENWÄRTIGUNG:				
1. Teilziel:			Der Wiener Kongreß ordnet Europa neu	
	EA		S: Lesen Textbeispiel im Buch und bearbeiten AAe: 1. Wodurch wollte der W.K. den Frieden in Europa sichern? 2. Durch welche Maßnahmen sollte dies erreicht werden? 3. Welche beiden Staatsmänner werden besonders hervorgehoben? 4. Warum war das Volk mit den Ergebnissen des W.K. nicht zufrieden?	
	Ergebnisvergleich			
	TZ-Zusf.	Folie, OHP	S: Ergänzen Lückentext auf Folie	
	EA - Ergebnisvergleich			
2. Teilziel:			Der Deutsche Bund	
	Lehrererzählung		L: Vergleiche Geschichte für die Hauptschule, Seite 138	
	TZ-Zusf.		S: Wiederholen mündlich	
			L: Ergänzt Tafelanschrift	
III. VERTIEFUNG:				
	Ausblick			
	Impuls		L: Vergleiche die Zustände der Zeit mit denen vor der Französischen Revolution	
			S: ...	
IV. GESAMTZUSAMMENFASSUNG:				
	KA		S: Verbalisieren Tafelanschrift in Form einer Niederschrift.	
	EA		Hefteintrag	

Der Wiener Kongreß

Die Vertreter der Großmächte trafen sich ______ in __________, um nach dem Sieg über ______________ Europa neu zu ordnen. Vorsitzender war der österreichische Minister ____________. Dieser war von vornherein entschlossen, die Rechte der Fürstenhäuser in Europa wieder so herzustellen (zu ____________) wie sie etwa vor 1789, dem Beginn der ____________, bestanden hatten. Jede Mitbestimmung des ____________ wurde entschieden abgelehnt. Im Juni ______ wurden die Verträge der Öffentlichkeit bekanntgegeben.

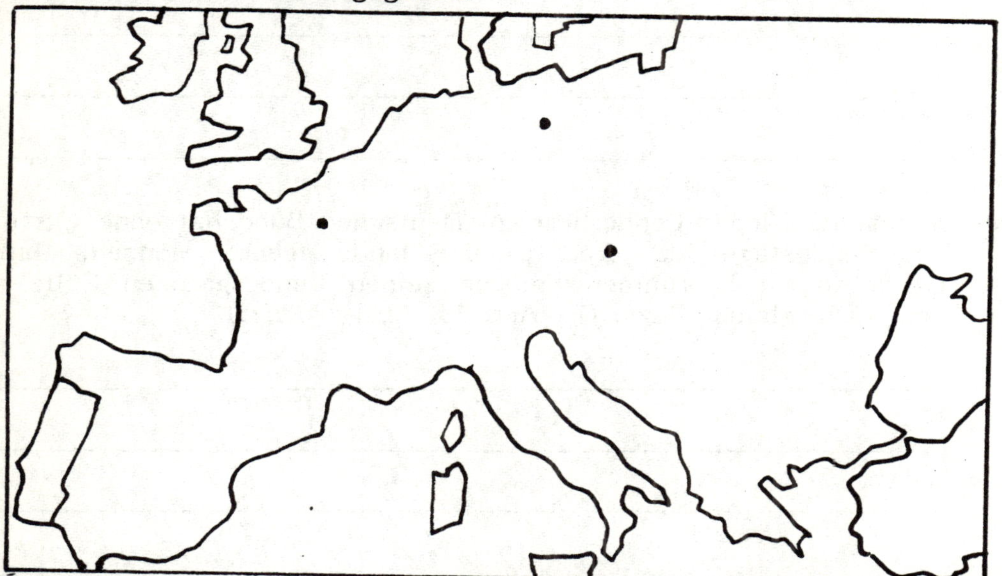

das neben Rußland die Hauptlast des Freiheitskampfes getragen hatte, bekam die nördliche Hälfte von Sachsen, das fruchtbare Westfalen und die Rheinprovinz. Es erstreckte sich nunmehr in zwei großen, voneinander getrennten Teilen über ganz Norddeutschland.

erhielt von Bayern Tirol und das Innviertel zurück und bekam im Mittelmeerraum Dalmatien, die Lombardei und Venedig. Habsburgische Fürsten regierten in Florenz, Modena und Parma und verhinderten vorläufig eine Einigung Italiens. METTERNICH konnte die alte Machtstellung Österreichs nicht nur erneuern, sondern noch weiter ausbauen.

behielt die durch den Reichsdeputationshauptschluß gewonnenen Gebiete, bekam von Preußen Ansbach und Bayreuth und erhielt die linksrheinische Pfalz zurück.

Der Deutsche Bund

Eine Besonderheit in Europa war der Deutsche Bund, ein ______________________ aus _____ Monarchien und _____ freien Reichsstädten, in dem die Einzelstaaten ihre völlige ______________________ behielten. Er entsprach in keiner Weise dem Wunsch des deutschen Volkes nach ____________________ und __________________.
Der Deutsche Bund hatte weder Macht noch Ansehen. Dies lag an der ______________ ______________________ und der ____________________________.

Politische Zerrissenheit: Die Mitglieder des Deutschen Bundes haben das Recht, untereinander und mit fremden Mächten Verträge abzuschließen (Vergl: GG Art. 32, Abs. 1). Die Fürsten entsenden Abgeordnete in den Bundestag zu Frankfurt. Diese Abgeordneten sind an die Aufträge und Weisungen ihrer Landesherren gebunden (Vergleiche dazu: GG Art. 38, Abs. 1).

____

____

____

Wirtschaftliche Ohnmacht: Jeder Landesherr im Deutschen Bund hat ohne Zustimmung des Bundestages das Recht, seine landeseigenen Münzen, Maße und Gewichte zu bestimmen und an seinen Landesgrenzen Zölle zu erheben (Vergleiche dazu: GG Art. 73, Abs. 4 und 5).

____

____

____

Die Heilige Allianz

Die Monarchen von ________________, ______________________________ schlossen die "Heilige Allianz".
Sie stellten sich die Aufgabe:

____

____

____

In Wahrheit verfolgte die Heilige Allianz der europäischen Monarchie den Zweck, die auf dem Wiener Kongreß herbeigeführte alte Ordnung zu wahren und liberale und nationale Bestrebungen zu unterdrücken. Ihre Aufgabe war also:

____

____

1810

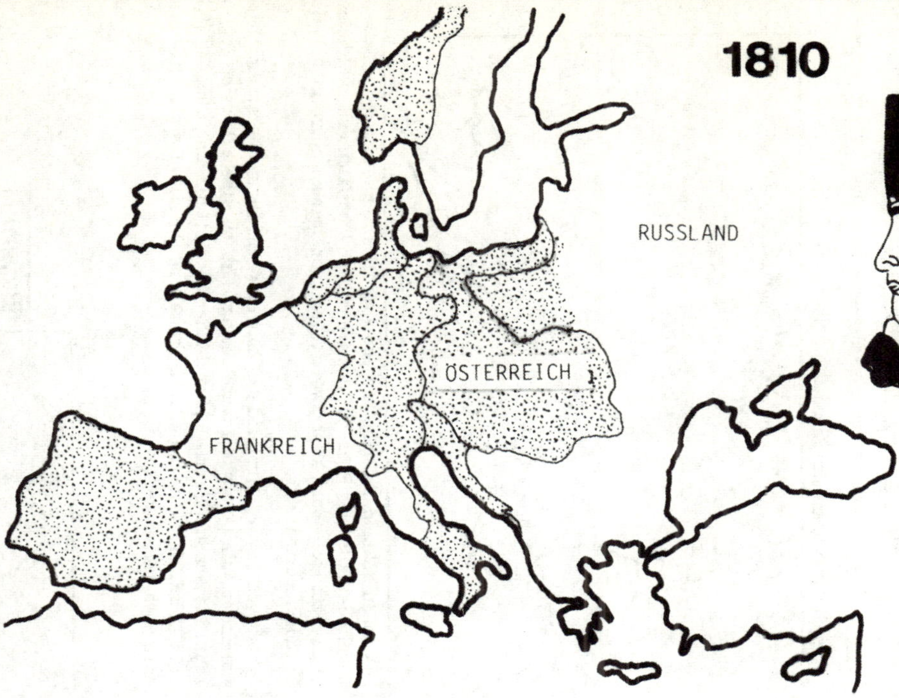

= von Frankreich besetzte oder abhängige Gebiete

Um in Europa den ________________ zu sichern, versammelten sich nach der Verbannung ______________________ die bedeutendsten europäischen Staatsmänner zu einem Kongreß in ___________. Es sollte wieder alles so werden, wie es vor der _______ ________________________ war. Neue _________________ wurden vereinbart, und in allen Staaten wurde die _________________ wieder eingerichtet. Durch ein Bündnis, die "Heilige Allianz", sollten sie vor ____________________ geschützt werden. Um die Wünsche der ____________________ kümmerte man sich wenig.

Europa 1815 nach dem Wiener Kongress

Fürst von Metternich (1773-1859)

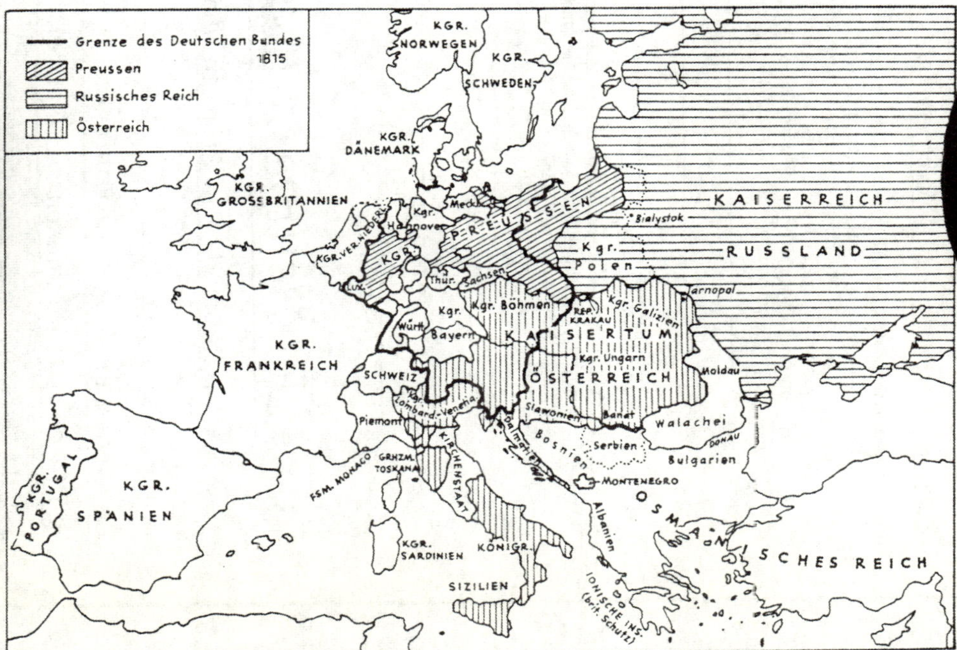

Prinz von Talleyrand (1754-1838)

Der Deutsche Bund

Eine Besonderheit in Europa war der Deutsche Bund, ein *Staatenbund* aus *35* Monarchien und *4* freien Reichsstädten, in dem die Einzelstaaten ihre völlige *Unabhängigkeit* behielten. Er entsprach in keiner Weise dem Wunsch des deutschen Volkes nach *Einigkeit* und *Freiheit*.

Der Deutsche Bund hatte weder Macht noch Ansehen. Dies lag an der *politischen Zerrissenheit* und der *wirtschaftl. Ohnmacht*.

Politische Zerrissenheit: Die Mitglieder des Deutschen Bundes haben das Recht, untereinander und mit fremden Mächten Verträge abzuschließen (Vergl: GG Art. 32, Abs. 1). Die Fürsten entsenden Abgeordnete in den Bundestag zu Frankfurt. Diese Abgeordneten sind an die Aufträge und Weisungen ihrer Landesherren gebunden (Vergleiche dazu: GG Art. 38, Abs. 1).

Wirtschaftliche Ohnmacht: Jeder Landesherr im Deutschen Bund hat ohne Zustimmung des Bundestages das Recht, seine landeseigenen Münzen, Maße und Gewichte zu bestimmen und an seinen Landesgrenzen Zölle zu erheben (Vergleiche dazu: GG Art. 73, Abs. 4 und 5).

Die Heilige Allianz

Die Monarchen von *Rußland*, *Preußen und Österreich* schlossen die "Heilige Allianz".

Sie stellten sich die Aufgabe:

1. Frieden in Europa zu wahren

2. Die christl. Religionen zu schützen

3. Für Gerechtigkeit zu sorgen

In Wahrheit verfolgte die Heilige Allianz der europäischen Monarchie den Zweck, die auf dem Wiener Kongreß herbeigeführte alte Ordnung zu wahren und liberale und nationale Bestrebungen zu unterdrücken. Ihre Aufgabe war also:

Die alte Ordnung wahren und liberale und nationale Bestrebungen unterdrücken.

Der Wiener Kongreß

Die Restauration Europas

Die Vertreter der Großmächte trafen sich *1814* in *Wien*, um nach dem Sieg über *Napoleon* Europa neu zu ordnen. Vorsitzender war der österreichische Minister *Fürst Metternich*. Dieser war von vornherein entschlossen, die Rechte der Fürstenhäuser in Europa wieder so herzustellen (zu *restaurieren*) wie sie etwa vor 1789, dem Beginn der *Franz.Revolution*, bestanden hatten. Jede Mitbestimmung des *Volkes* wurde entschieden abgelehnt. Im Juni *1815* wurden die Verträge der Öffentlichkeit bekanntgegeben.

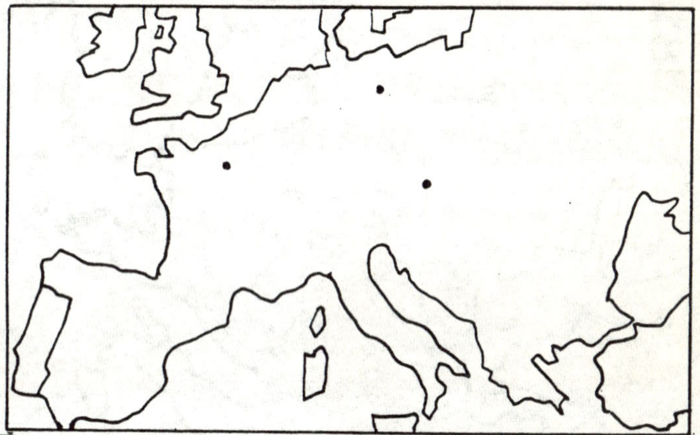

Preußen das neben Rußland die Hauptlast des Freiheitskampfes getragen hatte, bekam die nördliche Hälfte von Sachsen, das fruchtbare Westfalen und die Rheinprovinz. Es erstreckte sich nunmehr in zwei großen, voneinander getrennten Teilen über ganz Norddeutschland.

Österreich erhielt von Bayern Tirol und das Innviertel zurück und bekam im Mittelmeerraum Dalmatien, die Lombardei und Venedig. Habsburgische Fürsten regierten in Florenz, Modena und Parma und verhinderten vorläufig eine Einigung Italiens. METTERNICH konnte die alte Machtstellung Österreichs nicht nur erneuern, sondern noch weiter ausbauen.

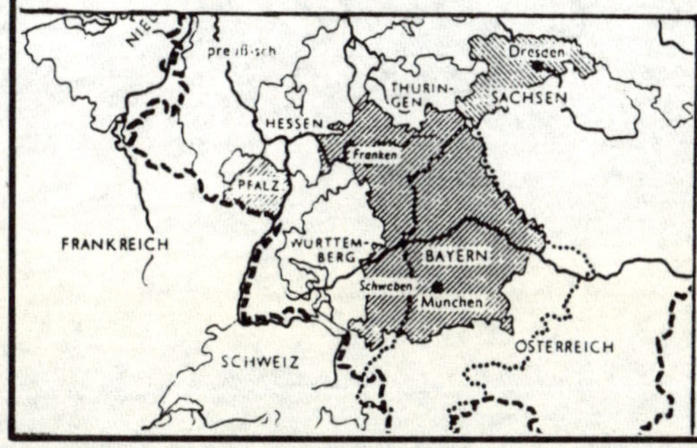

Bayern behielt die durch den Reichsdeputationshauptschluß gewonnenen Gebiete, bekam von Preußen Ansbach und Bayreuth und erhielt die linksrheinische Pfalz zurück.

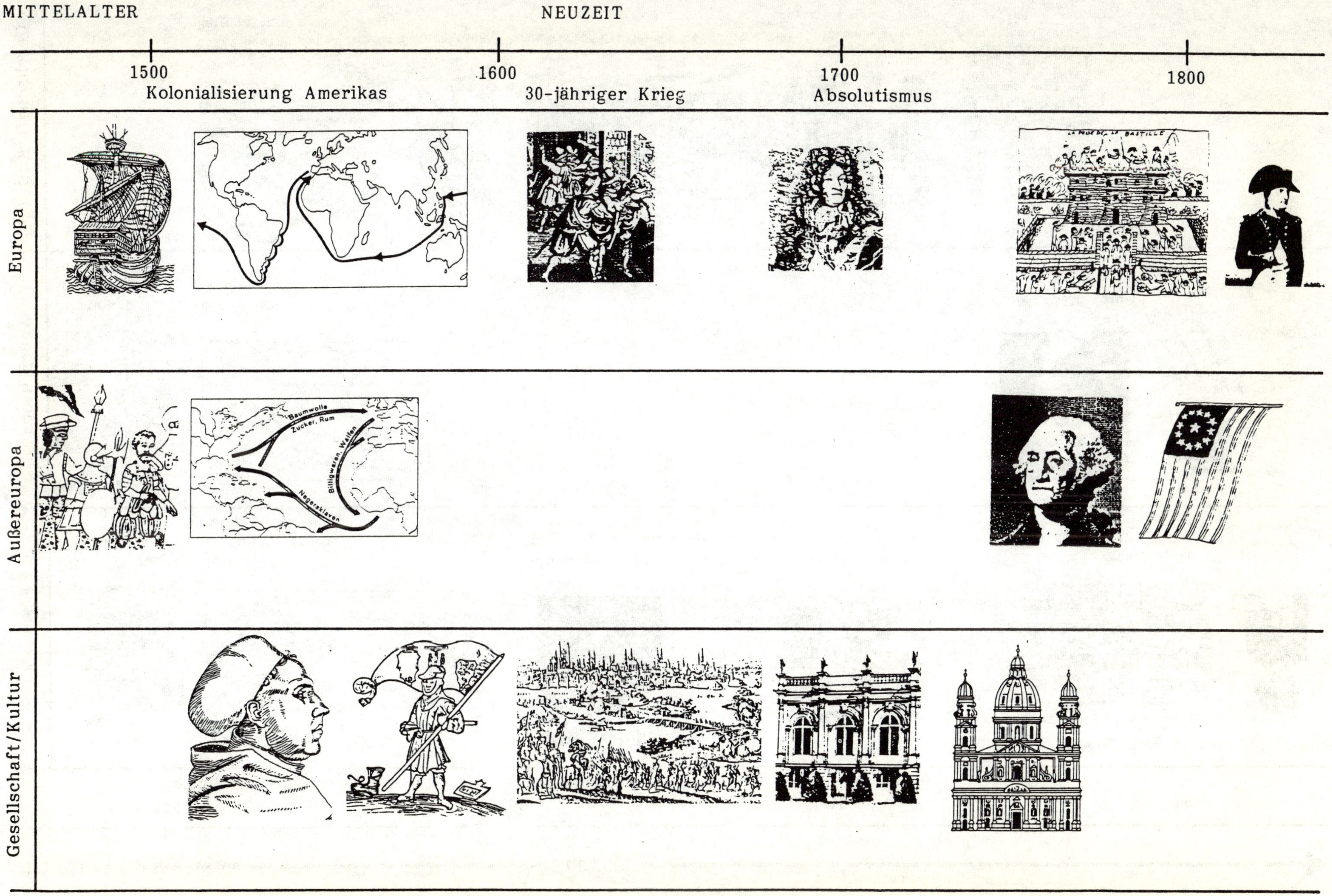
MITTELALTER
NEUZEIT
1500
1600
1700
1800
Kolonialisierung Amerikas
30-jähriger Krieg
Absolutismus
Europa
Außereuropa
Gesellschaft/Kultur
Baumwolle
Zucker, Rum
Billigwaren, Waffen
Negersklaven

MITTELALTER ◄— NEUZEIT —►

1500 Kolonialisierung Amerikas

1600 30-jähriger Krieg

1700 Absolutismus

1800

Europa

1492: Entdeckung Amerikas

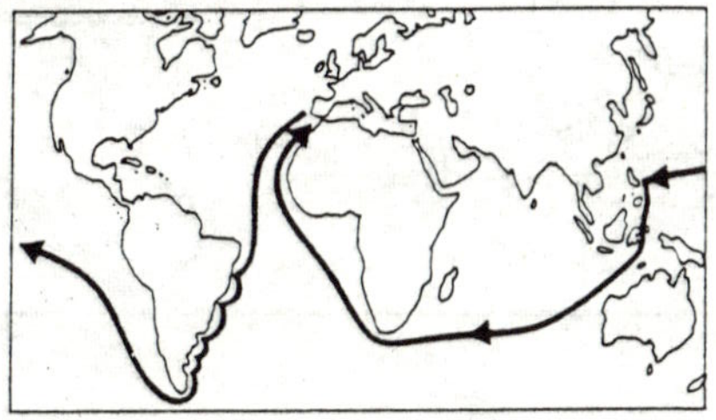

1519/1522: Weltumsegelung durch Magellan

1618: Beginn des 30-jährigen Kriegs

"Ich bin der Staat"

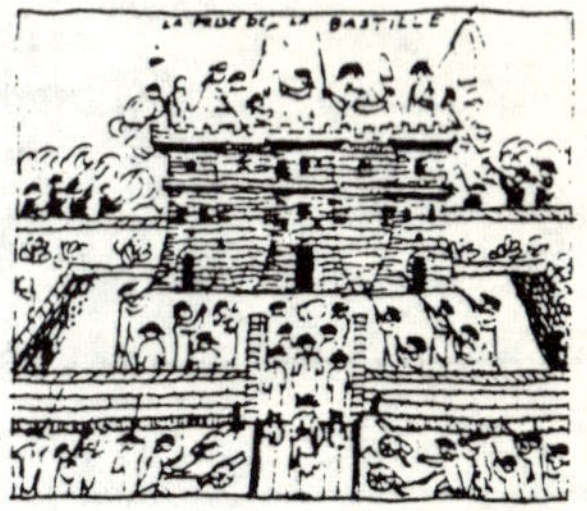

1789: Französische Revolution

Außereuropa

Zerstörung indianischer Kulturen

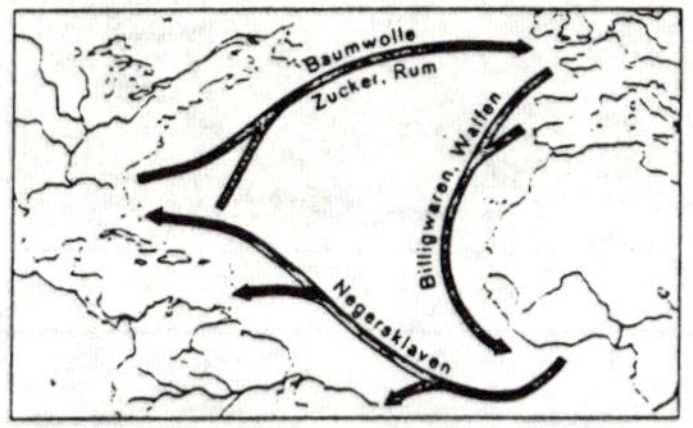

Beginn des Sklavenhandels

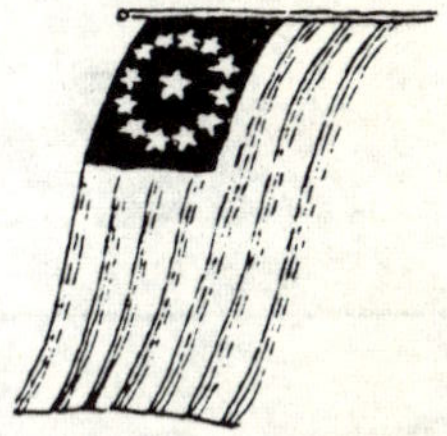

1776: Unabhängigkeitserklärung der USA

Gesellschaft/Kultur

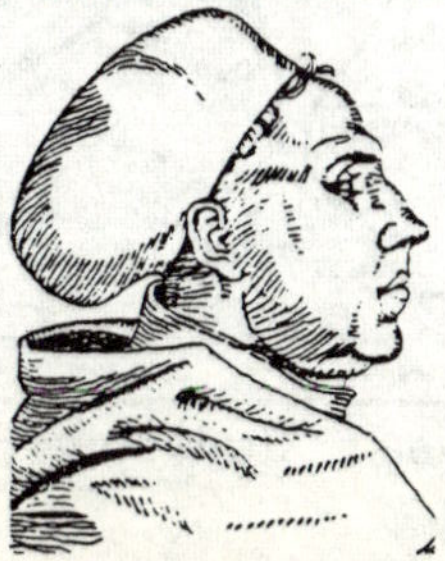

1517: Beginn der Reformation

1525: Bauernkrieg

Schrecken des 30-jährigen Krieges

Absolutismus in Bayern

Barock und Rokoko in Bayern

HINWEISE zur LITERATUR

1. Bücher für die Hand des Lehrers

- 5000 Jahre Weltgeschichte, Stuttgart 1981 (PARKLAND)
- ELZE REPGEN, Studienbuch Geschichte, Klett Stuttgart 1974
- FREYTAG, G., Bilder aus der deutschen Vergangenheit, Bd. I, Hoch- und Spätmittelalter, Albrecht Knaus Verlag Hamburg o.J.
- FREYTAG, G., Bilder aus der deutschen Vergangenheit, Bd. II, Reformation und Dreißigjähriger Krieg
- FREYTAG, G., Bilder aus der deutschen Vergangenheit, Bd. III, Absolutismus und Aufklärung, Albrecht Knaus Verlag Hamburg o.J.
- JACOBEIT S. und W., Illustrierte Alltagsgeschichte des deutschen Volkes 1550 - 1810, Pahl-Rugenstein Köln 1986
- PLETICHA, H., Deutsche Geschichte, Bd. VII u. VIII, Gütersloh 1981/82 (BERTELSMANN)
- Zeitbild - Der Dreißigjährige Krieg, Ueberreuter Wien 1977
- Zeitbild - Die Französische Revolution, Ueberreuter Wien 1977
- ZENTNER, Chr., Illustrierte Weltgeschichte, München 1979 (SÜDWEST)
- Jesuiten - Wohin steuert der Orden?, Herderbücherei 1975
- Grundriß der Geschichte der Vereinigten Staaten von Amerika, US-Informationsdienst Bad Godesberg 1954

2. Schulbücher

- ACKERMANN/PROTZNER, Wurzeln unserer Gegenwart, Bd. III, Kulmbach o.J. (BAUMANN/EHRENWIRTH)
- BAUMANN, L., u.a., Geschichtsstunden 7, Stuttgart 1986 (KLETT)
- BEILNER, H., u.a., Geschichte für die Hauptschule 7, Donauwörth (AUER)
- EBELING/BIRKENFELD, Die Reise in die Vergangenheit, Bd. II, Braunschweig (WESTERMANN)
- FILSER, K., u.a. Geschichte entdecken, 7. Schuljahr, Bamberg (BUCHNER)
- GRASSMANN, S., Zeitaufnahme, Bd. 2, Braunschweig (WESTERMANN)
- HEUMANN, H., Geschichte für morgen 3, Frankfurt am Main (HIRSCHGRABEN)
- SCHWANDNER, J., u.a., Erlebnis Geschichte 7, München 1986 (OLDENBOURG)
- SCHWANDNER, J., u.a., Blick in die Vergangenheit, München 1978 (OLDENBOURG)

3. Zeitschriften

Geschichte mit Pfiff Nr. 12/1979, 3/80, 3/82, 6/82, 6/84, 7/86, 9/86

Danksagung

Für die Bereitstellung von Text- und Bildmaterial danken wir besonders:

- REEMTSMA Cigarettenfabriken GmbH Hamburg. Portraits sind dem Sammelband "Gestalten der Weltgeschichte" entnommen.
- Herrn Pater GRÜNEWALD, Oberdeutsche Provinz, SJ Archiv München
- Musikvertrieb und Verlag INGRID RICHTER, Berlin
- Voggenreiter Verlag Bonn
- CBS Schallplatten Frankfurt
- Francis, Day & Hunter Hamburg

SOZIALKUNDE

Sekundarstufe I

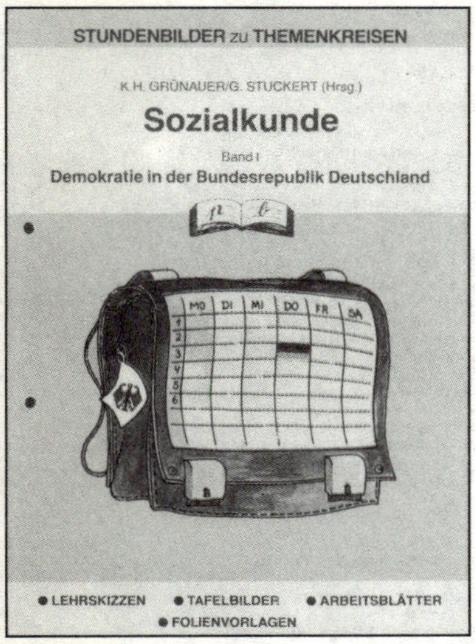

Sekundarstufe I

STUNDENBILDER für die SEKUNDARSTUFE

GESCHICHTE

GERD STUCKERT (Hrsg.)

Band IV

Das 19. Jahrhundert bis Weimarer Republik

STUNDENSKIZZEN ARBEITSBLÄTTER

TAFELBILDER FOLIENVORLAGEN

STUNDENBILDER für die SEKUNDARSTUFE

GESCHICHTE

GERD STUCKERT (Hrsg.)

Band V

Nationalsozialismus und II. Weltkrieg

STUNDENSKIZZEN ARBEITSBLÄTTER

TAFELBILDER FOLIENVORLAGEN

Inhaltsverzeichnis